D1662279

Sports en formes

Illustration de couverture:
Finale 1942 de la Coupe vaudoise junior
(Lausanne-Sports/FC Ambrosiana),
Stade de la Pontaise de Lausanne,
coll. part. C. Jaccoud

© 2001, Éditions Antipodes
case postale 290, 1000 Lausanne 9, Suisse
www.antipodes.ch
editions@antipodes.ch
ISBN 2-940146-22-5

SPORTS EN FORMES

Acteurs, contextes et dynamiques d'institutionnalisation

Sous la direction de
Christophe Jaccoud et Thomas Busset

Actes de la journée d'études
« L'institutionnalisation du sport »
organisée à Neuchâtel le 18 février 2000
par le Centre international du sport

et le comité « Sociologie du sport »
de la Société suisse de sociologie

ÉDITIONS ANTIPODES

EXISTENCES ET SOCIÉTÉ
Collection dirigée par Claude Pahud et Jean-Yves Pidoux

Que sont la société et la culture, sinon ces fils impalpables et multiples qui relient et enserrent les êtres humains? Comment se manifestent cette société et cette culture, sinon dans le foisonnement des expériences quotidiennes, des relations interpersonnelles, des biographies individuelles? Où n'apparaissent-elles pas? Elles sont présentes dans les structures et les institutions, qui conditionnent – et parfois broient – les destinées et les trajectoires des individus et des collectifs; mais elles surgissent aussi dans les situations les plus menues, les plus anodines en apparence.

L'objectif de la collection «Existences et Société» est de témoigner de la diversité des vies quotidiennes, des sensations, des sensibilités, tout en les rapportant à l'histoire et à la collectivité.

Ouverte à une pluralité d'approches, «Existences et Société» recueille des textes qui visent à éclairer des pans de la vie sociale, dissimulés sous les voiles de la pensée commune ou des intérêts particuliers.

Préambule :
une suite neuchâteloise

Christophe Jaccoud et Thomas Busset

AU PRINTEMPS 2000, à l'occasion de la parution, chez le même éditeur, d'un ouvrage intitulé *Sports en Suisse. Traditions, transitions et transformations*[1], nous pointions, sur le ton du regret, la place discrète dévolue au sport au sein de l'Université suisse. Et cela pour deux raisons. En premier lieu, parce que la société, sous la pression des effets de mode, des prescriptions du marché, de la valorisation de l'éthique et de la rhétorique de la performance, de la médiatisation du fait sportif, de l'influence croissante des bio-politiques et des politiques du bien commun se *sportivise*. Au point que, pour paraphraser la formule pascalienne, le sport se présente sans cesse davantage comme un cercle dont la circonférence serait partout et le centre nulle part. En second lieu, parce que, depuis quelques années, fleurissent travaux et recherches voués à des objets qui, tels le corps, les sociabilités, les représentations collectives, la vie quotidienne, constituent à l'évidence un bon nombre des éléments caractéristiques de la pratique sportive, autant qu'une assez large part des champs constitutifs d'une réalité qui engage dans un même mouvement technique, loisir, institution et mythe.

Cette (re)conquête d'un territoire et d'un objet, son installation progressive au statut de morceau noble du savoir scientifique légitime[2], s'est opérée en Suisse dans la dernière décennie, autour d'un certain nombre de faits et d'événements à partir desquels des dynamiques de recherche et de connaissance ont pu se dévelop-

---

1. C. Jaccoud, L. Tissot, Y. Pedrazzini, *Sports en Suisse. Traditions, transitions et transformations*, Lausanne : Antipodes, 2000.
2. Qui doit se distinguer de son instrumentation récente par des savoirs pratiques et orientés (santé publique, management, pédagogie…) dont les attentes modèlent fortement les représentations du sport.

per, le présent livre en marquant une balise supplémentaire. La constitution, en 1991, du comité de recherche «Sociologie du sport» de la Société suisse de sociologie d'abord, plate-forme affinitaire et amicale de chercheurs de métier aventurés, pour la plupart en franc-tireurs, dans un champ identifié comme un «laboratoire privilégié pour réfléchir sur les rapports sociaux et leur évolution» selon l'expression de Norbert Elias, ou encore comme un «sémaphore de la modernité» pour reprendre la frappante formule d'André Rauch. Le colloque «Pratiques sportives et société» tenu à Zurich en octobre 1994 ensuite, manifestation baptismale du Comité à l'occasion duquel les sociologues du sport suisses se sont confrontés à un certain nombre de leurs collègues de la Cité sociologique internationale, en particulier britanniques, français et allemands.

La création, en 1995, du Centre international d'étude du sport (CIES) de l'Université de Neuchâtel, institution soutenue par un puissant opérateur sportif – la FIFA – a officialisé à son tour, sur la carte universitaire suisse, la légitimité d'un questionnement scientifique du et sur le sport entendu comme «problème» et comme espace de sens relevant d'investissements disciplinaires différenciés, et parmi ceux-ci la sociologie, le droit et les sciences économiques, aptes à en saisir autant les structures de surface que les structures profondes.

C'est donc bien de cette accumulation d'engagements successifs et de la coordination des énergies multiples et polycentriques, progressivement constitutives d'un *milieu*, que s'est imposée la réalité d'un calendrier de rencontres et de manifestations régulières. Tout se passant comme si les chercheurs, ici inspirés par l'exemple des sportifs, cherchaient à leur tour l'agrégation fédérative, le glissement vers des formes supérieures d'organisation et la densification des relations avec l'ensemble des acteurs concernés par la question sportive. Si le colloque neuchâtelois «Sports suisses, sports en Suisse» de l'automne 1998, co-organisé par le CIES et l'Institut d'histoire de l'Université de Neuchâtel, était explicitement voué à un inventaire des travaux et des recherches menés sur le thème du phénomène sportif en Suisse, le colloque de février 2000 dont ce livre est le recueil entendait resserrer le propos, pour rendre compte d'une dialectique particulière: l'institutionnalisation du sport ou, au plus près de la vérité socio-historique, le sport dans ses institutionnalisations. Et ceci dans un double sens.

Premièrement, celui d'un déploiement spécifique au travers duquel le sport a créé – et continue d'ailleurs de créer – des institutions, soit des formes d'organisation et des instances ordinales, des règles écrites et des codifications formelles, des principes recteurs et des prescriptions discriminantes. En bref, et ceci depuis la primo-pratique des communautés de gymnastes du XIXe siècle jusqu'aux «nouveaux sports» du tournant de ce siècle au demeurant un peu rapidement étiquetés sans dogme ni bréviaire, en passant par les sports anglais, un processus de perpétuation, d'objectivation, de formalisation, de spécialisation et de légitimation – sans nul doute indexé à l'avènement de la modernité[3] – de ses instruments, de ses objectifs, de ses finalités d'appartenance et de régulation.

Deuxièmement, dans le sens d'un arraisonnement, d'une conformation, d'une contestation et, pourquoi pas, d'une «récupération» du sport et des sportifs par diverses puissances sociales, et ceci au nom de légalités ou d'intérêts plus ou moins contraignants et de souverainetés tantôt publiques tantôt privées.

Les débats relatifs à l'écart entre l'unité du mot et la diversité de ses significations soulèvent donc des interrogations et imposent des traitements qui gravitent finalement autour de deux pôles interprétatifs. Le pôle de l'interprétation d'une institutionnalisation *du dedans* d'abord, qui ouvre à la question de la formation des associations et des pouvoirs producteurs de biens et de services sportifs, de leur mise en place et de leur(s) *mise(s) en forme(s)*, de leur «monopolisation de l'organisation et du discours légitime dans le domaine sportif»[4]. Dans cette perspective, l'accent a porté tout à la fois sur leur signification contextuelle, ainsi que sur les modalités de développement de ces organisations singulières en relation avec l'horloge historique, les formes de sociabilité, les cultures du corps et les déplacements socioculturels qui marquent de leur empreinte la vie collective. Cette approche, qui pointe la réalité historique d'une première «ère sportive» qui, partie d'une «auto-administration par les pratiquants eux-mêmes», les voit emprunter une allée qui les conduira vers «une communauté sportive structurée, hiérarchisée, jalouse de son indépendance et favorisant la constitution d'institutions spécifiques, clubs et fédérations

---

3. A. Touraine, *Critique de la modernité*, Paris: Fayard, 1992.
4. W. Gasparini, *Sociologie de l'organisation sportive*, Paris: La Découverte, 2000, p. 10.

notamment»[5], dévoile toutefois que les positionnements des acteurs sportifs et l'édification de leurs «œuvres» ont rencontré – et continuent de rencontrer d'ailleurs – des dissuasions et des rationnements, des formatages et des assujettissements, des prises en régie et des mises sous tutelle, lesquelles établissent clairement la réalité d'un enchâssement du sport et de ses ambassades dans l'épaisseur et la diversité des sociétés nationales.

Ceci atteste alors du bien-fondé d'un recours à un second ordre interprétatif, celui d'une institutionnalisation par *le dehors*, tant il est vrai que si l'institutionnalisation des pouvoirs et des agences sportives les a d'abord conduits à établir leur identité, à (s')imposer des règles constitutionnelles et institutionnelles, à délimiter leurs frontières et à finaliser leurs structures, cette dynamique interne les mettait en demeure de chercher l'attestation et la reconnaissance, la légitimation et l'approbation – pour ne même pas parler des ressources matérielles, financières ou logistiques – auprès d'acteurs et d'institutions – privés ou publics – désireux d'imprimer à l'Ordre sportif leurs propres orientations. Et à ce titre rarement installés dans des postures d'arbitres désintéressés des besoins de tous et de chacun.

À cet égard, et la confrontation des travaux français et suisses est ici éclairante, si l'institutionnalisation du sport comme mise en place d'un *modèle général d'autorité et de reconnaissance,* de sociabilité, de codification des pratiques corporelles et de création afférente d'un corps d'officiers de contrôle et de certification, évolue globalement de l'initiative privée, auto-créée et auto-référentielle, vers un modèle de configuration tensionnelle révélant autant les échanges croisés, les balances de pouvoir, les partenariats opérationnels que les conflits de paradigme les plus vifs, cette évolution semble bien s'adosser à la réalité d'un sport devenu phénomène social, économique et politique de grande envergure. Une *unitas multiplex* de moins en moins tramée par une philosophie, une logique et des procédures issues du modèle du club et des fédérations et, sans doute, de plus en plus par l'avènement d'un «espace des sports»[6]. Et l'on peut entendre par-là un espace fortement laïcisé, champ de forces autant que champ de concurrences, ayant «rompu avec la morale disciplinaire d'intérêts supérieurs, tels que

---

5. Gasparini, *op. cit.*, p. 3.
6. P. Bourdieu, «Comment peut-on être sportif? », in *Questions de sociologie*, Paris: Minuit, 1980.

régénération de la race, défense de la patrie»[7] ou encore reproduction sociale, et à ce titre propice aux recompositions renouvelées et aux énonciations collectives du sport et de ses pratiques. C'est ce dont témoignent notamment le développement massif et continu des pratiques en marge des structures fédérales, la complexification et la privatisation des goûts et des engagements sportifs, la *mort thermique* des clubs et le poids croissant du privé marchand. Pour ne rien dire de la prédation ultra-libérale, de la médiation étatique[8] et de l'arraisonnement du sport par les politiques urbaines et celles de la santé.

On retiendra alors deux choses de ce préambule. Premièrement, que l'ouvrage qu'il introduit, consacré à l'institutionnalisation, découle lui-même de l'institutionnalisation de rencontres et d'actes d'institutionnalisation épars qui ont conduit à visibiliser les travaux d'un réseau de chercheurs et à imposer la réalité d'une géographie institutionnelle vouée au traitement scientifique de l'objet sport. Deuxièmement, que l'institutionnalisation du sport, fut-elle illustrée par quelques études de cas ou exposés monographiques seulement, évoque une dynamique très largement ouverte, sans cesse *faite*, *défaite* et *refaite*; processus continu et à jamais achevé dont l'appréhension, parce qu'elle est mise en demeure d'en saisir les mécanismes oppositionnels, les confrontations et les antagonismes qui s'y jouent, convoque immanquablement la sociologie et l'histoire.

Lausanne, septembre 2001

---

7. S. Chatel, F. Courtine, «Le sport comme outil d'intégration: les attendus de la performance dans le champ de la marginalité», in *Du stade au quartier, Actes du colloque de Lyon*, Paris: Syros, 1992, p. 141.

8. À l'intersection de ces deux dynamiques, on évoquera bien sûr le fameux Arrêt Bosman, incarnation d'une mise au pas et d'une atteinte à la souveraineté des clubs et des fédérations de football, issues tout à la fois des pressions juridistes et libre-échangistes de la Commission de Bruxelles et des gouvernements européens.

Avant-propos: le sport dans ses institutionnalisations

Christophe Jaccoud et Thomas Busset

LES TEXTES RÉUNIS dans cet ouvrage ont été présentés et discutés, pour la plupart d'entre eux, à l'occasion d'un séminaire de recherche intitulé «L'institutionnalisation du sport», organisé à Neuchâtel, en février 2000, à l'initiative du comité de recherche «Sociologie du sport» de la Société suisse de sociologie et du Centre international d'étude du sport de l'Université de cette ville. Le choix d'un tel thème de discussion se déduisait d'un certain nombre de faits que l'on peut restituer comme suit. Il permettait d'abord de satisfaire au moins à deux des préoccupations du Comité de recherche. Le goût de l'échange d'abord, autour de questions impliquant que l'on ne s'enferme pas dans l'examen de situations univoques, mais que l'on privilégie l'ouverture vers tous les champs, tous les objets, toutes les méthodes et tous les horizons susceptibles d'éclairer la connaissance du sport et des sports. Ensuite, et par la mise sur pied de journées qui privilégient la réflexion collective plutôt que l'empilement et la dispersion des connaissances, le souci de rendre compte de la singularité du champ sportif qui demeure, au-delà des appropriations croissantes par diverses approches, théories et modèles, comme ancré dans sa particularité. Et davantage, dans ce que certains sociologues et courants sociologiques n'hésitent pas à nommer une «autonomie partielle», conséquence d'un ajustement et d'un recouvrement originaux des facteurs propres à l'évolution des sociétés et de ceux propres à l'évolution de l'institution sportive elle-même. Une autonomie, soit dit en passant, qui ne semble pas devoir disqualifier les appareillages théoriques éprouvés, ainsi qu'en attestent les recours, régulièrement opérés par les auteurs des textes de ce livre, aux approches par les sociabilités, par la théorie des réseaux, la sociologie économique, la sociologie habermassienne de l'aliénation ou encore les théories de la gouvernance urbaine.

Mais, et ceci constitue en quelque sorte l'*ultima ratio* ayant présidé à ce choix, il est apparu que la problématique de l'institutionnalisation du sport, de ses organisations et des pratiques sportives elles-mêmes, évoquait un certain nombre de réalités en relation directe avec la composition disciplinaire de ce collectif d'invités à teneur sociologico-historienne. On relèvera d'abord que la question de l'institutionnalisation constitue l'un des grands référents de la problématique sociologique, au sens de l'analyse des formes d'organisation sociale, ainsi que des modèles d'autorité et de pouvoir. En outre, en tant que phénomène constructif et agrégatif, l'institutionnalisation sollicite immédiatement les entendements, les intérêts et les questionnements attentifs à la dynamique temporelle, à la restitution historique et diachronique des transformations socio-sportives, et singulièrement celles qui permettent de construire le débat sur les fondements, la genèse et le développement du champ sportif.

C'est dans cette perspective de confrontation des regards sociologique et historique, de l'«institué» et de l'«instituant», de comparaison de travaux, de paradigmes de recherche, d'objets et de périodes que nous avons donc voulu situer cette rencontre et cet ouvrage. L'intérêt porté aux espaces de sens qui se trouvent à l'articulation des pouvoirs et des institutions que sont les associations sportives, les États et les groupes d'intérêts privés étant encore aiguisé par un présent et une actualité, tout à la fois tendanciels et événementiels, qui paraissent attester d'une crise ou tout au moins d'une mutation des institutions sportives. Celles-ci perdant à la fois en lisibilité, en cohésion et en prestige sous la pression conjointe de l'infiltration d'éléments extérieurs, de la perte des références et des valeurs sportives canoniques, et sans doute aussi des effets induits par une *horreur sportive* dont les éclats quotidiennement révélés ne s'originent pas dans des expressions folkloriques, des idiosyncrasies ou des «cultures» circonscrites à des aires sportives ou à des groupes réduits. Autant de secousses contre-institutionnelles qui compromettent en même temps qu'elles brouillent l'image reçue et longtemps adoptée de l'institution sportive dans son intégrité, sa solidité et sa pérennité.

Les mises en forme sportives

Le sport, comme activité formelle, réglée et normée, structurée et *séparée*, affranchie du «principe commun de divertissement, de turbulence, d'improvisation libre et d'épanouissement insouciant»[1], et au principe de la circonscription d'un espace à l'intérieur duquel «les règles ordinaires de la vie sont supendues»[2], s'est construit et édifié, comme *matière et manière*, sur la progressive mise en forme et mise en ordre[3] de deux dimensions principales. Soit la dimension du temps et la dimension de l'espace, processus de codification et d'usage normé répondant à cinq objectifs principaux. En premier lieu, aux exigences de l'accomplissement de la pratique sportive comme usage singulier du corps. En second lieu, à la légitimation *de visu* de comportements moteurs finalisés, interagissant avec des limites physiques et des aménagements matériels. En troisième lieu, à une assignation à résidence propre à contrôler les accès, les entrées et les sorties, au plan pratique comme au plan symbolique. En quatrième lieu, à une mise en arène et à une mise en spectacle des pratiques et des pratiquants, au principe de leur reconnaissance et de l'instauration d'un régime de spectacle et d'admiration. En cinquième lieu, enfin, à la pérennisation d'activités et d'engagements à travers la stabilisation, la régulation et la répétition des échanges et des affrontements sportifs.

Si, comme l'écrit Roger Chartier, commentant la parution d'un ouvrage récent, «un affrontement corporel ne peut être tenu pour ‹sportif› que si certaines conditions sont réunies : un lieu propre (le stade, le vélodrome, la piscine) et un temps particulier, celui des calendriers qui organisent coupes et championnats [...] ; une hiérarchie des compétitions où se mesurent individus, clubs et équipes nationales, et, enfin, une ‹publicité› des événements qui les transforment en récits ou en spectacles pour des publics nombreux [...]»[4], il n'en est pas moins vrai que cette mise en forme spatio-temporelle s'est accompagnée aussi d'une mise en forme des *liens* tout aussi décisive. Dans le sens d'abord d'une organisation

1. R. Caillois, *Les jeux et les hommes*, Paris : Gallimard, 1958, p. 75.
2. P. Mac Intosh, *Sport in Society*, London : Watts, 1963, p.19.
3. P. Parlebas, «La dissipation sportive», in *Culture technique*, 1985, N° 13, pp. 19-39.
4. R. Chartier, à propos de l'ouvrage de G. Vigarello, *Passion sport. Histoire d'une culture*, Paris : Textuel, 2000, in *Le Monde des Livres*, vendredi 29 septembre 2000.

des relations entre les pratiquants eux-mêmes, une telle contractualisation réglant tout à la fois la question de la civilisation et de
la pacification des interactions entre partenaires et adversaires, de
laquelle se déduit cette singulière «sociabilité de l'antagonisme»[5],
mais aussi la question d'une sociabilité de l'entre-soi qui voit le
club ou la communautés des sportifs dicter des modèles précis de
civilité, de savoir-être et de convenance. Dans le sens ensuite d'une
rationalisation, d'une réglementation et d'une stabilisation de
l'association sportive, processus de contractualisation encore, mais
d'une contractualisation qui règle cette fois non pas la relation
avec l'*alter ego*, mais bien la relation avec la société globale et ses
pouvoirs. Attestation radicalement nouvelle du fait de l'appartenance sportive, tant personnelle qu'institutionnelle, comme forme
inédite − et bientôt usuelle − d'appartenance à la société civile.

Émerge ainsi, entre les XIXe et XXe siècles, ce que l'on peut qualifier comme relevant d'une *institutionnalisation*, certes progressive,
du sport et du mouvement sportif, la création d'un ordre sportif
national et international[6]; dynamique lourde qui voit s'instaurer
«une communauté sportive structurée, hiérarchisée, jalouse de son
indépendance et favorisant la constitution d'institutions spécifiques, clubs et fédérations notamment» et exprimant le passage
«d'une auto-administration par les pratiquants eux-mêmes au
XIXe siècle à une institutionnalisation voire une bureaucratisation
des groupements sportifs avec un système de division des tâches
très poussé»[7]. Incarnation contextualisée d'un processus sociétal
général qu'on peut rapporter sans doute à deux grandes filières
sociologiques de sens.

5. P. Parlebas, «La sociabilité de l'antagonisme dans le sport. La naissance du mouvement
sportif associatif en France: sociabilités et formes de pratiques sportives», in *Actes du colloque de
Lyon, 5-8 novembre 1985*, Lyon: Presses universitaires de Lyon, 1985.
6. A.-M. Waser, «L'internationalisation du sport. Transformations d'une entreprise univer-
selle en un organisme au service des intérêts particuliers: le Comité international olympique
(1894-1925)», in C. de Montlibert (dir.), *Regards sociologiques*, «Sur le sport», Strasbourg: Université Marc Bloch, 2000, pp. 5-25. Plus précisément, les premières fédérations internationales
pointent dès 1875 avec la création de l'Union internationale des courses de yachts, à laquelle succède, en 1878, le Club international de concours hippiques, suivi en 1881 par la Fédération internationale de gymnastique et la Fédération internationale des sociétés d'aviron et l'Union internationale de patinage en 1892. Au plan suisse, si l'année 1832 voit la constitution de la Société
fédérale de gymnastique, c'est aussi dans les vingt dernières années du XIXe siècle que se créent les
grandes fédérations sportives: 1874 (Fédération ouvrière suisse de gymnastique et de sport et
Union vélocipédique et motocycliste suisse), 1886 (Fédération suisse des sociétés d'aviron), 1895
(Association suisse de football), 1896 (Association suisse de tennis), 1897 (Union cycliste suisse),
1898 (Association suisse de golf), 1900, (Fédération suisse des sports équestres)…
7. W. Gasparini, *op. cit.*, p. 7.

En premier lieu, un mouvement relevant d'une spectralisation de la société et d'une «babélisation» des attitudes, caractéristiques du développement de la démocratie de masse et d'un *âge des foules* qui voit l'essor des consommations industrielles (et notamment celles à valeurs techniques ajoutées essentielles dans l'appropriation des premiers sports), l'affirmation de nouvelles cultures du corps (valorisant le goût de l'effort, de la liberté des affrontements, ainsi que le plaisir de la compétition)[8], de nouvelles modalités de consommation du temps[9], et plus encore la montée en puissance de l'association volontaire comme forme de sociabilité affranchie des appartenances primaires, ainsi que des allégeances et des pesanteurs traditionnelles, qu'elles soient familiales, corporatives, religieuses[10]... En second lieu, et largement décrit par Max Weber et Emile Durkheim, le mouvement de rationalisation et de bureaucratisation de la société, grande mutation inductrice d'une société de plus en plus administrée[11], qui voit la «propagation de la foi sportive»[12] s'inscrire dans le marbre de dispositifs associatifs et agrégatifs caractérisés par un certain nombre d'indicateurs discriminants tels que: une activité continue; une activité publique; une activité régie par des lois spécifiques et concrètes; par la hiérarchisation administrative et l'organisation de l'autorité; par la

---

8. Le sens à donner à ces nouveaux engagements corporels est évidemment complexe, puisque tant les stricts exercices gymniques que les débordements énergétiques des sports anglais paraissent «exalter le corps contre un certain esprit bourgeois puritain hostile à toute vie physique», ainsi que l'évoque P.-J. Lefief dans sa préface à E. de Goncourt, *Les frères Zemganno*, Paris: Slatkine, 1996, p. 18. À cet égard, la comparaison systématique des littératures nationales serait sans doute pertinente pour rendre compte de cette «entrée des artistes» dans la désignation comme dans l'amplification de l'avènement d'une vie physique.

9. Cf. E. Hobsbawn, *The Age of Empire, 1875-1914*, London: Weinfield and Nicolson, 1987.

10. Sur les sociabilités sportives en Suisse, cf. Th. Busset, S. Guex et M. Lamprecht, éds., *La sociabilité sportive – Sportgesellikeit, Traverse* 1998 (3), Zurich: Chronos, 1998. Sur la sociabilité dans les «nouveaux sports», cf Y. Pedrazzini, Ch. Jaccoud et E. Bigot, «Les sociabilités dans le sport auto-organisé: les ‹associations› de skaters à Lausanne», in Ch. Jaccoud, L. Tissot et Y. Pedrazzini, *op.cit.*

11. «Les analyses de Weber montrent ce processus à l'œuvre dans l'économie, dans le droit, dans l'administration, dans l'image du monde que donne la science, ou encore dans l'art. L'ensemble de ces processus mène à une régularité et à une prévisibilité croissante des conduites. En ce sens, la rationalisation se définit par l'augmentation du rôle de la rationalité formelle, les actions centrées sur l'adéquation moyens-fins [...]. Bref, le constat est celui de la disparition ou de la diminution des contraintes traditionnelles et affectives, moins des actions rationnelles par rapport aux valeurs *(Wertrationnall)*, et de l'entrée dans un monde social où les acteurs sont, de plus en plus, sinon exclusivement orientés par leurs intérêts instrumentaux, au moins par des actions rationnelles par rapport aux fins *(Zweckrationnall)*», D. Martucelli, *Sociologies de la modernité*, Paris: Gallimard, 1999, p. 188.

12. Selon l'expression de P. Arnaud, *Le sport en France. Une approche politique, économique et sociale*, Paris: La Documentation française, 2000.

conformation des activités et des décisions à l'ensemble des normes organisationnelles; enfin, par un système de sanctions.

Cette apparition du sport, des sportifs et de leurs associations sur la scène sociale, comme autant de figures nouvelles de la communauté urbaine, constitue donc bel et bien, comme l'écrit Christina Koulouris à propos de l'institutionnalisation du sport grec, «un phénomène moderne et ne doit pas être intégré dans une généalogie de l'exercice corporel puisqu'il reflète les nouvelles formes de sociabilité qui structurent la vie collective et qui émanent des changements sociaux et démographiques»[13]. Cette forme, historiquement située, n'épuise bien évidemment pas la complexité de l'organisation sportive, et plus encore les modes d'institutionnalisation qu'elle a su – ou dû – prendre au cours de son évolution. Au point que nombre de travaux se sont attachés à en chronologiser les grandes étapes, c'est-à-dire pour l'essentiel cette double allégeance des organisations sportives à des règles formelles et explicites généralement librement consentis, et à l'intensification des relations avec les acteurs et agents publics et privés. En survolant seulement ces périodisations, et en considérant que cette thématique peut être décrite comme une affaire généralement classée d'un point de vue historiographique, on rapportera que la plupart des historiens convergent, et cela malgré les variations et les dissensus liés à des effets de contexte et à des idiosyncrasies nationales, pour construire la trame générale d'un processus le plus souvent restitué par une modélisation évocatrice d'un continuum en trois stations. Ainsi, il semble donc «possible de repérer depuis 1850, période d'émergence du sport moderne, trois ordres caractéristiques dans l'évolution du sport. Chacun de ces ordres successifs est caractérisé par un projet idéologique plus ou moins explicite, un objet sportif dominant, une aire territoriale de compétition, un mode d'exploitation du mythe sportif principal et, plus globalement, un contexte sociétal donné»[14].

La première période, qualifiée par certains auteurs d'«âge d'or» ou encore d'«âge héroïque» du sport[15] couvre schématiquement la

---

13. C. Koulouris, *Sport et société bourgeoise. Les associations sportives en Grèce (1870-1922)*, Paris: L'Harmattan, 2000, p. 38.

14. P. Arnaud, *op. cit.*, p. 116.

15. J.-P. Callède, «La réalité sociale du bénévolat dans l'évolution du sport en France», in *Un autre club sportif pour le XXIe siècle?*, Talence: Maison des sciences de l'Homme d'Aquitaine, 1998, pp. 101-116.

période qui court des années 1880 aux années 1920, époque de primo-création des groupements et associations attachés à l'organisation, la promotion et la diffusion des pratiques sportives, et cela sous la pression conjointe d'un faisceau de motifs qu'on peut ramener à trois principaux. Dans le désordre, on peut évoquer l'émergence de nouvelles cultures du corps, d'une «culture des muscles tributaire d'une construction plus ou moins savante qui se nourrit des découvertes de la science»[16]; puis l'objectivation institutionnelle et groupale des «valeurs politiques du libéralisme et d'un nouveau code de conduite qui condense les valeurs de la bourgeoisie conquérante: égalité, virilité, temps libre et distraction»[17]; enfin, l'influence tout à fait singulière et de prime abord comme désincarnée et comme anecdotique, en ceci qu'elle semble opérer du dehors, exercée par le cheminement de l'idée olympique qui, quoique groupusculaire et passablement désorganisée, crée une manière de premier sport-monde et de trame institutionnelle dont la force symbolique est d'autant plus efficace qu'elle est encore sans réels relais nationaux.

Les traits structurants de ces premiers collectifs, en particulier la «libre-association des personnes et le bénévolat sans contrainte»[18], anticipent pour l'essentiel sur ce que seront la morphologie et la physiologie du club sportif et de la *société du samedi*, comme archétypes de l'association volontaire et comme cellule de base des sociétés démocratiques européennes, entremêlant en un mélange original démocratie et élitisme, universalisme et discrimination, mixité sociale et endosociabilité. Ce modèle, fortement et doublement prescripteur, à la fois d'un modèle compétitif du jeu sportif et d'un mode d'organisation mimétique d'une sociabilité spécifique, est directement issu, on le sait, non sans réinterprétations et réappropriations locales d'ailleurs, de l'Angleterre victorienne, matrice et serre chaude[19] d'un système qui se définit encore, dans ces premières décennies, autour d'un principe organisateur marqué par la prévalence de la règle culturelle. Il faut entendre par là

16. G. Andrieu, «L'art de se battre à la fin du XIXe siècle», in P. Arnaud, T. Terret (dir.), *Éducation et politique sportives, XIXe-XXe siècles*, Paris: Comité des travaux scientifiques et historiques, 1996, pp. 151-163.
17. Koulouris, *op. cit.*, p. 11.
18. J.-P. Callède, *art.cit.*
19. Et qui plus est «nation inexorablement virile», comme le pointait, en 1827 déjà, Thomas de Quincey, dans ses *Derniers jours d'Emmanuel Kant*, Paris: Mille et une nuits, 1996.

une situation dans laquelle «la société sportive se suffit à elle-même»[20]; disposition forte qui consacre un processus de structuration monopolistique et d'autonomie de fait de l'institution sportive dans ses limbes encore.

Si cette première période, qui voit la structuration du sport et des pratiques sportives se construire pour l'essentiel sur une architecture placidement associative et sur des pulsions rationalisatrices à *usage interne* pourrait-on dire, «destinées à assurer la prévisibilité et la calculabilité de la pratique [...], le recrutement de dirigeants spécialisés [...] et une certaine uniformité au jeu»[21], la période qui lui succède, et qui trouve à s'insérer entre les années 1930 et 1975, est généralement reconnue et décrite à partir de la mise en exergue de plusieurs signes forts qui marquent en quelque sorte l'ouverture de la communauté sportive vers la société et vers les évolutions larges dont elle est le siège. C'est en particulier la forte démocratisation du sport qui contribue et qui a contraint les organisations sportives à définir des relations contractualisées avec les autres puissances sociales. Cette «contractualisation sportive» qui, dans un même mouvement, marque l'instauration d'un «modèle de coopération normalisée [...] et d'optimisation du politique»[22] se dévoile donc tout à la fois comme une dynamique d'allégeance accrue du monde sportif institutionnalisé envers les puissances dispensatrices de reconnaissance et de ressources. Dans cette perspective, le sport, comme pratique organisée et structurée, sort de sa première incarnation de divertissement urbain, sociologiquement marqué et référé, s'extrait de l'espace privé de l'association de pairs pour s'ancrer dans un *espace public socio-sportif* tramé et orienté tout à la fois par les préoccupations de l'État (puissance publique et pouvoirs locaux), donc génériquement parlant par la contrainte surplombante d'intérêts supérieurs et par une insertion, désormais acquise, dans un tiers-secteur relevant de l'économie sociale[23].

Si les configurations de l'organisation sportive «contractuelle» prennent plusieurs visages, la forme française – sans doute l'une des plus immédiatement expressives – évoquant par exemple une

20. J.-P. Callède, *art.cit.*, p. 95.
21. A.-M. Waser, E. Passavant, S. Garcia, *Vers un usage instrumental du système fédéral. Les pratiques sportives auto-organisées dans les sports équestres et la course à pied sur route, Rapport de recherche GDR 1094*, CNRS/Ministère de la jeunesse et des sports, septembre 1998, p. 8.
22. J.-P. Callède, *art. cit.*, p. 108.
23. W. Gasparini, *op. cit.*, p. 39.

forte structuration du monopole sportif, néanmoins assorti d'un rationnement paradoxal de son indépendance à travers une reconnaissance de service public et de rapports de délégation, l'observation montre toutefois une modification et une institutionnalisation sensibles des structures. Dans le détail, on peut voir la mise en œuvre d'une tension qui contraint les organisations sportives, à travers le durcissement des organes et des fonctionnements, à évoluer vers la constitution de «quasi-appareils»[24], garantissant tout à la fois échange de ressources, création de circuits clairs et institutionnalisation afférente des pratiques de dialogue et de concertation.

Ce qui se joue ici, dans cette époque autant intermédiaire que charnière, peut donc être décrit comme la mainmise progressive de l'État et de la puissance publique; dynamique de «providentialisation» de l'intervention publique, ici affranchie des soutiens qui avaient par exemple pu être accordés aux gymnastiques conscriptives et d'ordre (donner corps à la Nation à travers l'enrôlement systématique et systématisé des corps) au profit de la santé publique ou encore de la sauvegarde de l'ordre public. Et cela selon les contextes nationaux et les paradigmes les plus vivaces. Parce qu'il devient, comme l'écrit Pierre Arnaud, «un immense prestataire de services»[25], l'État ne peut ignorer le sport en même temps que ses convoitises installent le sport et le contrôle des organisations qui le représentent dans une logique d'enjeu socio-politique et de *chose publique.* Une autre modalité d'institutionnalisation du sport caractéristique des États modernes[26] qui marque et signe ce deuxième âge du sport: à la fois phénomène de société et phénomène institutionnel, dans la double acception d'investissement organisationnel et de reconnaissance publique.

Le troisième âge du sport et de ses institutionnalisations renouvelées est, à son tour, généralement identifié comme émergeant entre le milieu et la fin des années 1970[27], troisième période d'une grande complexité dans la mesure où elle reflète, condense et métabolise toute une série de transformations sociales qui la modè-

24. S. Robichaud, V. Lemieux, M. Duplain, «Au Québec les groupes soutenus par l'Église. Des réseaux ou des quasi-réseaux?», in *Revue suisse de sociologie*, vol. 26, N° 1, 2000, pp. 149-166.

25. P. Arnaud, *op. cit.*, p. 49.

26. J. Meynaud, *Sport et politique*, Paris: Payot, 1966.

27. On se référera ici aux nombreux travaux de Alain Loret, en particulier *Génération glisse*, Paris: Autrement 1995; «Sport début de siècle: les mutations en cours et leurs conséquences stratégiques» in *Revue européenne de management du sport*, N° 3, mai 2000, pp. 1-33.

lent, mais ceci moins pour lui donner une physionomie globale que pour dessiner les traits d'un système dans lequel viennent s'inscrire des éléments contradictoires.

On relèvera d'abord que le «système des sports»[28], ou encore l'espace des sports qui se construit progressivement à partir de ces années s'alimente sans doute aux trois transformations socioculturelles lourdes que sont la mondialisation (c'est-à-dire l'internationalisation et l'homogénéisation des marchés et d'une culture médiatisée), la fragmentation (ou diversification des affirmations identitaires) et l'individualisation (entendue comme façon d'être au monde en s'y percevant comme sujet actif et responsable de son devenir)[29]. On dira ensuite qu'il consacre, et de manière spectaculaire, un phénomène de diffusion massive et globale de la pratique sportive, une *viralité* générale du sport, mélange composite de pratiques sportives, de culture sportive, de médiatisation sportive, et plus encore de légitimation/valorisation de l'excellence sportive et compétitive sans cesse davantage érigée en modèle de toutes les justices, de toutes les épreuves et de toutes les excellences sociales.

On doit constater toutefois, et le paradoxe est structurant de la période considérée, que cette mise au sport des sociétés s'inscrit dans une logique de *sportivisation*. Il faut entendre par-là un élargissement de l'espace institutionnalisé du sport (au sens de pratiques reconnues comme légitimes et d'institutions représentatives elles-mêmes légitimes), une diffusion exponentielle de nouvelles pratiques, une dilatation de l'offre sportive à travers la multiplication des encadrements et des prestataires d'activités sportives (monétarisation et instrumentation du sport par des agents économiques et par les collectivités publiques). Enfin, l'affirmation d'éthiques fortement teintées d'individualisme et de libre-arbitre pour lesquelles l'engagement sportif devient l'un des vecteurs privilégiés de l'invention de soi-même, et plus encore un fort refuge identitaire.

On doit alors comprendre ainsi cette troisième ère du sport: elle se caractérise par une phénoménologie qui rend facilement visible

---

28. Selon l'expression de Paul Yonnet, *Le système des sports*, Paris: Gallimard, 1999.
29. M. Wieviorka, «La sociologie sous tension», in *Cahiers internationaux de sociologie*, vol. 10, 1996, pp. 319-332. Nous avons précédemment rendu compte de ce triptyque en usant d'un vocabulaire quelque peu différent («Urbanisation et sécularisation»), mais néanmoins équivalent quant à la réalité qu'il dévoile. Cf. L. Tissot, C. Jaccoud, Y. Pedrazzini, *op. cit.*, pp. 21-25.

des faits tels que la segmentation des modèles sportifs, une créativité au principe du développement de plusieurs dizaines de nouveaux sports, l'appropriation par le *deuxième sexe* des bastions
réputés masculins ou encore la diffusion des innovations techniques les plus sophistiquées; mais elle consacre également une
manière de *retour du sujet* (sportif) qui remet fortement en question la légitimité et la fonctionnalité des institutions sportives officielles, celles-ci représentant désormais de moins en moins la totalité du sport. On pointera encore, à la lumière de nombreux
travaux évocateurs d'un tarissement – voire d'une authentique
dépression statistique – des affiliations sportives traditionnelles, et
s'en déduisant, deux autres faits d'importance. En premier lieu,
une crise de la pédagogie sportive induite par et induisant la mise
en question de la transmission verticale et patriarcale des savoirs,
pouvant d'ailleurs aller jusqu'au «reniement des pères». En second
lieu, une crise du modèle compétitif canonique et de ses dimensions de compétition, de classement et de hiérarchie. L'une et
l'autre attestant d'un véritable déboîtement de l'institution sportive traditionnelle d'avec les valeurs et les aspirations sociales
dominantes. De ce point de vue, si l'analyse historique permet
d'affirmer que l'institution sportive est fille de la modernité, au
sens d'une affirmation et d'une autonomisation du principe socié-
taire, elle atteste de même de l'avènement d'un sport *post-moderne*,
le troisième âge de l'institutionnalisation du sport désignant une
séquence historique marquée par l'affirmation et l'autonomisation
d'une pluralité de communautés partielles.

Les productions de l'institution sportive en Suisse.
Quelques repères

L'implantation des sports et des activités physiques, ou, en
d'autres termes, le développement d'un courant sportif – le cas de
la gymnastique, engagement à *fort contenu national* se référant à
une histoire qui s'en distingue[30] – s'est opéré en Suisse sur une
trame d'inventions et de diffusion du répertoire sportif, en même
temps que d'implantation et de socialisation des organisations,

---

30. On se référera aux contributions sur ce thème contenues dans le présent volume.

symboles, signes et insignes du sport, «qui emprunte son sens et sa substance au modèle anglais [...], la Suisse s'associant de ce fait à des courants transcontinentaux qui la touchent directement et qu'elle influence également par rétroaction»[31]. Cette première *alphabétisation* par transfert de lexique et greffe culturelle, dans ses aboutissants organisationnels et institutionnels, s'est déroulée en plusieurs étapes successives, lesquelles ont permis la constitution de collectifs et d'organisations, fondés sur le modèle du club, lui-même inséré dans une communauté locale et un espace, localisé lui aussi, d'accomplissement de ces pratiques, soit le stade, la salle ou encore tout autre lieu dévolu et assigné à l'exercice sportif codifié. On relèvera que, si cette première configuration ou premier «système sportif» s'est rapidement ordonné et mis en place, il n'en a pas moins été rapidement réglementé par les «organismes de gestion des particularismes sportifs»[32], fédérations et associations de tutelle elles-mêmes d'ailleurs très vite mises en demeure de procéder à des ajustements face à l'émergence croissante d'un faisceau de pressions et de convoitises.

Ce rappel, pour bref qu'il puisse être, contribue à fixer ce que l'on pourrait décrire comme le premier moment de cette dynamique sportive instituante, un premier moment dans lequel la règle culturelle d'associations volontaires visant tout à la fois le divertissement, la performance, l'éducation, ainsi qu'«un symbolisme des convictions et des idéologies»[33], prévalait largement. Ce premier moment, on le sait, s'est vu progressivement dépassé et pour l'essentiel contredit puis annulé, par un deuxième puis un troisième moment de cette dynamique d'institution sportive. Deux moments d'une même dynamique qui rendent compte du fait que les logiques de développement sportifs se sont trouvées devoir composer avec le poids et l'influence d'autres logiques.

En premier lieu, et chronologiquement, des logiques politiques à travers le rôle décisif joué par l'État dans ses différents rôles et incarnations temporelles (État tout-puissant des deux guerres mondiales et des «pleins pouvoirs»; puis État-providence des technologies politiques du corps et de la santé publique); en second

31. L. Tissot, C. Jaccoud, «Sports suisses, sports en Suisse. Faits établis et problèmes ouverts», in C. Jaccoud, L. Tissot, Y. Pedrazzini (dir.), *op. cit.*, p. 12.
32. A.-M. Waser, *art. cit.*, p. 18.
33. V. Lidtke, *The Alternative Culture. Socialist Labour in Imperial Germany*, Oxford: Oxford University Press, 1985, cité in C. Koulouris, *op. cit.*

lieu, des logiques médiatiques et plus généralement marchandes, l'une comme l'autre de ces logiques perturbant dans les faits des stabilités, des équilibres, pour ne rien dire des rentes et des acquis.

En ne considérant ici que le seul aspect de la médiation étatique dans la gestion des affaires sportives nationales, on peut relever par exemple, et comme semblent en attester plusieurs auteurs, la précocité de cette régulation institutionnelle du sport suisse, régulation « par le haut » pourrait-on dire, ou encore disposition relationnelle qui structure, sous la forme d'un « partenariat public-privé », qui configure et qui conforme « les rapports entre les acteurs associatifs et publics du sport suisse depuis le début de son institutionnalisation [...] »[34]. Ce partenariat public-privé, à forte teneur institutionnalisante, outre qu'il se construit sur des indicateurs identifiables et pérennes (négociation, intrication des rôles, exploitation de la matrice dépendance/indépendance, mise en commun des ressources, subsidiarité généralisée, mutualisation des responsabilités et des risques) semble devoir marquer durablement la politique publique du sport en même temps que les modalités de son institutionnalisation, pour se manifester aujourd'hui dans l'actualité la plus récente. Ainsi, si certains auteurs font remonter ces rapports de clientélisme croisé aux premières années du XXe siècle, avec l'octroi, par le Département militaire fédéral, de « contributions fédérales » à la Société fédérale de gymnastique, en charge de l'instruction militaire préparatoire à destination des jeunes hommes suisses[35] ; d'autres spécialistes ont mis en exergue des cycles historiques différents, en particulier les années de guerre et de pleins pouvoirs. Et, particulièrement, le tournant des années 1940, qui a vu la Confédération initier une formation polysportive, la retirant de fait aux fédérations pour la confier à une manière de bureaucratie sportive d'État, c'est-à-dire à une « centrale militaire » ou encore à un « corps de fonctionnaires fédéraux et cantonaux »[36]. Outre qu'un tel processus a signifié une étatisation ou tout au moins une sécularisation des appareils cléricaux de sport et de loisir sportif, il consacre la mise en œuvre d'une large

---

34. X. Blanc, *Le partenariat public-privé comme modalité de régulation institutionnelle du sport suisse*, Lausanne : IDHEAP, document non publié, 2000.
35. X. Blanc, *art. cit.*
36. L. Burgener, « L'instruction préparatoire militaire en Suisse, 1930-1947 », in A. Wahl, *Des jeux et des sports, Actes du colloque de Metz 26 au 26 septembre 1985*, Metz : Centre de recherche histoire et civilisation, 1986, pp. 257-267.

contractualisation des relations entre clubs, fédérations et État central, ce dernier participant de surcroît dans l'immédiat après-guerre de la promotion d'un mouvement de la jeunesse sportive par le biais de la formation et de la rémunération des moniteurs mis au service des clubs et des collectivités. Plus près de nous, bien des indices (soutien marqué de la Confédération aux candidatures olympiques suisses, mise en œuvre du projet CISIN relatif à l'aide à la réalisation d'équipements sportifs d'intérêt national, création d'une HES sportive, investissement politique coordonné dans la lutte contre le dopage, juridisation et reconnaissance du métier de sportif…) paraissent attester encore de la poursuite d'un tel engagement et du poids opérationnel décisif de cette configuration systémique de structures d'action et de pouvoir caractérisée par la multiplicité des acteurs, les interdépendances fortes et la définition de buts communs.

Les lignes qui précèdent contribuent à démontrer ou, pour le moins, à fixer trois réalités principales en rapport direct avec la thématique générale de cet ouvrage. Premièrement, que la dynamique de développement et d'institutionnalisation du sport en Suisse s'est opérée dans un cadre concret, tissé de contraintes, d'ajustements, de dissuasions et de rationnements. Deuxièmement, que le sport, dans son déploiement et sa double quête de souveraineté et de reconnaissance, s'est presque immédiatement pensé – en même temps qu'on *l'a pensé* – comme une structure d'organisation, de régulation et de pouvoir, d'où l'importance des médiations de toute nature, et particulièrement politico-idéologiques qu'il a connues. Troisièmement, que le sport, et cela du point de vue de son développement comme du point de vue des approches analytiques qu'il convoque d'ailleurs, ressort pour une très large part de problèmes de coordination entre des acteurs et des agents ; de problèmes de justification et de construction de l'intérêt général aussi. L'analyse révèle que la notion même de sport renvoie, et quasi mécaniquement, à des questions connexes d'infrastructure matérielle, de formes d'organisation et de processus régulateurs. Autrement dit, à des dimensions et des attributs qui l'installent au rang d'instance organique nichée au cœur des formations sociales.

À partir des premiers éléments de connaissance révélés ici, et sur la base de cette trame, on voit se dresser une première constellation de sens relatifs à cette thématique de l'institutionnalisation, dont on a précédemment évoqué qu'elle constituait au fond la matière première de la sociologie[37] qui, avec Durkheim et Weber, s'est attachée à décrire le processus d'institution croissante de la société et à en chercher les lois positives. Quatre significations ou acceptions semblent alors à l'évidence s'imposer. Le terme désigne ainsi le processus qui conduit à produire des règles en même temps que la nouvelle organisation qui en découle et qui intègre ses membres dans un régime de contraintes. Dans une acception assez fidèlement durkheimienne, le terme évoque aussi le passage de formes ou d'associations simples vers un niveau de complexité et d'interdépendances supérieur, vers un principe de division des tâches, de complexification et de densification des échanges avec l'environnement. De plus, le centre de gravité de la notion semble encore pointer quelque chose comme un passage : le passage d'un état « spontané », marqué par l'auto-encadrement et l'absence de contraintes exogènes, à un « état social », passage au cours duquel des individus engagés dans une « œuvre » reconnaissent la légitimité d'une autorité surplombante, en première instance extérieure à leurs intérêts et à leurs préférences immédiats, une telle allégeance garantissant toutefois de substantiels profits. Dans cette troisième perspective, la notion d'institutionnalisation renvoie à un processus d'établissement d'un régime de droits et de devoirs reconnu et accepté, établi aussi sur la mobilisation de sanctions appelées à assurer et garantir des conformités, des stabilités et des équilibres, et, plus encore, la pérennité des organisations. Quatrième signification enfin, à cheval cette fois sur les dimensions matérielle et idéelle, celle qui valorise la force et la prégnance de l'institution comme représentation collective partagée et socialisée, en même temps que comme croyance légitimée socialement à travers un réseau de règles de droit et d'identifications positives. Dans cette dernière acception, « les institutions ne sont pas seulement des ‹ formes ou structures › d'organisation sociale : elles sont aussi des représentations collectives toujours plus ou moins valorisées, cette valorisation constituant un élément essentiel de leur efficacité ; la légitimité d'une institution − c'est-à-dire sa conformité au système de valeurs du groupe considéré − étant l'un des fondements de son existence »[38].

---

37. J. Donzelot, *L'invention du social. Essai sur le déclin des passions politiques*, Paris : Seuil, 1994.
38. M. Duverger, *Institutions politiques et droit constitutionnel* (T. 1, les grands systèmes politiques), Paris : PUF, 1955, p. 26.

Un livre en situation

Les onze contributions suisses et étrangères qui figurent dans ce volume sont nées d'un accord général autour d'une base définitionnelle circonscrivant la notion d'institutionnalisation à l'intérieur d'un même espace sémantique. Dans cette perspective, les institutions sportives, comme formes incarnées d'un processus d'organisation, de mise en forme, de rationalisation et de différenciation, peuvent alors être décrites comme des formes sociales organisées, édifiées sur une culture partagée, orientées vers la pérennisation d'une «œuvre» et vers l'accomplissement de finalités explicites; formes organisées donc, qui plus est encastrées dans des contextes sociétaux influant de manière variable sur leur apparition, leur développement, leur fonctionnement et leur évolution.

Cet accord de principe, construit sur un thème à bonne élasticité sémantique, a autorisé bien des convergences et bien des consensus. Il a d'abord autorisé de traiter ce que l'on pourrait décrire comme les *quatre coins de l'institutionnalisation du sport*, à savoir sa dimension courte (ressortissant plutôt d'une logique microsociologique valorisant des effets de milieux et de contextes), sa dimension longue (qui mobilise des échelles supérieures d'organisation), sa dimension endogène (qui renvoie aux formes d'auto-institutionnalisation par les groupes et les associations eux-mêmes), sa dimension exogène enfin, laquelle désigne la question du poids des ingérences et des influences issues de la puissance publique et de l'univers marchand et professionnel en quête d'élargissement de leur souveraineté et de leur agenda.

L'ouvrage est structuré autour de trois balises ou articulations thématiques. Ce choix s'est imposé eu égard aux sports décrits et aux recours théoriques mobilisés, au découpage des périodes, et à la dialectique entre recherche de permanences et analyse de ruptures, sans omettre la grande variété des problématiques spécifiques associées, telles l'intervention de la puissance publique, l'institutionnalisation par le marché, la féminisation des pratiques sportives réputées masculines, etc.

La première partie, que nous avons appelée «mobilisation et instrumentation», comprend quatre textes qui ont en commun l'attention portée par les auteurs aux liens entre l'espace des sports et l'État et plus particulièrement l'armée. À cet égard, l'année 1874 fait office de jalon, car elle a vu la promulgation d'une loi militaire dont l'objectif était de préparer les garçons au service armé. Bien qu'ils confirment l'intrication du sport – compris ici dans un sens large – avec la défense nationale, les auteurs indiquent, en filigrane, que l'histoire de cette attache est plus mouvementée voire disputée que ce qui est souvent admis. Ainsi, lorsque les sports d'origine anglaise commencent leur marche triomphale en Suisse, à la fin du XIXe siècle, les tenants de la gymnastique s'efforcent de préserver leurs prérogatives qui reposent sur leur rôle dans la formation des maîtres d'école à l'enseignement de l'éducation physique. À l'époque de la Première Guerre mondiale encore, la plupart des disciplines sportives sont combattues par les gymnastes qui dénoncent, entre autres méfaits, l'indiscipline engendrée par le caractère individualiste de l'esprit de compétition. Marco Marcacci montre comment, durant l'entre-deux-guerres, les sports modernes finissent par obtenir la reconnaissance étatique à travers leur intégration dans la politique de défense nationale. Le tournant s'amorce au début des années 1920, à un moment où la Commission fédérale de gymnastique (CFG) – l'institution maîtresse en matière de promotion de l'éducation physique – s'interroge sur les liens entre les succès économiques anglo-saxons et le sport. Signe tangible du changement : en 1930, la CFG devient la Commission fédérale de gymnastique et du sport.

Le dépouillement systématique des manuels fédéraux qu'a fait Jean-Claude Bussard offre un autre éclairage de la lente intégration du sport dans les institutions nationales. Les opuscules qu'il a décortiqués, dont le premier a paru en 1876, étaient destinés, initialement, à fournir aux régents la matière à enseigner. La comparaison des conceptions consécutives qui ont prévalu en matière d'éducation physique permet de suivre, comment les sports et les jeux ont conquis, page par page, leur place au sein de l'enseignement scolaire obligatoire. Dans le manuel de 1912 déjà transparaît la volonté des experts d'intégrer des éléments divers, empruntés soit aux gymnastiques allemande ou suédoise – rivales elles aussi – soit aux sports, un éclectisme qui renvoie à la pratique bien helvétique du compromis.

Gianni Haver offre une autre approche encore, nouvelle, en analysant des séquences sportives diffusées à l'enseigne de la production cinématographique de l'Armée pendant la Seconde Guerre mondiale. La mise en scène du corps des athlètes n'est pas sans renvoyer – bien que les moyens et les ambitions soient autres – au film sur les Jeux olympiques de 1936 réalisé par Leni Riefenstahl. À travers le sport, la production helvétique peut mettre en scène l'entraînement et la force physique des soldats, qui plus est dans leur domaine de prédilection : la montagne. Le cinéma militaire opère une fusion entre volonté et vigueur individuelles d'une part, et identité collective d'autre part.

Par rapport aux auteurs précédents, Lutz Eichenberger estime qu'il y a lieu de nuancer davantage le propos. En regard d'un pays comme la France, dont il a été question plus haut, la Suisse se distingue par le fait que l'éducation scolaire y est restée décentralisée car relevant de la souveraineté cantonale. S'il est donc vrai que le militaire demeure pendant longtemps le seul vecteur par lequel l'État fédéral agit en matière sportive, on ne peut pas dire pour autant que l'éducation physique soit a priori une affaire strictement orientée sur les besoins de la défense nationale. En prenant en compte les programmes scolaires des cantons, ou du moins de certains d'entre eux, on constate que l'institutionnalisation de la gymnastique et du sport relève également de motifs pédagogiques et économiques. Il reste alors à faire la part des choses.

La seconde partie, intitulée «appropriation et légitimation», regroupe des monographies qui montrent comment des acteurs sociaux s'approprient une parcelle de l'espace des sports et comment ils l'aménagent. Pierre-Alain Hug retrace l'histoire de l'établissement du mouvement olympique à Lausanne. Les efforts du baron de Coubertin et de quelques proches en vue de fixer l'institution naissante et d'obtenir simplement des locaux pour un secrétariat et des archives ont constitué une course semée d'obstacles et émaillée de revers. Bien que revêtant une dimension davantage symbolique que matérielle, la reconnaissance officielle liée à l'octroi de bureaux offrait une chance supplémentaire d'assurer la perpétuation de l'organisation.

Le deuxième volet comprend en outre des études consacrées à l'implantation de deux pratiques sportives en Suisse : la première porte sur le hockey sur glace, la seconde sur le football féminin. Bien qu'elles retracent l'une et l'autre l'appropriation et la démarcation d'un sport moderne, ces contributions renvoient à des contextes et des processus fort différents. Le cas du hockey abordé par Thomas Busset illustre l'émergence d'un sport durant l'«âge héroïque». Un jeu de glace, le bandy, est introduit en Suisse à la fin du XIXe siècle par les hivernants aisés dans les stations de montagne. Quelques hôteliers et autres directeurs d'établissements scolaires privés donnent rapidement une structure associative et fédérative au hockey afin de régulariser les rencontres. Les contacts avec des équipes provenant de grands centres urbains européens disposant d'un palais de glace conduisent à une adaptation progressive aux règles canadiennes, conçues pour des patinoires aux dimensions restreintes.

L'avènement du football féminin analysé par Benno Kocher intervient près d'un demi-siècle plus tard. Il concerne l'appropriation ou, mieux, la réappropriation d'un sport par les femmes qui, en Angleterre, avaient été à proprement parler mises hors jeu puisqu'elles avaient été exclues des terrains par les protagonistes masculins. Il est significatif qu'au lendemain de la Seconde Guerre mondiale cette quête émancipatrice se fasse dans un cadre associatif traditionnel. Il n'est pas encore question de nouvelles formes d'institutionnalisation. Le mouvement restera trop faible pour se démarquer de la dominance des institutions «masculines», si bien que la fédération des footballeuses helvétiques cherchera, au cours des années 90, à réintégrer l'Association suisse de football. On peut se demander dans quelle mesure cet échec est à mettre au compte de l'absence d'une véritable base économique.

Les contributions regroupées au sein de la troisième partie, intitulée «dérégulation et reconfiguration» s'inscrivent dans ce que l'on a appelé le troisième âge du sport, dont le commencement se situe dans la deuxième moitié des années 70, et dont nous observons encore les développements à l'heure actuelle. A la lumière des textes ici réunis, il apparaît en effet que nous sommes aujourd'hui en une «phase chaude», instable, dont une des expressions est la remise en question des formes d'associationnisme traditionnelles. Il n'est donc pas surprenant que les auteurs adoptent des points de vue partiellement divergents. Ces différences soulignent la fragmentation voire l'éclatement actuels de l'espace des sports, un phénomène qui est caractérisé par l'apparition de nouvelles disciplines sportives, mais aussi et surtout d'autres conceptions et formes de sociabilités qui existent – sans forcément perdurer – parallèlement aux structures traditionnelles.

Cependant, l'interprétation qui privilégie le changement est loin de faire l'unanimité. Markus Lamprecht et Hanspeter Stamm remettent en cause l'idée que les pratiques récentes sont à proprement parler des «sports nouveaux», ne serait-ce que par le fait que bon nombre d'entre eux ont déjà été pratiqués antérieurement. Pour cette raison, ils préfèrent recourir à l'anglais *trend sports*. Les images véhiculées par les adeptes des «nouveaux sports» (plaisir, liberté, etc.) contrastent singulièrement avec la réalité, notamment lorsqu'ils évacuent la récupération marchande de leurs pratiques; selon les auteurs, c'est précisément la commercialisation rapide et outrancière qui constitue leur caractéristique principale.

Christophe Jaccoud et Dominique Malatesta abordent l'étude des pratiques sportives récentes à travers les politiques publiques des municipalités de Lausanne et de Bienne face aux rollers, des «sportifs» qui se démarquent par leur volonté de rester «hors formes». Cependant, même là, une institutionnalisation, si lâche soit elle, s'opère lorsque les autorités municipales et les représentants de la scène doivent communiquer pour négocier ou trouver des terrains d'entente au sujet de la réalisation d'infrastructures (skatepark) ou à propos de l'organisation de joutes sportives. Initialement réticentes voire hostiles face au mouvement, les autorités ou du moins certains services ont saisi la possibilité qui leur était offerte de toucher par ce biais des «sportifs en marge».

Anne-Marie Waser s'interroge quant à elle sur les raisons du succès des multiples pratiques sportives «inventées» ou «réinventées» durant les deux dernières décennies du XXᵉ siècle, émergence qui va de pair avec un effritement du mouvement sportif et une remise en cause du système de consécration et de la légitimité de la compétition sportive. Une des tendances dégagées indique que les nouveaux consommateurs de prestations sportives se perçoivent davantage comme des clients que comme les membres d'un club.

Last but not least, Malek Bouhaouala s'intéresse au tourisme sportif dans le Vercors. Peu institutionnalisé, le sport *outdoor* est par contre encadré par l'essor et le développement de nombreuses petites entreprises touristiques, qui sont aux Amis de la nature ce que les *fitness-center* sont aux clubs sportifs. Il s'avère qu'en milieu montagnard aussi, la logique du marché tend à occuper une place de plus en plus importante au détriment de l'associationnisme et des formes traditionnelles d'institutionnalisation.

Première partie

MOBILISATION ET INSTRUMENTATION

Institutionnalisation et « militarisation » du sport en Suisse (1914-1945)

Marco Marcacci

L'*HISTOIRE MILITAIRE DE LA SUISSE*, rédigée et publiée pendant la Première Guerre mondiale, ignorait presque totalement le phénomène sportif. À l'époque de la Deuxième Guerre mondiale on cherche à présenter la Suisse primitive – rurale, montagnarde et catholique – comme le berceau du sport et de la gymnastique, alors qu'historiquement tant le *Turnen* que les activités sportives ont été en réalité des phénomènes sociologiquement liés à la Suisse urbaine, industrielle et protestante.

Dans un texte intitulé « Histoire du sport en Suisse », entièrement consacré à la préparation militaire de la jeunesse dans l'ancienne Confédération et paru dans le recueil *Stade suisse* (publié en 1945), on trouve la surprenante affirmation selon laquelle « la Suisse avait été la seule nation sportive au cours de ces siècles-là »[1]. L'auteur fait vraisemblablement allusion à un texte de Pierre de Coubertin qui, en 1920, avait qualifié la Confédération de « nation de sportifs sans le savoir »[2].

En introduisant la publication d'une enquête sur « Les terrains et locaux de gymnastique, de jeu et de sport en Suisse », réalisée en 1941-1942 par l'Association nationale d'éducation physique (ANEP), avec le soutien de l'Office fédéral de statistique, Francis Messerli – dirigeant et « historien » du mouvement olympique – exprimait comme une évidence la même conception. La tradition sportive de la Suisse remontait à 1291 et elle découlait de la nécessité de défendre les libertés publiques et la souveraineté du pays : « Cette tradition sportive, qui inculqua à nos aïeux la discipline et l'esprit de sacrifice tout en les préparant physiquement au combat,

---

1. J.-R. Müller (dir.), *Stade suisse*, Zurich : M. S. Metz, 1945-1946, vol. 2, p. 3.
2. Cf. P. De Coubertin, *Textes choisis*, tome 2, Zurich : Hildesheim ; New York : Weidmann, 1986, p. 726.

s'est maintenue au cours des siècles et renaît à toutes les époques critiques de notre histoire nationale»[3]. En tordant le cou aux faits, Messerli prétendait que le développement des exercices physiques, y compris les sports contemporains, est plus fort quand les dangers qui pèsent sur le pays sont également plus forts.

Ce qui est surprenant, ce n'est pas cette volonté de lier le sport à la défense nationale, le geste athlétique au drill militaire, la compétition sportive à la guerre – il s'agit d'un discours assez répandu à l'époque – mais le renversement opéré en Suisse en quelques décennies dans l'idéologie de la défense nationale à propos du rôle du sport[4].

À l'époque de la Première Guerre mondiale, la plupart des disciplines sportives modernes et «l'esprit sportif» en général, étaient vivement combattus par les milieux patriotiques liés à la gymnastique. Les sociétés de gymnastique, groupées dans la Société fédérale de gymnastique (SFG), avaient hérité du *Turnen* allemand des finalités patriotiques et nationalistes et jugeaient volontiers que ces qualités civiques et morales faisaient défaut à l'activité sportive, accaparée par la performance, le record ou le jeu.

Les rapports complexes entre éducation physique, sport et défense nationale

Les rapports entre sports et défense nationale, entraînement sportif et préparation à la guerre, performances athlétiques et vertus militaires étaient très complexes. En particulier – en tout cas pour ce qui concerne la Suisse – il convient de s'entendre sur les termes et de ne pas confondre les activités athlétiques et les jeux sportifs (en bonne partie, mais non exclusivement d'origine britannique) avec l'éducation physique et la gymnastique[5]. La gym-

---

3. *Les terrains et locaux de gymnastique, de jeu et de sport en Suisse*, s.l.n.d. [1942], p. 13. Le même auteur a développé le sujet à peu près dans les mêmes termes à l'occasion du IVe Congrès suisse des sports (Lausanne, 12 et 13 septembre 1942); voir le texte dans *Le Passé sportif de la Suisse – Le sport dans la Suisse de demain*, Lausanne: Rouge & Cie S.A., 1943, pp. 35-45.
4. Cf. M. Marcacci, «La paix entre sport et gymnastique pour mieux préparer la jeunesse à la guerre?», in *Guerres et paix. Mélanges offerts à Jean-Claude Favez*, Genève: Georg, 2000, pp. 549-560.
5. Cf. M. Marcacci, «La ginnastica contro gli sport», in *Traverse*, 1998/3, pp. 63-75, et en général les contributions figurant dans le dossier thématique de ce même numéro de *Traverse* sous le titre «La sociabilité sportive».

nastique – et par là nous entendons principalement le mouvement créé en Allemagne au début du XIXᵉ siècle par Jahn sous le nom de «*Turnen*» – avait clairement des finalités patriotiques et nationalistes. Lorsque le mouvement s'est répandu en Suisse à travers les groupements affiliés à la Société fédérale de gymnastique, il a gardé ces mêmes caractéristiques, devenant un des véhicules du sentiment national et confédéral qui s'est retrouvé dans les idées et le projet de 1848[6]. Mais il s'agissait d'un nationalisme et d'un patriotisme «progressistes», axés sur la modernisation sociale et économique du pays et très loin de l'idéologie de la «défense nationale spirituelle» des années 1930.

La gymnastique scolaire ou «éducation physique» avait par contre dès ses débuts une connotation militaire plus marquée. Elle était issue de la gymnastique pratiquée dans les sociétés, mais l'aspect disciplinaire dominait, grâce à la prépondérance des exercices d'ordre[7]. Lorsque la Confédération s'est intéressée à la gymnastique scolaire, à partir de 1874, elle l'a fait pour des raisons de défense nationale et par le biais d'une loi d'organisation militaire qui établissait le principe de l'enseignement obligatoire de la gymnastique pour les garçons en âge de scolarité[8]. À la même époque a été créée la Commission fédérale de gymnastique (une émanation du Département militaire) comme organe consultatif de la Confédération en matière d'éducation physique; elle assumera la dénomination «de gymnastique et de sport» en 1930 seulement. Mais encore dans les années 1930, par le biais de l'ANEP, les milieux sportifs se plaignaient du peu de place qui était faite aux représentants du mouvement sportif au sein de cette commission.

Pour l'enseignement de l'éducation physique dans les écoles, le Département militaire fédéral éditait des manuels, rédigé sous le contrôle de la Commission fédérale de gymnastique. Le premier, publié en 1876, n'est rien d'autre qu'un règlement militaire, dont le titre même, en français, est explicite: «École de gymnastique pour l'instruction préparatoire militaire de la jeunesse suisse dès

---

6. Cf. F. de Capitani, *Das nationale Fest*, Basel: Nationales Forschungsprogramm 21, 1991.
7. En Suisse, l'adaptation de la gymnastique «allemande» aux écoles a été surtout l'œuvre d'Adolphe Spiess, un immigré de Hesse actif à Bâle et à Berthoud.
8. Sur l'histoire de l'éducation physique en Suisse, voir l'étude fouillée de L. Burgener, *La Confédération suisse et l'éducation physique de la jeunesse*, La Chaux-de-Fonds: [chez l'auteur], 1952, 2 vol. (rééd. Nendeln-New York: Kraus Reprint, 1970), ainsi que l'ouvrage plus récent de L. Eichenberger, *Die eidgenössische Sportkommission 1874-1997*, Macolin: CFS, 1998.

[sic] l'âge de 10 à 20 ans»[9]. On y trouve surtout des exercices d'ordre et d'ensemble pour habituer à la discipline et à réagir aux commandements. Dans le texte français, les principaux commandements, du genre «Sur un rang!», «Numérotez-vous!», «Tête à droite – Un – Deux!», sont indiqués également en allemand. Un deuxième, puis un troisième manuel ont paru respectivement en 1898, puis en 1912. À part quelques concessions faites aux exercices de plein air, à certains jeux et aux «mouvements naturels», ils restent fidèles à la gymnastique systématique et complètement étrangers aux sports. Même l'édition de 1927 ne contient comme jeu sportif qu'une variante du basket, sous le nom de «ballon à la corbeille», et il faudra attendre le manuel de 1942 pour voir y figurer le football[10].

Toujours par le biais de lois et ordonnances militaires, l'éducation physique de la jeunesse masculine suisse avait été réorganisée en 1907 par l'introduction d'une «instruction préparatoire militaire» pour les jeunes gens entre 16 et 19 ans. Cela comprenait entre autres des cours de gymnastique et d'éducation physique, dont l'organisation était confiée aux sociétés de gymnastique. Après quelques révisions sans grande importance, un projet centralisateur pour rendre obligatoire l'instruction militaire préparatoire fut approuvé par les Chambres fédérales en 1940. Combattue par des arguments fédéralistes et parce que le projet semblait s'inspirer, au moins indirectement, des systèmes totalitaires, la réforme sera rejetée par le peuple en votation référendaire le 1er décembre 1940.

Entre temps, à partir des années 1880, les sports avaient pris pied en Suisse aussi et ils étaient devenus très populaires dès avant la Première Guerre mondiale. Au total, il existait sept fédérations nationales en 1900 et sept autres allaient être fondées entre 1901 et 1914[11]. Et encore n'avons-nous considéré que les fédérations «monosportives» (cyclisme, aviron, hockey sur glace, tennis, etc.)

9. La première édition française que nous avons repérée date de 1883. Sur les manuels fédéraux, voir l'étude de Jean-Claude Bussard dans le présent ouvrage.

10. Les introductions historiques qui figurent en tête des différents manuels offrent une bonne vue rétrospective de la question. Cf. en particulier *Manuel fédéral de gymnastique pour l'éducation physique des garçons de 7 à 15 ans*, Berne: Bureau des imprimés militaires, 1927, pp. 13-52; *Manuel fédéral de gymnastique pour la jeunesse masculine de 7 à 20 ans*, Berne: Bureau des imprimés militaires, 1942, pp. 11-21.

11. Cf. M. Ehinger, «L'organisation de la gymnastique et des sports en Suisse», in J.-R. Müller (dir.), *op. cit.*, pp. 365-396.

à l'exclusion de la gymnastique, des fédérations polysportives à caractère confessionnel ou politique et des clubs nationaux (club alpin, aéro-club, etc.). Ce mouvement se poursuit dans l'entre-deux-guerres: au début des années 40 on compte trente-huit fédérations sportives nationales.

Les activités sportives ont pris pied en Suisse pratiquement sans liens avec des exigences d'ordre patriotique, civique ou militaire. Certains sports sont avant tout des loisirs mondains (le tennis et la plupart des sports d'hiver), d'autres − en particulier le cyclisme − des activités récréatives liées à la valorisation du monde moderne et de la civilisation industrielle. Une caractéristique que l'on retrouve aussi dans la pratique du football. Avant de devenir un loisir et un spectacle pour les classes travailleuses, il a été le passe-temps favori des nouvelles élites et classes moyennes: ingénieurs, agents commerciaux, industriels. À travers le sport, ils expriment leur penchant pour la modernité, le progrès, le libre-échange, l'individualisme, le *self made man* et un certain cosmopolitisme. Il n'était pas rare − paraît-il − que des parents encouragent leurs enfants à fréquenter les clubs de football parce qu'on s'y frottait à l'anglais, langue internationale par excellence[12]. Des émigrants suisses (essentiellement des cadres techniques et commerciaux) ont même contribué à exporter ce modèle sportif dans le Bassin méditerranéen[13]. Quant au cyclisme et au ski − même si l'armée suisse s'y intéresse de près assez tôt − ils sont essentiellement liés au goût de la découverte et de l'aventure, à la fascination pour la technique et pour la vitesse, aux loisirs bourgeois et à une certaine extravagance[14]. Ces deux pratiques ont aussi intéressé l'armée, car, outre un sport, ils étaient des moyens de locomotion. La première école de recrues pour soldats cyclistes se déroule en 1892[15]. Les premiers concours suisses de ski en 1902 comportaient une catégorie militaire et, à partir de 1905, l'armée a subventionné des cours de ski pour officiers. Mais, au même moment, cette discipline suscitait

12. Dans un article paru dans *Le Gymnaste suisse*, 1907, p. 111, on cite les propos suivants d'une mère: «J'aime assez que Jujules aille au club de football, parce qu'il y apprend l'anglais».
13. Le rôle des émigrants suisses dans la diffusion du football en Italie, en Espagne et dans le sud de la France a été étudié surtout par P. Lanfranchi, «Football et modernité. La Suisse et la pénétration du football sur le continent», in *Traverse*, 1998/3, pp. 76-88.
14. Sur les débuts du cyclotourisme, voir notamment Ph. Gaboriau, «Les trois âges du vélo en France», in *Vingtième Siècle*, N° 29, 1991, pp. 17-30.
15. Cf. F. Pieth, *Sport in der Schweiz. Sein Weg in die Gegenwart*, Olten: Walter Verlag, 1979, p. 131.

des réserves chez les officiers supérieurs, précisément parce que «la pratique du ski a, pour les instances militaires, une trop forte odeur de sport»[16], c'est-à-dire de divertissement. De ce point de vue, les images sportives de la Belle Epoque sont beaucoup plus explicites que bien des textes et des analyses sociologiques, notamment pour les sports d'hiver[17], pratiqués aussi bien par des hommes que par des femmes.

Les rivalités entre sports et gymnastique

Dans ce contexte, la rivalité entre sportifs et gymnastes est particulièrement aiguë. En général, les milieux de la gymnastique perçoivent les sports comme de dangereux concurrents, auquel ils nient valeur civique et éducative. Les gymnastes, et plus encore peut-être les enseignants d'éducation physique, interprètent l'engouement pour les sports comme une dérive égoïste et individualiste entraînant un affaiblissement du sens du devoir. Entre 1900 et 1910 en particulier, les publications qui émanent de la SFG et des milieux de la gymnastique scolaire contiennent régulièrement des articles qui dénoncent les «exagérations» et les méfaits de la pratique sportive: efforts physiques disproportionnés et nuisibles, déséquilibres psychologiques et indisciplines engendrés par l'esprit de compétition, la recherche individualiste de la performance et de la victoire.

Les aspects patriotiques ou plus directement militaires ne sont pas les seuls mis en lumière dans cette campagne antisportive, mais ils reviennent régulièrement: l'athlétisme est trop individualiste et les jeux sportifs éloignent de la discipline et du sens de la solidarité, indispensables pour former d'authentiques défenseurs de la patrie. «Dans la vie militaire, par exemple – peut-on lire dans la revue *L'Educazione fisica* – ce ne sont certainement pas les qualités excessives du sportsman et de l'athlète qui donneront les meilleurs fruits, mais bien au contraire les qualités harmonieuses, complètes et conscientes du gymnaste. Un grand coureur pourrait, par exemple, se servir de ses aptitudes spéciales pour courir (pour ne pas dire fuir) plus vite que les autres; le gymnaste, par habitude

---

16. *Stade suisse*, «La gymnastique, les sports et les jeux», Zurich, 1945, vol. 2, p. 211.
17. Cf. par exemple *Die Wiege des Winter Sports*, St-Moritz: Engadin Press Verlag, s.l.n.d.

et par volonté, ne pensera qu'à coordonner son action avec celle des autres et surtout à obéir avec intelligence et précision au commandement»[18].

En même temps, chez les gymnastes et les enseignants d'éducation physique, on commence à s'inquiéter du succès des sports et à se demander quelles innovations pourraient être introduites dans la pratique de la gymnastique ainsi que dans l'éducation physique scolaire: récupérer les aspects positifs du sport (pratique en plein air, variété des jeux et des disciplines, plaisir de l'exercice physique), tout en éliminant les aspects les moins éducatifs (recherche de la performance à tout prix, spécialisation excessive). On retrouve ce genre de réflexion dans une brochure publiée en 1907 par Jakob Steinemann[19], enseignant au gymnase de Berne, et dont le titre est déjà significatif: «Exercices physiques avec joie»[20]. Steinemann reconnaît aux sports modernes quelques avantages décisifs sur la gymnastique: la joie et le plaisir qui motivent les pratiquants, une plus grande richesse dans les activités, les jeux et les mouvements, ainsi qu'un contact plus direct avec la nature et le plein air. Il ne propose nullement de remplacer la gymnastique par les sports «anglais», mais d'élargir la gamme des activités et des jeux au sein de la gymnastique «allemande», à laquelle il reconnaît une certaine supériorité *culturelle*: elle est enracinée dans la population suisse et elle sait susciter les sentiments de «communauté populaire».

18. *L'Educazione fisica*, 12.08.1912 (il s'agit d'une revue éditée au Tessin par un maître de gymnastique; le texte cité reprend un article paru dans la revue italienne *La Palestra*, publiée à Milan).

19. Jakob Steinemann (1876-1945), fils d'un charron de Thayngen (SH); maître secondaire diplômé, puis docteur en lettres, enseigna la gymnastique au Gymnase de Berne de 1904 à 1940. Dès avant la Première Guerre mondiale, il s'engagea par son action et ses écrits en faveur d'une conception plus vaste de l'éducation physique scolaire, ouverte aux jeux sportifs, à l'athlétisme, aux sports d'hiver et à la randonnée. Il critiqua sans ménagement la gymnastique scolaire prônée par les manuels fédéraux. Il fut un des promoteurs de l'association nationale Pro Corpore (fondée en 1919), qui défendait ces mêmes conceptions relatives à l'éducation physique, et fut aussi actif au sein du mouvement sportif ouvrier. Renseignements tirés de: *Dictionnaire historique et biographique de la Suisse; Biographisches Lexikon verstorbener Schweizer*, Zurich: Schweiz. Industriebibliothek, Band I, 1947, p. 354; Burgener, *op. cit.*

20. J. Steinemann, *Freude an Leibesübung. Betrachtungen und Vorschläge*, Bern: Gustav Grunau, 1907.

L'éducation physique tente de récupérer le sport

Les fronts se raidissent après la publication du *Manuel* de 1912, qui ne fait aucune place à la tendance sportive et réaffirme la suprématie des exercices dits «préliminaires»: «Les exercices préliminaires comprennent des mouvements simples ou composés des différentes parties du corps, ainsi que des exercices correctifs ou de tenue. Ils forment la base de la gymnastique scolaire et occupent la place principale dans chaque leçon»[21]. Abstraits et rébarbatifs, sans «base naturelle», ils n'ont pour résultats que de dégoûter les élèves; pas étonnant que la jeunesse préfère les sports, affirment des gens comme Steinemann.

C'est dans ce contexte que les autorités prennent l'initiative de discuter les principes de l'éducation physique en y associant quelques représentants de la tendance «sportive». La Commission fédérale de gymnastique «élargie» en débattra pendant quatre ans; les conférences et délibérations sont résumées dans un rapport d'une centaine de pages, rédigé par le secrétaire de ladite Commission[22]. Dans la préface au rapport, le président de la Commission précise les circonstances qui ont rendu nécessaire cette confrontation clarificatrice. La concurrence entre gymnastique et mouvement sportif risquait de nuire gravement à la cause de l'éducation physique:

> «Vu les grandes divergences d'opinion des deux courants extrêmes du sport et de la gymnastique, il était à redouter que l'éducation corporelle ne subisse de graves dommages si les gymnastes et les sportifs, se retranchant derrière leurs positions, avaient cherché à se combattre dans les sociétés, à l'école ou dans l'armée, sous l'œil indifférent des autorités et de la population.»[23]

Puisque le but, apparemment atteint, était le rapprochement entre la gymnastique et le sport, le président fait l'éloge d'un juste milieu qui s'écarte de l'exclusivisme des gymnastes et des exagérations des sportifs.

---

21. *Manuel fédéral pour l'enseignement obligatoire de la gymnastique dans les écoles suisses*, Berne, 1912, p. 17.
22. P. Kipfer, *Buts, moyens et méthode de l'Éducation physique*, Berne: [s.n.], 1920.
23. *Id.*, p. VI.

Les débats – au moins tels qu'ils sont résumés dans ce rapport – sont plutôt techniques et schématiques, exprimés sous forme de thèses et de directives et transposés dans un «français fédéral» aux tournures rugueuses. Le thème a été abordé sous cinq aspects principaux: bases de l'éducation physique, répartition des matières en fonction de l'âge et du développement des écoliers, rôle des exercices préliminaires, valeurs des exercices aux engins, importance des exercices populaires et des jeux. Il en ressort que les gymnastes ont du mal à admettre les disciplines sportives dans le cadre éducatif, d'où aussi le choix d'un vocabulaire (exercices populaires, jeux, exercices de concours) qui évite le mot sport lui-même. Les partisans de la tendance sportive insistent sur l'importance des activités sportives comme pédagogie sociale. Rien de mieux que les concours individuels et les jeux de partis pour favoriser l'acquisition de qualités morales telles que la confiance en soi-même, la maîtrise personnelle, l'esprit de discipline, le courage, la présence d'esprit, la décision, l'endurance, la sociabilité et l'altruisme:

> «C'est l'exercice des sports basés sur l'individualité qui attire à un haut degré la jeunesse d'aujourd'hui. Les jeunes gens sentent en eux la possibilité d'obtenir le plus grand succès par leurs seules forces et moyennant une méthode individuelle. Ils chercheront donc à atteindre le but suprême spontanément, sous leur propre responsabilité, en pleine possession du sentiment de leur indépendance et sous l'action de toutes les forces physiques, intellectuelles et morales. La transmission de la capacité de travail acquise dans les jeux et les sports dans le domaine intellectuel est d'une grande importance. C'est alors seulement que l'élève s'approchera de l'idéal d'une culture harmonieuse qui fait de lui un homme civilisé dans le véritable sens du terme.»[24]

Les représentants de la tendance «gymnastique» continuent de chercher les cadres de références philosophiques chez Pestalozzi ou Rousseau. Mais personne ne semble encore se référer à la tradition militaire de l'ancienne Confédération.

Dans ses conclusions, la Commission reconnaît que la gymnastique enseignée dans les écoles avait été jusque-là trop calquée sur les prescriptions et les règlements militaires; contre les sports avait

24. *Id.*, pp. 78-80.

pareillement joué un réflexe populiste qui les considérait comme un passe-temps dispendieux pour gens riches et oisifs. Toutefois, on semble maintenant reconnaître le rôle des associations sportives dans la promotion de l'éducation physique et on commence à penser qu'il pourrait y avoir un lien entre les succès économiques du monde anglo-saxon et la place que tiennent les sports dans ces nations.

Quant aux contrastes entre sportifs et gymnastes, le rapport de la Commission les résume et les expose sans les dissimuler ou les embellir :

> «Les partisans du sport accusent leurs adversaires de pratiquer des exercices qui tuent l'esprit et qui exigent un drill vide de sens ; ils les accusent en outre de n'avoir aucun égard pour la personnalité et de ne tenir aucun compte des prédispositions individuelles… L'activité artificielle qui ennuie la jeunesse à l'école est suivie d'un nouveau drill dans les sociétés ; le point culminant de la capacité physique est alors atteint par de l'acrobatie et du dressage en masse. L'aversion que ce système a pour les mouvements naturels est cause de son abandon progressif par la jeunesse.»[25]

Les réticences des gymnastes ne sont pas moins fortes :

> «Les sports poussent l'enfant à accomplir des prouesses qui, souvent, dépassent les limites de sa capacité physique et qui lui font courir ainsi de graves dangers. La formation de l'individu ne consiste pas seulement à stimuler arbitrairement l'ambition personnelle, mais le maître d'éducation physique doit chercher à appliquer rigoureusement la matière d'enseignement et les méthodes aux différents degrés de développement de l'enfant. D'autre part, le succès financier et surtout les applaudissements du public que recherchent souvent les sportifs prouvent que leur système est basé sur le vulgaire matérialisme et qu'ils s'inquiètent peu du côté pédagogique.»[26]

Interprétant cette opposition comme purement théorique, fondée sur des conceptions qui manquent de bases solides, la Commission y voit simplement une variante du combat entre le vieux et le neuf : «Il est possible de concilier la gymnastique et le sport, et c'est cette conciliation qui doit devenir la véritable base du nou-

25. *Id.*, p. 94.
26. *Id.*, pp. 94-95.

veau système»[27]. Le texte formule toute une série de propositions de réforme: réorganiser la commission, revoir la formation des maîtres d'éducation physique, regrouper dans un organisme commun les associations qui s'occupent de culture physique, soutenir financièrement les efforts des associations sportives et subventionner la création d'installations pour la pratique du sport et de la gymnastique.

Ce rapport marque en effet un tournant dans l'attitude officielle envers les sports. En 1922 sera créée l'Association nationale d'éducation physique ou ANEP (qui deviendra plus tard Association suisse du sport); la Commission réorganisée sera rebaptisée en 1930 «de gymnastique et de sport» avec l'adjonction de deux membres représentant le mouvement sportif. Entre temps, la Confédération avait institué, avec les universités, un diplôme fédéral pour maîtres d'éducation physique (1924). Les contributions versées aux associations et fédérations sportives deviendront importantes et régulières dès la fin des années 20. Mais il faudra attendre la création de la Société du Sport-Toto (concours de pronostics sportifs) en 1936 pour que les fédérations sportives puissent disposer, via l'ANEP, d'une source importante de financement à partir de la fin des années 30[28]. Au sein du mouvement sportif et de gymnastique on laissait d'ailleurs entendre que cette manne importante (environ 144000 francs en 1938-1939) n'était pas étrangère à l'intérêt soudain de la part de certaines fédérations pour les activités de l'ANEP et la nécessité de renforcer les instances centrales du sport helvétique. De telles insinuations malveillantes seront exprimées notamment pendant l'assemblée des délégués de l'ANEP en 1941[29].

Le sport «annexé» par la défense nationale?

Progressivement s'amorce un renversement spectaculaire dans le discours patriotique par rapport aux sports. Après avoir été ignorés, méprisés et combattus comme un facteur étranger à la tradition helvétique, les sports seront présentés dans l'idéologie de la

---

27. *Id.*, p. 96.
28. Cf. *Stade Suisse, op. cit.*, vol. 1, p. 367.
29. Voir le compte rendu paru dans *Le Gymnaste suisse*, N° 44, 1941.

défense nationale comme la version moderne de la tradition militaire et combattante des anciens confédérés. Une certaine militarisation du sport en Suisse, dont quelques avatars sont perceptibles encore aujourd'hui – par exemple dans le fait que les affaires sportives soient à nouveau rattachées au Département de la défense (depuis 1998) – est en bonne partie une tentative de récupération de la part des milieux patriotiques et de l'armée d'un phénomène social qui, au moins dans son développement historique en Suisse, avait échappé presque entièrement à l'idéologie et aux besoins de la défense nationale.

Ce renversement de perspective se précise au cours des années 30. L'évolution survenue à l'étranger, en particulier dans l'Allemagne hitlérienne, n'y était pas étrangère. L'attitude envers ce modèle est assez ambiguë: on perçoit le danger de ces régimes totalitaires, mais on voudrait en adapter certains principes et certaines méthodes pour renforcer l'encadrement de la jeunesse et promouvoir l'activité physique en fonction de la défense nationale. Dans son livre de référence, Louis Burgener, écrit textuellement en 1952:

> «Nous devinerons l'influence allemande dans un chapitre ultérieur, quand nous parlerons de la préparation de la loi de 1940. Il est inutile de le nier; même des esprits parmi les plus démocratiques et les plus opposés aux méthodes politiques des États totalitaires la subirent un peu et même davantage qu'ils le croyaient eux-mêmes.» [30]

Les indices dans ce sens ne manquent pas. *Le Gymnaste suisse*, organe officiel de la SFG, publie, à cheval entre 1939-1940, une longue étude (reprise d'une publication française) sur «La méthode allemande d'éducation physique masculine», qui présente la politique sportive et d'éducation physique de l'Allemagne national-socialiste. Dans un langage qui se veut objectif, l'auteur met en évidence les avantages du système allemand, en particulier le fait d'avoir réalisé la soudure entre sport et éducation physique:

> « Les Allemands ont, à notre sens, accompli un tour de force en réussissant l'*Anschluss* du sport et de l'éducation physique,

---

30. L. Burgener, *op. cit.*, pp. 310-311.

c'est-à-dire en incorporant le sport dans l'éducation physique. Remis entre les mains de l'éducateur, le sport perd en même temps tout ce qu'il a de louche, son professionnalisme avoué ou larvé, ses excès, sa spécialisation. Et il apparaît alors tel qu'il était aux yeux de ses créateurs, comme une école de discipline librement consentie, d'esprit chevaleresque et en même temps d'audace et d'initiative.»[31]

Il faut préciser qu'à côté des brochures, rapports et articles de journaux relatant les avantages du système d'éducation physique de l'Allemagne hitlérienne, l'intérêt était encore plus grand pour les systèmes en vigueur dans les pays nordiques, en particulier en Finlande, dont le prestige militaire s'affirme grâce à la résistance opposée à l'Armée rouge pendant l'hiver 1939-40.

L'autre élément qui a joué un rôle important concerne les compétitions internationales et en particulier les Jeux olympiques. Après les Jeux de 1936, qui s'étaient déroulés en Allemagne, la presse avait formulé de nombreuses critiques sur les performances médiocres des athlètes helvétiques, en faisant clairement savoir qu'il y avait là une sorte d'atteinte au prestige de la nation. La Commission fédérale de gymnastique et de sport transmit des directives aux fédérations sportives, afin que la participation à des compétitions internationales renforce la renommée sportive du pays:

«Pour la bonne renommée de notre pays, il est nécessaire que toute personne se présentant à une manifestation ou à un concours à l'étranger soit de classe égale aux concurrents. Il est donc du devoir des fédérations de surveiller exactement ce point et de n'accorder à leurs membres l'autorisation de participer à des rencontres à l'étranger que s'ils ont donné des preuves de leurs capacités. Cette prescription s'applique aussi bien aux équipes représentatives qu'aux sociétés et clubs et aux membres individuels.»[32]

Les fédérations sportives affiliées à l'ANEP se déclarèrent d'accord avec ces finalités générales, mais s'opposèrent à des inter-

---

31. *Le Gymnaste suisse*, N° 2, 1940, p. 12.
32. Directives reproduites dans: *Bulletin de l'Association nationale d'éducation physique*, N° 31, 1er septembre 1936.

ventions «fédérales» dans le domaine technique et organisationnel. Malgré ces réticences, réaffirmées au cours d'une réunion présidée par le chef du Département militaire fédéral, les dirigeants de l'ANEP et des principales fédérations sportives – y compris le SATUS, la fédération polysportive liée au mouvement ouvrier – finirent par se rallier aux projets des autorités fédérales d'orienter davantage le sport vers la défense nationale, en échange d'une politique plus active de soutien aux activités sportives et d'une plus grande «visibilité» institutionnelle du mouvement sportif. Cette unanimité de façade cachait à peine les querelles internes qui opposaient notamment la puissante SFG au Comité olympique suisse et, au moins en partie, au comité central de l'ANEP : les gymnastes accusaient ces deux organismes de faire double emploi et de ne pas respecter un minimum de démocratie interne[33]. Les vieilles querelles n'étaient donc pas entièrement apaisées.

Paradoxalement, la rivalité entre COS, ANEP et SFG aboutit au soutien unanime des institutions sportives et gymniques au projet fédéral d'instruction prémilitaire obligatoire. Dans sa version définitive, celui-ci était le fruit d'un compromis. La Confédération, c'est-à-dire le Département militaire, aurait voulu confier cette instruction, y compris les aspects sportifs, au personnel militaire. Cela suscita l'opposition de la puissante SFG, qui craignait de perdre le privilège, obtenu avec la réforme de 1907, d'organiser le cours d'instruction préparatoire. On en arriva ainsi au compromis qui prévoyait de confier le volet sportif de l'instruction prémilitaire obligatoire aux sociétés sportives ou de gymnastique disposées à organiser les cours selon les prescriptions fédérales à venir. Le projet de loi très sommaire sur l'instruction prémilitaire obligatoire, qui renvoyait aux ordonnances d'application les principales dispositions pratiques, fut voté par l'Assemblée fédérale le 8 juin 1940. Les jeunes gens entre 16 et 19 ans seraient astreints à une formation prémilitaire tripartite : enseignement de la gymnastique (avec examen), cours pour jeunes tireurs et instruction prémilitaire proprement dite pour les individus reconnus aptes au service[34].

33. L'historique de ces divergences est exposé dans un article paru dans *Le Gymnaste suisse*, N° 22, 1938, qui parle ouvertement d'une situation de malaise.
34. *Feuille fédérale*, 92ᵉ année, 1940, pp. 1-13.

Pas de «*Sonderfall*» sportif

L'ANEP, la Société fédérale de gymnastique et les principales fédérations sportives ont soutenu avec enthousiasme la loi votée par l'Assemblée fédérale le 8 juin 1940 «dans l'intérêt de la défense nationale et de la vigueur physique de la jeunesse suisse»[35]. Comme nous l'avons déjà dit, derrière cette unanimité se dissimulait toutefois une forte rivalité entre fédérations pour attirer dans leurs rangs cette nouvelle «clientèle». Les dirigeants de l'Association suisse de football (ASF), pour ne citer qu'eux, espéraient, peut-être un peu naïvement, susciter de l'enthousiasme pour le football chez les jeunes gens astreints au pensum qu'auraient constitué les cours obligatoires de formation prémilitaire[36]. Mais contre le projet de loi fut lancé avec succès un référendum soutenu par des milieux fédéralistes, par des personnalités libérales et par des ecclésiastiques des deux confessions. Appelés à se prononcer, les citoyens suisses allaient repousser la loi qui instituait l'instruction militaire préparatoire obligatoire par 55,7 % de non[37].

Dans l'appel lancé par les dirigeants du mouvement sportif en faveur de la loi, il apparaît clairement que ces derniers ont voulu faire une démonstration de la force et de la cohésion du monde sportif (avec ses 450000 membres revendiqués) pour ce premier engagement sur la scène politique. Ils en espéraient en retour une extension de leur possibilité d'action et une reconnaissance tant institutionnelle que populaire. La défaite en votation populaire, due davantage à une résistance fédéraliste contre la centralisation plutôt qu'à des considérations touchant directement le rôle du sport, aura comme conséquence de renforcer les liens et la collaboration entre les fédérations sportives, les organes du DMF et les milieux de la défense nationale en général. Mais nous avons l'impression qu'il s'agissait davantage d'une récupération idéologique au niveau des instances dirigeantes, plutôt que d'une implication profonde du mouvement sportif dans l'idéologie de la défense nationale spirituelle.

35. *Bulletin de l'Association nationale d'éducation physique*, N° 71-72, 15 novembre 1940.
36. *Schweizerische Fussball- und Athletik-Zeitung*, 7.2.1940.
37. Cf. L. Burgener, *op. cit.*, pp. 396-402.

Ce rapprochement, surtout au niveau des organes dirigeants, entre univers militaire et monde sportif devait se renforcer pendant la guerre et continuera pendant bien des décennies encore. Usant des pleins pouvoirs du Conseil fédéral, la Confédération a poursuivi par d'autres moyens les buts qu'elle s'était fixée avec le projet de loi refusé en 1940. Jusqu'en 1984, la politique sportive a été rattachée aux affaires militaires; elle a même conflué à nouveau en 1998 dans un ministère à la dénomination étrange: «Département fédéral de la défense, de la protection de la population et des sports».

Il est probable qu'une certaine homogénéité socioculturelle des dirigeants et hauts fonctionnaires sportifs helvétiques, due au commun dénominateur militaire, ait contribué à créer des synergies institutionnelles. Mais cela a eu peu ou pas d'influence sur la diffusion des activités sportives, sur les performances et sur les tendances profondes du mouvement sportif. Le sport moderne, comme phénomène social, est une des formes précoces et les mieux abouties d'universalisation, ou – pour utiliser un terme à la mode – de «globalisation» et, comme tel, il se laisse difficilement enfermer dans une logique de *Sonderfall* ou d'exception, de quelque nature elle puisse être.

Les manuels fédéraux et l'institutionnalisation de l'éducation physique

Jean-Claude Bussard

NSEIGNÉE DANS CERTAINES écoles publiques de Suisse dès les années 1820-1830[1], l'éducation physique, ou plutôt la gymnastique, devient obligatoire pour tous les garçons suisses de dix ans et plus, à la suite de la promulgation de la *Loi militaire* de 1874. L'objectif d'alors est clair : il s'agit de préparer la jeunesse masculine au service militaire en plaçant, comme l'affirme Emil Welti, le chef du Département militaire fédéral du moment, «le centre de gravité de l'éducation militaire à l'école, et non pas à la caserne»[2]. La gymnastique scolaire se voit ainsi attribuer un rôle clé dans la réorganisation d'une armée suisse en quête d'efficacité.

L'intervention de l'État fédéral ne manque pas de heurter les sensibilités fédéralistes de plusieurs gouvernements cantonaux. En effet, la gymnastique est l'unique discipline d'enseignement qui dépend de la Confédération, alors que les cantons tiennent fortement à leurs prérogatives en matière d'instruction et d'éducation.

Cette situation confère à l'éducation physique un statut particulier qui s'articule à la rencontre de deux pouvoirs politiques, celui de l'État fédéral et celui de l'État cantonal, le premier émettant des ordonnances et le second les appliquant avec, selon les cas, plus ou moins de bonne volonté. Mais l'éducation physique n'est pas seulement une affaire d'État(s). Dans un pays au tissu associatif très développé, elle est également très tôt marquée par l'influence des *lobbies* des gymnastes et des enseignants. En fait, dès 1874, elle est plongée dans une sorte de maquis institutionnel rassemblant à la fois des institutions du secteur public et du secteur privé. La liste

---

1. Bâle (1826), Morat (1829), Winterthour (1834), etc.
2. Cité in L. Burgener, *La Confédération suisse et l'éducation physique de la jeunesse*, La Chaux-de-Fonds, 1952, vol. 1, p. 95.

des institutions touchant de près comme de loin l'éducation physique serait fastidieuse à dresser. Elle fluctue au cours des temps et l'influence des institutions concernées varie en fonction du contexte socio-politique de l'époque et des finalités attribuées à l'éducation physique. Nous pouvons cependant citer le Département militaire fédéral (DMF) à l'origine de l'enseignement obligatoire, aujourd'hui le Département fédéral de la défense, de la protection de la population et des sports (DDPS), la Commission fédérale de gymnastique (CFG), organe consultatif qui devient rapidement l'organe central de l'éducation physique[3], ou encore l'Ecole fédérale de gymnastique et de sport de Macolin (EFGS)[4], et le tout récent Office fédéral du sport (OFSPO). Sur le plan cantonal, mentionnons les Directions cantonales de l'instruction publique, alors que sur le plan associatif il faut évoquer la Société fédérale de gymnastique (SFG), aujourd'hui la Fédération suisse de gymnastique (FSG) et la Société suisse des maîtres de gymnastique (SSMG), l'Association suisse d'éducation physique à l'école (ASEP) depuis 1980, ainsi que l'Association nationale d'éducation physique (ANEP) fondée en 1922 et qui donne naissance à l'Association suisse du sport en 1978, devenue l'Association olympique suisse en 1997.

C'est dans ce contexte où convergent de multiples influences que sont publiés les manuels fédéraux d'éducation physique. En effet, dès 1876, la Commission fédérale de gymnastique, mandatée par la Confédération, édite à intervalles réguliers des manuels spécialisés[5]. Destinés dans un premier temps à fournir aux maîtres la matière à enseigner et par la même occasion une unité doctrinale de l'enseignement des exercices physiques, ils deviennent par la suite plus prosaïquement un outil de référence parmi d'autres.

3. La CFG devient la Commission fédérale de gymnastique et de sport (CFGS) en 1930, puis la Commission fédérale de sport (CFS) en 1989.
4. Aujourd'hui l'École fédérale de sport de Macolin (EFSM).
5. *École de gymnastique pour l'instruction militaire préparatoire de la jeunesse suisse de l'âge de 10 à 20 ans*, Fribourg: Galley, 1883; *Manuel de gymnastique pour l'instruction militaire préparatoire de la jeunesse suisse de 10 à 16 ans*, Lausanne: L. Vincent, 1899; *Manuel fédéral pour l'enseignement obligatoire de la gymnastique dans les écoles suisses*, Berne: Commissariat central des guerres, 1914; *Manuel fédéral de gymnastique pour l'éducation physique des garçons de 7 à 15 ans*, Bureau des Imprimés Militaires, 1927; *Manuel fédéral de gymnastique pour la jeunesse masculine de 7 à 20 ans*, Département Militaire Fédéral, s.l., 1942; *Manuel suisse de gymnastique scolaire*, 4 vol., Département Militaire Fédéral, Berne, 1957-1962; *Éducation physique à l'école*, 9 vol., Berne: Commission fédérale de gymnastique et de sport, 1975-1981; *Éducation physique*, 6 vol., Commission fédérale de sport, s. l., 1998-2000.

Cet article souhaite mettre en évidence le rôle joué par les manuels dans le processus d'institutionnalisation de l'éducation physique, ainsi que ses rapports avec les institutions qui ont exercé sur elle une influence déterminante. Les manuels révèlent la vision et la conception d'une éducation physique «officielle». Ils sont des réponses à des contextes politiques, culturels et éducatifs précis. La question est de savoir dans quelle mesure le contenu de ces ouvrages a été marqué par les institutions précitées et comment l'éducation physique a mené à bien son processus d'institutionnalisation.

De l'institution à l'institutionnalisation de l'éducation physique

Les manuels de 1876 et 1898

La parution, en 1876, de l'*École de gymnastique pour l'instruction militaire préparatoire de la jeunesse suisse de l'âge de 10 à 20 ans* s'inscrit, nous l'avons dit, dans le cadre de la réorganisation de l'armée. Instrument indispensable de la décision politique visant à préparer dès l'école les jeunes gens à servir la nation comme soldats, l'ouvrage se définit lui-même comme un règlement[6] dans lequel les exercices d'ordre, qu'on pourrait qualifier d'école de section, représentent le quart de ses 98 pages. Le souci éducatif, réellement présent chez certains maîtres de gymnastique ayant participé à la réalisation de l'ouvrage, ne transparaît aucunement dans le manuel qui ne réserve que cinq pages à des recommandations méthodologiques principalement axées sur la notion de commandement.

Certes, comme le souligne Lutz Eichenberger, l'édition de ce premier manuel constitue dans le domaine pédagogique un pas en arrière par rapport aux idées éducatives de l'époque[7]. Il ne faut cependant pas négliger le poids du nationalisme ambiant, réper-

---

6. *École de gymnastique*, p. 1.
7. L. Eichenberger, *Die Eidgenossische Sportkommission 1874-1997*, Thun: Ott Verlag, s. d., p. 172.

cuté en l'occurrence par les militaires, qui caractérise une demande institutionnelle axée sur la défense de la patrie que même les plus ardents défenseurs d'une gymnastique éducative ne remettent pas en question. Cette reconnaissance de la clause du besoin de l'instruction préparatoire apparaît notamment chez Karl Stampfli dans les thèses qu'il développe lors d'une assemblée de l'association intercantonale des enseignants en 1879 :

> « 1. *Der Unterricht ist als ein wesentliches Erziehungsmittel der Jugend zu betrachten und findet in der harmonischen Ausbildung aller Anlagen und Kräfte des Menschen sein Hauptziel. 2. Neben der rein menschlichen Ausbildung soll dem Turnunterrichte in Berücksichtigung der staatlichen Verhältnisse die Vorbereitung für das schweizerische Heerwesen zu Grunde liegen.* »[8]

Du reste, une comparaison avec le manuel français de 1881, publié par le Ministère de l'instruction publique, permet d'y déceler tant dans le discours que dans la forme la même logique patriotique, les exercices militaires représentant les deux tiers du livre[9].

Comme cela va être le cas pour tous les manuels qui vont suivre, la parution de ce premier ouvrage officiel suscite une foule de critiques émanant de tous bords. Des pédagogues désapprouvent son organisation systématique et le peu de place accordé aux jeux, des gymnastes dénoncent son attachement trop prononcé aux valeurs et à la logique militaires, des officiers condamnent la caricature de la pratique militaire. Ces griefs sont entendus par la commission chargée de rédiger l'édition suivante. Malgré la prédominance encore visible de la gymnastique de Spiess, les exercices d'ordre perdent de l'importance au profit de la gymnastique aux engins et des jeux. Vingt-cinq pages sont consacrées à la méthode d'enseignement et vingt-quatre à des exemples de leçons. Une timide ouverture est faite en direction de la gymnastique suédoise et des sports (introduction du football), laissant entrevoir la lutte d'influence qui s'opère à la fin du XIXe siècle entre les différents courants idéologiques.

La fin du XIXe siècle marque ainsi l'institution d'une nouvelle discipline scolaire imposée par l'autorité fédérale. Le rôle attribué

---

8. K. Stampfli, in *Methode und Ziel des Turn-Unterrichts in der Volksschule*, conférence faite le 2 juin 1879, Basel, 1880, Bibliothèque nationale suisse.
9. *Manuel de gymnastique et d'exercices militaires*, Paris: Ministère de l'instruction publique, 1881-1882.

aux manuels est capital, puisqu'il s'agit de doter les enseignants d'un outil de référence et de réaliser «*l'unité d'exécution*» des exercices physiques dans toutes les écoles du pays[10]. Mais comme le relève à plusieurs reprises l'organe des maîtres de gymnastique, les objectifs de l'instruction préparatoire ne peuvent pas être atteints car, en l'absence d'une introduction systématique auprès du corps enseignant, les deux premiers manuels restent largement ignorés[11].

Les manuels de 1912, 1927 et 1942

Tout comme la fin du XIXe siècle, le début du XXe siècle est marqué par une confrontation ouverte entre les tenants des différentes idéologies, qui veulent s'approprier l'éducation physique à l'école. À la lutte qui a vu s'opposer les défenseurs d'une gymnastique traditionnelle (allemande) aux partisans de la méthode suédoise ou/et de la méthode fonctionnelle de Georges Demenÿ, succède un affrontement entre les gymnastes et les promoteurs du courant sportif.

En France, les manuels officiels de 1891 et de 1909[12] sont largement inspirés de la conception scientifique de Demenÿ qui, comme le rappelle Christian Pociello, s'inscrit dans une logique d'opposition aux militaires, aux médecins et à la gymnastique suédoise[13]. En Suisse, par contre, le manuel de 1912 intègre dans des proportions diverses, les doctrines de l'époque. La gymnastique allemande est présente avec ses exercices de marche et de course, anciennement les exercices d'ordre, ainsi que le travail aux engins (barre fixe, barres parallèles, etc.). Une large place est faite à la gymnastique suédoise dans le cadre des exercices préliminaires et par l'introduction des agrès spécifiques que sont les espaliers et les bancs suédois. Le sport enfin, même s'il n'est pas nommé explicitement et même si les pratiques qui le caractérisent ne sauraient

---

10. *Manuel de gymnastique pour l'instruction militaire préparatoire de la jeunesse suisse de 10 à 16 ans*, 1899, p. VI.
11. *Monatsblätter für das Schulturnen*, 1890, 47, p. 53; 1909, 8, p. 118; *Monatsblätter für die physische Erziehung der Jugend*, 6, p. 84.
12. *Manuel d'exercices gymnastiques et de jeux scolaires*, Paris: Ministère de l'instruction publique, 1891; *Manuel d'exercices physiques et de jeux scolaires*, Paris: Ministère de l'instruction publique, 1909.
13. C. Pociello, «Georges Demenÿ (1850-1917)», in P. Arnaud (éd.), *Le corps en mouvement*, Toulouse: Privat, 1981, p. 210.

«être pratiquées exclusivement»[14], fait une entrée remarquée par le biais des exercices populaires (l'athlétisme) et des jeux (handball).

Alors que le climat est plutôt aux querelles de chapelles, cet éclectisme, qui sied bien à la notion de compromis chère à la mentalité helvétique, suscite les critiques de ceux qui auraient aimé des changements plus profonds. August Frei, membre de la commission élargie pour l'élaboration du manuel (1909-1911), répond clairement à tous les détracteurs:

> «Il n'est pas possible de donner toutes les raisons qui ont justifié chaque modification ou adjonction vu la grande variété de nos institutions cantonales comme les circonstances particulières résultant de nos mœurs et de nos habitudes. Il fallait édifier une œuvre qui réponde à tous les besoins et qui puisse être admise partout. Ce ne sera jamais sans concessions réciproques.»[15]

Le manuel de 1927 se base essentiellement sur les résultats d'une série de conférences rassemblant entre 1916 et 1920 des représentants de la gymnastique, du sport et du monde médical. Organisées à l'initiative de la Commission fédérale de gymnastique, ces délibérations font l'objet d'une publication de Paul Kipfer intitulée *Buts, moyens et méthode de l'éducation physique*. Le rapport analyse les résistances de toutes formes qui ont empêché de «procéder à une réforme de l'éducation» physique[16]. Il y a certes le poids de la tradition, mais également le caractère mécanique et le drill qui caractérisent trop souvent la gymnastique scolaire. Les militaires ne sont pas épargnés par la critique, eux qui dédaignèrent «le travail effectué par l'école [et qui ne reconnurent] comme utile que ce qui avait été élaboré par les organes de l'armée», pas plus que les politiques «qui considèrent la gymnastique et les sports comme une espèce de jeu», qui préfèrent dépenser des «millions pour combattre, dans les sanatoria, la tuberculose... [en négligeant] totalement un des plus importants facteurs préventifs, soit une meilleure éducation corporelle»[17]. Pour donner à l'éducation physique l'importance qu'elle mérite en milieu scolaire, les

---

14. *Manuel fédéral*, 1912, p. 28.
15. A. Frei, «Le nouveau manuel de gymnastique», in *Monatsblätter für die physische Erziehung der Jugend*, 8, 1913, p.121.
16. P. Kipfer, *Buts, moyens et méthode de l'éducation physique*, Commission fédérale de gymnastique, s. l., s. d., p. 83.
17. *Id.*, p. 84.

délibérants ne proposent pas une nouvelle doctrine, mais préconisent de concilier la gymnastique et le sport, et de faire de cette conciliation «la véritable base d'un nouveau système»[18].
Le produit final reflète le résultat de ces conclusions. Un accent important est mis sur la partie théorique qui comprend 140 pages consacrées principalement aux fondements scientifiques et didactiques de l'activité physique. La partie pratique, quant à elle, est fonction de la théorie et entérine le passage des gymnastiques traditionnelles (⅓ du manuel) aux jeux et aux sports de plein air (⅔ de l'ouvrage).

Édité durant la Seconde Guerre mondiale, le manuel de 1942 constitue une réponse politique à la situation de l'époque. Tant sur le plan des finalités évoquées que sur celui des pratiques proposées, l'ouvrage multiplie les références au rôle capital des exercices physiques dans la formation d'une jeunesse masculine appelée à servir sous le drapeau. Tout semble conçu pour «satisfaire aux exigences croissantes d'une armée nationale»[19]. Les concours de course à pied permettent à «l'instinct de combativité»[20] de s'exprimer; les sports de combat, inhabituellement représentés, sont censé réveiller «le goût de la lutte qui sommeille chez l'adolescent»[21]; les jeux d'équipe obligent «chacun à subordonner ses efforts à l'action commune»[22]; les exercices de plein air «lient étroitement [l'élève] à sa patrie»[23].

Cette rupture d'un processus conduisant à l'inéluctable emprise de l'éducatif sur le militaire n'est, en regard des circonstances, guère remise en question par les éducateurs. Pouvaient-ils se douter que l'idéologie véhiculée dans ce qui pouvait apparaître alors comme une parenthèse allait perdurer avec les années de guerre froide?

Les trois manuels de la première moitié du XXe siècle consacrent l'émergence de ce que Burgener appelle «la méthode suisse»[24], basée sur une ouverture relative aux autres doctrines. On emprunte certains principes, on en rejette d'autres et on adapte le tout à une sauce confédérale. L'originalité de cette méthode, si elle

---

18. *Id.*, p. 96.
19. *Manuel de gymnastique pour la gymnastique masculine*, 1942, p. 11.
20. *Id.*, p. 177.
21. *Id.*, p. 216.
22. *Id.*, p. 294.
23. *Id.*, p. 233.
24. L. Burgener, *op. cit.*, vol. 2, p. 573.

en est vraiment une, réside dans un éclectisme non pas clairement affiché, mais plutôt imposé par la volonté de concilier les Anciens et les Modernes. L'école, enjeu de la lutte qu'ils se sont livrés pendant près d'un demi-siècle, devient ainsi le lieu privilégié où se retrouvent et s'enseignent des pratiques jadis opposées. De ce fait, l'enseignant devient, bien malgré lui, le médiateur chargé de faire cohabiter des valeurs parfois divergentes, telles que le devoir du militaire, l'«hygiénisme» du médecin, la discipline du gymnaste et la liberté du sportsman.

Les manuels de 1957, 1975 et 1997

Peu après sa création, l'École fédérale de gymnastique de Macolin conteste à la Commission fédérale la compétence d'élaborer les manuels officiels. La lutte qui oppose les deux institutions pour un enjeu ô combien significatif tourne à l'avantage de la CFG.

Bien que toujours très lié à une approche gymnique du mouvement, le nouveau manuel, édité en quatre volumes de 1957 à 1962, annonce le début de la sportivisation de l'éducation physique à l'école, qui caractérise la seconde moitié du XXᵉ siècle. Il se distancie clairement de toute influence militaire et s'adresse également ment aux filles du premier degré.

Pour la première fois, le manuel s'appuie sur une véritable philosophie de l'éducation physique dont les concepts clés sont la *globalité* et la *nature*. L'ouvrage souscrit à l'idée d'une éducation globale de l'élève, visant son développement harmonieux. Dans cette optique, l'éducation physique doit apporter sa contribution spécifique à la formation de la personne. Le principe de globalité intervient aussi dans la méthode, qualifiée de naturelle, en opposition au système analytique.

La nature est omniprésente dans le manuel. Elle est érigée en modèle, un modèle d'équilibre duquel le mode de vie moderne tend à s'éloigner. Constitutive de la méthode, elle intervient dans les formes de mouvements choisis qui doivent être «*naturels*» et devient le cadre privilégié des pratiques.

L'intégration des sports dans la Constitution fédérale, ainsi que la loi et les ordonnances qui lui succèdent au début des années 1970 témoignent de l'importance nouvelle accordée par l'État fédéral à une pratique sociale de référence, qui tient une place de choix dans la société des loisirs. Ces nouvelles bases légales, en fixant comme objectifs l'amélioration de la santé publique et la promotion des activités physiques scolaires et extra-scolaires, donnent le ton des neuf manuels publiés entre 1975 et 1981. Ceux-ci entérinent la sportivisation de l'éducation physique amorcée dans l'édition précédente. Il ne s'agit plus seulement d'éduquer *par le sport*, mais également d'éduquer *au sport*, c'est-à-dire de permettre à l'élève d'accéder à une culture sportive. Comme le souligne Kurt Egger, l'auteur du manuel de théorie :

«L'acquisition des capacités sportives devrait s'effectuer en tenant compte non seulement des besoins momentanés des élèves, mais aussi de leur pratique future.»[25]

S'appuyant sur un fondement historique et politique du sport, un fondement scientifique de l'éducation physique et sur des bases didactiques, le manuel est très ouvert aux tendances pédagogiques de l'époque, héritières d'une société prônant la productivité. L'accent est mis sur l'enseignement par objectifs et le processus d'apprentissage apparaît désormais comme une notion centrale. Dans ces conditions, il n'est pas étonnant de constater dans le domaine des pratiques physiques le quasi monopole exercé par le sport, issu d'une logique du progrès et qui porte intrinsèquement des valeurs comme le rendement où la performance dans l'acception tayloriste du terme.

Cette prépondérance du sport est remise en question à la fin du XXᵉ siècle. À l'extérieur de l'école, de nouvelles pratiques, autoproclamées *fun*, battent en brèche le sport dont elles rejettent l'institutionnalisation outrancière. À l'intérieur de l'école, de nombreux pédagogues œuvrent afin de réhabiliter la notion de mouvement face aux disciplines sportives.

Le manuel de 1997-1999, qui comprend six volumes et un cahier de l'élève, est le reflet de l'évolution des pratiques et des idées. Conçue pour être l'expression démocratique du plus grand nombre, son élaboration, qui a pris plus de dix ans, s'est heurtée à de nombreux problèmes[26].

---

25. K. Egger, *Éducation physique à l'école*, livre 1, 1981, p. 13.
26. Mentionnons notamment l'échec de deux projets du manuel de référence, les problèmes financiers qui ont incités de nombreux auteurs potentiels à se retirer, ainsi que le retard pris dans l'édition du premier manuel qui était prévue pour 1992.

L'ouvrage de référence, qui peut être assimilé à la partie théorique, est paru pour la première fois dans deux versions différentes : une version alémanique qui s'appuie essentiellement sur des recherches menées en Autriche et en Allemagne, et une version latine ouverte aux travaux en sciences de l'éducation menés dans les pays francophones[27].

Les pratiques physiques, avec le mouvement comme cadre principal de référence, sont désormais envisagées comme des moyens qui permettent d'atteindre les objectifs généraux de l'école. L'élève, et non plus la matière, est positionné au centre des préoccupations de l'enseignant. La motivation devient le concept central de l'enseignement et de l'apprentissage. Pour que l'élève apprenne :

« Il est indispensable qu'il puisse donner un sens à l'activité proposée. »[28]

Les manuels de la seconde moitié du XXe siècle attestent ainsi de l'évolution d'une éducation physique qui, sous la pression des sports et de l'industrialisation, se technicise, puis sous l'influence des sciences humaines s'intellectualise et s'humanise. Les sciences jouent désormais un rôle prépondérant en fournissant à l'éducation physique les fondements sur lesquels elle peut reposer ses actions et par la même occasion les justifier.

Le rôle des manuels dans le processus d'institutionnalisation de l'éducation physique

Arrivé au teme de cette brève histoire des manuels officiels d'éducation physique, nous pouvons faire quelques constatations qui nous permettent de mieux cerner le rôle joué par les manuels dans le processus d'institutionnalisation de l'éducation physique à l'école.

Ce processus a débuté sur le plan fédéral en 1874. Il s'est développé en fonction des finalités sous-tendues par les conditions sociétales du moment et les objectifs clairement assignés par les institutions faîtières. L'influence des buts de l'éducation physique

---

27. Le projet initial prévoyait une rédaction parallèle des manuels en allemand, français et italien.

28. *Éclairages théoriques, enjeux pour la pratique*, manuel 1, brochure 1, 1998, p. 9.

sur ce processus doit être soulignée. En adéquation avec les attentes sociétales de chaque époque, ceux-ci ont favorisé l'entrée de l'éducation physique dans les mœurs de la population. Subordonnés aux décisions ou aux options des organes décideurs, ils s'inscrivent dans «l'officialité» propre à toute institution.

Vecteurs de ces finalités, les manuels ont pris part à l'institutionnalisation de l'éducation physique en faisant office de textes officiels et en véhiculant ainsi tant les valeurs de la société que les orientations spécifiques à chaque conjoncture.

Aux côtés des finalités, les pratiques participent d'une logique identique. Elles sont intégrées sous la pression des habitudes sociales tout en étant favorisées ou entravées en fonction des orientations voulues par les décideurs en place. Il n'est pas étonnant de voir triompher dans un premier temps l'idéologie gymnastique qui, dans le contexte nationaliste de la fin du XIXe siècle et du début du XXe siècle, prône les valeurs susceptibles de défendre et de préserver l'intégrité de l'État-nation. De même, il n'est pas plus surprenant de voir s'instaurer ensuite le monopole de l'idéologie sportive qui, de pair avec le développement de l'industrialisation et la technologie, se fonde sur un attachement indéfectible à la notion de progrès.

Cette transition d'une doctrine dominante à une autre se traduit dans le domaine des contenus des manuels par le passage progressif d'une fonction unique consacrée à *l'éducation du physique* (entraînement des capacités et des habiletés motrices) à une fonction duelle incluant en plus *l'éducation par le physique* (les pratiques sont des moyens éducatifs), et enfin à une fonction multiple recouvrant également *l'éducation au physique* (le rapport au corps et sa gestion)[29]. Cette multifonctionnalité est en fait héritée des empreintes successives laissées par les modèles de référence qui émaillent l'histoire des manuels. Elles témoignent tour à tour ou simultanément de l'influence du politique, du militaire, du gymnaste, du pédagogue, du médecin, du sportif, du scientifique, du philosophe, qui, chacun à leur manière ont contribué à l'institutionnalisation de l'éducation physique.

---

29. Cette typologie des ambitions de l'éducation physique est reprise de B. X. René, «Les effets de l'éducation physique», in B. X. René (éd.), *À quoi sert l'éducation physique et sportive?* Paris: Éditions Revue EPS, s.d., pp. 99-124.

Le sport dans le cinéma militaire suisse (1939-1945) : une double institutionnalisation

Gianni Haver

E N DÉPIT DE l'intérêt croissant que les historiennes et les historiens ont commencé à réserver au cinéma depuis la fin des années 60, et, plus récemment – et avec quel emportement! – au sport, l'association entre ces deux phénomènes majeurs de l'époque contemporaine ne commence à susciter les premiers – timides – travaux que depuis peu[1]. Et pourtant le sport et le cinéma, loin de s'ignorer, entretiennent une relation ancienne et durable. Tous deux porte-parole de cette modernité qui déferle sur la société du XIXe siècle finissant, ils ont en effet noué de nombreux liens. En Suisse, comme dans tous les autres pays, les événements sportifs, importants ou secondaires, ont souvent attiré les premières caméras. Notre but n'est pas ici de retracer une histoire commune entre sport et cinéma, ceci nous mènerait sur un terrain trop vaste et nous éloignerait du thème général de ce volume. Nous allons donc orienter notre problématique vers un aspect bien particulier: la représentation du sport dans les films militaires suisses. Et encore, nous privilégierons une époque précise, celle qui voit l'institutionnalisation du cinéma au sein de l'armée, c'est-à-dire les années de mobilisation entre 1939 et 1945.

L'armée et le cinéma: la création du SFA

Le sport, et notamment la gymnastique, trouve une place au sein de l'armée fédérale relativement tôt, lorsque celle-ci est encore

---

1. Voir, par exemple, à ce sujet la toute récente publication des actes du colloque organisé par l'iconothèque de l'INSEP en mars 1999, dirigée par L. Véray et P. Simonet, *Montrer le sport. Photographie, cinéma, télévision*, Paris: Cahiers de l'INSEP, Hors-Série, 2000.

jeune, soit durant la deuxième partie du XIXe siècle[2]. Le cinéma par contre doit attendre 1939 pour y faire son entrée officielle. Ceci ne veut pas dire que jusqu'à cette date il n'y a pas eu de films militaires, bien au contraire ; mais ce sont pour l'essentiel des initiatives privées ou des commandes militaires à des entreprises du secteur cinématographique. Par exemple, le film officiel de la mobilisation de 1914-1918, *L'Armée suisse*, est tourné par la société bâloise Eos-Film sur demande du Commandement de l'Armée[3]. Il existe par ailleurs une série de films sur le sujet, tournés par divers producteurs pendant les années de l'entre-deux-guerres[4]. Il s'agit généralement de films montrant des manœuvres, du matériel, des défilés, voire des chefs militaires, mais qui ne contiennent presque pas d'images sur la préparation physique et l'entraînement sportif de la troupe. Cette situation va changer dès que les autorités militaires décident de mettre en place le Service des films de l'Armée (SFA) en imitant tardivement ce qui a déjà été réalisé dans la plupart des armées des grandes puissances. Cette nouvelle institution voit le jour peu après la mobilisation, le 3 novembre 1939[5] ; sa création est décrétée directement par le général Guisan[6]. Sa tâche principale, telle qu'elle est rapportée par la presse de l'époque, est d'organiser des projections pour la troupe, qu'elles soient d'ordre récréatif ou de nature à «contribuer [...] à la défense spirituelle du pays»[7].

2. Pour un aperçu de cette intégration, voir le chapitre VI «La gymnastique militaire» de l'ouvrage de L. Burgener, *La Confédération suisse et l'éducation physique de la jeunesse*, La Chaux-de-Fonds, publié chez l'auteur, 1952, pp. 61-78.

3. E. et M. de Halden, P. Schöpf, *Casques et caméras. Le Service cinématographique de l'armée Suisse 1912-1985*, Nyon: 17e Festival international du film documentaire, 1985, p. 149.

4. Certains titres peuvent facilement être trouvés dans le catalogue dirigé par E. et M. de Halden que nous avons cité plus haut, ainsi que dans: Cinoptika, «Éléments d'inventaire d'un patrimoine cinématographique régional 1896-1939», 1996, in *Revue historique vaudoise*, pp. 187-239.

5. Il faut néanmoins rappeler que, pendant les années 30, et jusqu'à l'été 1943, fut actif un «Office du film» dont le but était de produire des films d'instruction militaire. Cet office n'est que partiellement institutionnalisé puisqu'une partie du financement est assurée par son influent et ambigü initiateur: Hans Hausamann. Ce qui différencie les films de l'Office de ceux du SFA, c'est leur utilisation didactique destinée avant tout à l'usage interne de l'armée. Sur Hans Hausamann (1897-1974) et ses diverses activités, voir l'article de C. Hauser «Aux origines du «Büro Ha» l'action de la Société suisse des officiers dans la campagne pour la révision de la loi militaire fédérale (24 février 1935)», in *Revue suisse d'histoire*, vol. 44, n° 2, 1994, pp. 144-165. Des informations plus axées sur l'activité cinématographique de Hausamann sont contenues dans l'ouvrage déjà cité de E. et M. de Halden, P. Schöpf aux pages 18-44.

6. H. Dumont, *Histoire du cinéma suisse. Films de fiction 1896-1965*, Lausanne: Cinémathèque suisse, 1987, p. 252.

7. «Quel est le but du Service des films de l'Armée?» *Schweizer film Suisse*, N° 82, décembre 1939, pp. 24-25. voir aussi «Der Film in unserer Armee» in *NZZ*, 14 mars 1940 et «Le service des films de l'armée» in *Ciné-Suisse*, N° 26, 1er août 1941.

Le caractère divertissant de certaines projections nécessite de prendre quelques précautions afin de ménager le secteur privé de l'économie cinématographique qui se voit ainsi concurrencé. Une convention entre le Département militaire et les principaux représentants de cette industrie est donc rapidement signée[8]. En simplifiant, on peut donc affirmer que le SFA propose des films «civils» aux soldats et des films militaires aux civils[9]. La production de films et la distribution de ceux-ci deviennent rapidement l'aspect le plus apparent de l'activité du SFA. Des projections spécifiques seront certes organisées pour les écoles[10], mais la diffusion en salle, en tant que films d'avant- programme, est également favorisée. Celle-ci sera assurée par l'importante maison de distribution Eosfilm de Bâle. Conçu dans l'urgence de la mobilisation, le SFA est étroitement marqué par le climat lié à la «défense spirituelle». Une politique destinée à doter le pays des «moyens de maintenir et de faire connaître le patrimoine spirituel de la Confédération»[11], qui se concrétise par des manifestations comme l'Exposition nationale de 1939, la célèbre «Landi», et la création d'organismes de promotion et de contrôle des secteurs culturels. Le cinéma est au centre de la défense spirituelle avec la création, en 1937-1938, de l'organisme chargé de le réglementer au niveau fédéral, la Chambre suisse du cinéma, et en 1940 du *Ciné-journal suisse*[12]. Doté de

---

8. L'existence de cette convention est citée par les premiers articles de presse sur le SFA. Voir notamment la *NZZ* du 14 mars 1940, «Der Film in unserer Armee». Aux Archives fédérales, dans le fonds de la Section film de la Division presse et radio, est conservée une convention datant du 23 septembre 1943: elle limite les projections récréatives à l'usage interne de l'armée, alors que, dans tous les autres cas, «le Département militaire fédéral et l'armée suisse sont en droit de produire des films ou d'en acquérir l'exclusivité si ce droit n'est exercé que dans l'intérêt de la défense spirituelle du pays, de l'éducation populaire et de l'instruction de la troupe, à l'exclusion de tous buts commerciaux, et si ces films n'ont pas un caractère essentiellement récréatif». AFS, E 4450, N° 5808.
9. La liste des films proposés à la troupe en 1943 est fournie en annexe dans l'ouvrage de E. et M. de Halden, P. Schöpf. Elle est assez représentative de la programmation courante dans les salles suisses de l'époque.
10. Dans une circulaire du 6 septembre 1940, adressée aux directions des polices cantonales, le SFA déclare avoir l'intention d'organiser des projections pour toutes les écoles primaires et secondaires du pays cf. Archives cantonales vaudoises, fonds S 66 du Département de justice et police.
11. Message du Conseil fédéral du 9 décembre 1938, *Feuille fédérale*, 1939, t. II, pp. 1001-1048.
12. Pour plus d'informations sur la politique de «défense spirituelle» voir: H.-U. Jost, *Politik und Wirtschaft im Krieg*, Zurich: Chronos Verlag, 1998, en français *Le salaire des neutres, Suisse 1938-1948*, Paris: Denoël, 1999. A. Lasserre, *La Suisse des années sombres*, Lausanne: Payot, 1989. On trouvera quelques repères historiographiques dans D. Bourgeois, *Business helvétique et Troisième Reich. Milieux d'affaires, politique étrangère, antisémitisme*, Lausanne: Page deux, 1998, pp. 29-30.

moyens relativement limités, mais pouvant profiter de la compétence de professionnels mobilisés, le SFA va tourner durant les années de guerre une cinquantaine de films de longueur très variable [13]. Le service est dirigé jusqu'en 1940 par Max Frikart, le secrétaire de la Chambre suisse du cinéma ; puis d'avril 1940 à décembre 1942 par Adolph Forter, scénariste et monteur. Enfin, Erwin Oskar Stauffer prend le relais de 1943 à 1945. Ce dernier est particulièrement emblématique : peintre, journaliste, acteur et réalisateur, il a une carrière «entièrement à l'enseigne idéologique de la défense spirituelle nationale» [14]. Réalisateur et producteur du Bergfilm *Tschiffa* (1938) et du documentaire *Le Sport, roi de l'hiver* (1939), il est surtout célèbre pour avoir co-dirigé en 1941 le film pro-finlandais *Un petit peuple se défend* dans lequel il montre, entre autres, le rôle des soldats-skieurs finlandais. L'expérience qu'il a eue en tant qu'acteur est elle aussi marquée par des films sur le ski et la montagne. Son intérêt particulier semble être résumé par le nom de sa maison de production : «Berg- & Heimatfilm». Aux directeurs qui se succèdent, il faut ajouter divers opérateurs qui vont faire leur service militaire au sein du SFA.

Les films que le SFA produit ont certainement parmi leurs buts principaux celui de donner à la population une image rassurante de l'armée. Il s'agit de montrer des troupes qui peuvent parfaitement accomplir leur rôle de défendre le pays contre toute invasion, ou à tout le moins déployer un effet dissuasif. On pourrait imaginer que la réalisation de cet objectif passerait par la construction d'une image montrant la puissance et la modernité de l'armement helvétique. Or, même si cet aspect n'est pas complètement absent, le visionnement d'un large corpus des productions du SFA montre que l'accent est plutôt mis sur une valorisation de la force morale et physique du soldat helvétique. Nous verrons, de plus, que les qualités morales du soldat sont souvent montrées comme étant directement liées aux performances physiques. Ce choix porte tout naturellement le SFA à réserver, dans ses réalisations, une part importante à la représentation du sport. Celle-ci ne se limite pas uniquement aux sports spécifiquement militaires comme le tir et,

---

13. En 1942, le budget du SFA est de 300 000 francs, il est réduit en 1944 lorsqu'il descend à 137 000 francs cf. E. et M. de Halden, P. Schöpf, *op. cit.*, p. 12. En comparaison, remarquons qu'un long métrage à sujet militaire comme *Gilberte de Courgenay* (Franz Schnyder, 1941) coûte à la maison de production Praesens, 280 000 francs. H. Dumont, *op. cit.*, p. 284.

14. H. Dumont, *op. cit.*, p. 229.

encore à cette époque, l'équitation, mais englobe aussi ceux qui sont facilement assimilables comme certains sports de combat ou l'alpinisme[15]. Ce qui nous intéresse ici, c'est de montrer comment, au moment de l'institutionnalisation du cinéma au sein de l'armée, le sport va devenir un des fers de lance utilisé par le SFA pour poursuivre ses buts. Comme nous l'avons dit, il doit rassurer la population civile, à laquelle il s'adresse prioritairement, avec l'image d'une armée forte, mais aussi contrer la propagande étrangère qui est bien présente sur les écrans suisses[16].

Les productions du SFA ou le sport instrumenté

La production du SFA est relativement importante. Au début de la guerre, les sorties sont plus nombreuses (37 films entre 1940 et 1942), puis elles diminuent sensiblement (17 films entre 1943 et 1945). Puisque les thématiques d'ordre plus général sont du ressort du Ciné-journal suisse, le SFA se limite à la représentation de l'armée nationale avec quelques incursions dans le domaine humanitaire (*Secours aux enfants* de 1942, sur l'arrivée en Suisse d'enfants serbes) ou de l'internement de militaires étrangers (*Des troupes françaises et polonaises passent nos frontières*, 1940; *Spahis en Suisse*, 1941; *Polenzuege*, 1945). Les autres films mettent en scène des exercices militaires filmés avec grand déploiement d'armes, tirs et explosions (*Coup de main*, 1941; *Pionniers d'infanterie à l'attaque*, 1943 ou *Assaut d'un village*, 1944); illustrent des secteurs peu connus de l'armée (*Les Chiens de guerre*, 1941; *Service de repérage et de signalisation d'avions*, 1942; *Le Service d'hygiène de l'armée*, 1944; *Soldats du rail*, 1945) ou touchent plus simplement la corde patriotique ou le culte du chef (*La Fête du Pays*, 1940; *Der General übergibt der Fliegergruppe die neuen Fahnen*, 1940; *Hommage aux drapeaux*, 1945). *Poudre* de Herbert Meyer constitue un cas particulier: ce documentaire tourné vers la fin de la

---

15. Nous laisserons de côté, dans ce bref parcours, le tir et l'équitation, dont la pratique se confond avec l'instruction militaire, pour nous concentrer sur les sports alpins et l'athlétisme.
16. Les films les plus agressifs seront certes interdits ou coupés par la censure. Cependant, diverses réalisations de propagande des principaux belligérants seront présentées en Suisse. Pour davantage de précisions, nous renvoyons à notre article « 1938-1945 : Representations of War on Swiss Cinema Screens », in J. Charnley, M. Pender, *Switzerland and War. Occasional Papers in Swiss Studies 2*, Berne: Peter Lang, 1999, pp. 83-96.

guerre, partant d'une intention de montrer un aspect de l'industrie militaire, se transforme en une critique des pénibles conditions de travail des ouvriers du secteur[17].

Quant à l'utilisation idéologique de l'activité sportive, elle agit principalement en recourant à deux éléments: les sports de montagne et l'exhibition du corps du soldat. Nous allons voir comment l'armée se constitue ainsi une image de force en faisant intervenir en même temps les dimensions physiques et mythiques.

C'est ainsi que dès le tournage de *Fest der Heimat* (1940), une de ses toutes premières réalisations, le SFA semble porter un regard intéressé sur les manifestations sportivo-militaires. Ce film, distribué en Suisse romande sous le titre *La Fête du Pays*, est une sorte de concentré de diverses thématiques qui vont attirer par la suite l'attention des réalisateurs du SFA. Or, la représentation du sport et de la montagne y jouent un rôle important. Le film montre la fête du 1er août organisée par la Brigade de montagne 12 stationnée à Arosa; le Général Guisan lui-même participe à la cérémonie. Un des moments forts de ce petit documentaire est une compétition entres militaires: il s'agit d'un parcours qui comprend les épreuves classiques telles que passer sous un barrage de barbelés, sauter des obstacles, lancer des grenades d'exercice, tirer avec le fusil d'ordonnance, etc. Un important public de soldats assiste aux épreuves assis sur le flanc d'un relief qui forme – comme le précise le commentaire – un «*stade naturel*»[18]. Le Général prend place parmi eux. Il ne s'agit pas seulement d'un entraînement, avec des buts de formation militaire, mais bien d'une adaptation de pratiques militaires à une forme de compétition. Les mouvements sont réglés d'avance et ne visent pas à une efficacité guerrière mais plutôt la codification typique d'un concours sportif à laquelle il faut se conformer pour ne pas être disqualifié. Un exemple illustre bien cet aspect: les participants doivent s'attaquer à un sac en le frappant avec la pointe de la baïonnette, puis avec la crosse du fusil; l'un d'entre eux se trompe et commence par le coup de crosse, mais dès qu'il se rend compte de l'erreur, il arrête son mouvement pour recommencer dans l'ordre correct. Une logique qui n'a donc plus rien à voir avec un combat corps à corps mais qui se soumet à une réglementation de type sportive. La compétition a son public qui

---

17. Ce film est primé au Festival de Venise de 1947.
18. Nous retranscrivons les commentaires tirés des films entre guillemets et en italique.

acclame et applaudit (les autres soldats et des spectateurs civils) et ses arbitres (des officiers qui contrôlent que les règles sont respectées). Mais nous n'allons pas en dire plus, limitons-nous pour le moment à relever que dès l'un de ses premiers films, le SFA met l'accent sur une compétition sportive et un décor alpin [19].

Soldat et montagne, une symbiose helvétique

La Suisse est un pays alpin, les Alpes revêtent pour l'armée tout à la fois une valeur symbolique et militaire. Symbolique tout d'abord, car elles représentent le berceau des valeurs nationales [20]; et militaire ensuite dans le sens où la politique du Réduit national préconise une fortification des Alpes et une concentration des forces de l'armée dans les régions de montagne. Le soldat suisse doit donc démontrer non seulement ses capacités à combattre en milieu alpin, mais aussi à se sentir complètement à l'aise dans cet environnement. Il doit pouvoir entrer en symbiose avec la montagne pour défendre le pays. Le SFA va se charger de montrer aux citoyens cette image du combattant helvétique, et c'est la raison pour laquelle un nombre important de ses films sont situés dans les montagnes. Citons quelques titres: *La Garde Blanche* (1940), *Montagne et soldats* (1941), *Chiens d'avalanche* (1942), *Ceux d'en haut* (1942), *En action à 3000 mètres* (1944), *Patrouille en haute montagne* (1944), *Téléphérique en haute montagne* (1944) [21].

Le fait qu'un film se déroule en montagne ne suffit pas à ce qu'il propose une représentation du sport. D'ailleurs, certains titres (c'est le cas par exemple de *Pionniers d'infanterie à l'attaque*) se limitent à montrer des exercices de combat sur fond de montagne, celles-ci ont dans ce cas pour seul but de rappeler au spectateur qu'il s'agit de défendre la *Heimat*. Mais un nombre important des

19. Nous avons repéré les traces d'un film du SFA datant de la même année portant le titre de *Armeemeisterschaften 1940*. Nous n'avons pas pu le visionner et ignorons donc s'il s'agit du même sujet.
20. La littérature sur ce thème est assez abondante. Pour l'aspect plus limité au cinéma, on peut notamment consulter l'article de R. Python, «Alpes et identité nationale dans le cinéma suisse: de *La croix du Cervin* à *Zwischen uns die Berge*» in G. P. Marchal, A. Mattioli (Hg.), *Erfundene Schweiz – La Suisse imaginée*, Zurich: Chronos, 1992, pp. 217-234. Dans le même ouvrage, on trouve des références bibliographiques et d'autres contributions plus générales.
21. Nous remercions l'actuel Service cinématographique, et particulièrement M. R. Ramseier, d'avoir mis à notre disposition ces films sur support VHS.

bandes du SFA vont au-delà de cette représentation : elles nous montrent des militaires qui ne sont pas seulement des soldats de montagne, mais véritablement des alpinistes-soldats. Parfois ces militaires deviennent même des alpinistes tout court. C'est le cas dans un film quelque peu atypique de cette période, *Feuerprobe am Piz Bernina* (1940). Cette production n'est pas un tournage du SFA, mais une réalisation interne de la Brigade de montagne 12, la même qui intervient dans *La Fête du Pays*. Il s'agit d'un reportage relatif à un exploit réalisé en mars 1940 quand 160 *« braves soldats grisons »* commandés par le major Golay atteignent le sommet du Piz Bernina. Le film est muet, réalisé sur pellicule 16 mm couleur, avec intertitres, et il semble ne pas avoir été destiné uniquement à des projections en caserne, car il bénéficiera d'une diffusion dans les salles du pays. Le 19 janvier 1941, par exemple, il est mis à l'affiche du Scala de Zurich, un cinéma de 1200 places. Dans ce film, on voit les épreuves de sélection des soldats (comme dans un concours sportif), la montée avec les peaux de phoque, l'escalade et la descente. Lorsque le sommet est à peu de distance, les militaires se relaient par groupes afin de trouver tous une place sur l'étroit pic, mais chacun aura le droit d'atteindre les 4052 mètres du Piz Bernina. L'équipement n'est pas réglementaire, chacun des participants est en effet autorisé à porter son propre sac de montagne, plus pratique que le modèle d'ordonnance. Enfin, toute la mise en scène militaire est absente : pas d'encadrements, pas de garde-à-vous, pas d'ordres criés par les sergents-majors. Seuls les uniformes et les fusils nous rappellent qu'il s'agit de soldats. *Feuerprobe am Piz Bernina* nous montre des hommes sachant ce qu'ils doivent faire, la tâche exceptionnelle entraînant le nécessaire relâchement du drill militaire. Il est évident que ce qui nous est montré dans ce film est un exploit uniquement sportif, dénué de tout sens militaire autre que symbolique. *Feuerprobe am Piz Bernina* n'est pas le seul exemple de film militaire de montagne réalisé en dehors de la structure du SFA, cette thématique est présente à cette époque dans d'autres réalisations. Ainsi, Werner Stauffacher et Rudolf Bébié réalisent en 1941 *La Patrouille blanche*, une fiction qui raconte l'interception par un groupe de soldats à skis d'un commando d'espions étrangers qui se font passer pour des touristes. Le film est un prétexte pour montrer de longues scènes de ski exécutées par des sportifs célèbres de l'époque (le champion national Edy Reinalter joue dans le film), redoublées d'un fond patriotique. Un long flash-back[22] met en scène une compétition d'avant-guerre à laquelle avaient participé un des soldats suisses et un des espions. Ils avaient même fraternisé, sans qu'ils puissent se douter que la guerre les transformerait en ennemis. Dans la même veine, en 1943, André Roch – un des auteurs du film documentaire *Schweizer im Himalaja* (1939)[23] – réalise *Front à 4000 mètres*, une autre histoire mettant en scène une patrouille de secours en haute montagne[24].

Généralement, les films du SFA mettent en exergue le côté militaire, les ordres y sont donnés de manière sèche et télégraphique comme s'il s'agissait de courroies servant à la bonne marche d'un mécanisme sophistiqué et bien rodé. En revanche, lorsque les soldats sont en escalade, la symbiose avec la montagne s'accomplit, le son en prise directe ou le commentaire laissent souvent la place à un fond musical et le militaire helvétique se trouve alors dans son élément. Dans le film *En action à 3000 mètres*, il est question d'un détachement de montagne qui doit intercepter une infiltration de «*chasseurs parachutistes*». Mis au courant de la situation, le premier-lieutenant, après une analyse instantanée de la situation, demande au sergent: «*Pouvez-vous comme guide de montagne contrôler Engelpass avec un groupe FM?*», la réponse affirmative du subordonné suit immédiatement. Ce dialogue est naturellement adressé au spectateur et sert à souligner la mise à disposition de la défense nationale de compétences sportives spécifiques. Le sergent-guide ira donc défendre le col avec son groupe équipé de fusils-mitrailleurs, les deux compétences étant complémentaires et indissociables. Le film nous montre ensuite l'escalade, la prise de

22. La Cinémathèque suisse conserve plusieurs versions de ce film. Nous avons visionné la plus longue d'entre elles (1915 mètres, support nitrate, cote 65A446).
23. Film documentaire sur l'expédition monté par Roch lui même, David Zogg, Fritz Steuri et Ernst Huber durant l'été 1939.
24. Nous n'avons pas réussi à voir ce film. Les descriptions d'époque sont plutôt élogieuses et le définissent comme une bande qui «vise à exalter la valeur morale des soldats alpins. On se doutait évidemment, que leur tâche était ardue et dangereuse. Mais le profane ne pouvait guère imaginer que ce fût à ce point. [...] C'est un témoignage et un enseignement. Le témoignage de la vaillance et de la résolution des alpins commis à la garde des hauts passages. L'enseignement des valeurs morales qui permettent à ces hommes, dont on connaît mal la rude consigne, de tenir et faire, au plein sens du terme, leur devoir.» M. Jaccard, *Feuille d'Avis de Lausanne*, 22 novembre 1943. Davantage, ces images «montrent que nos soldats doivent souvent risquer leur vie et même la sacrifier, en temps de paix déjà et surtout en montagne. Ces exemples de dévouement sont un témoignage de toute la confiance que nous pouvons mettre en notre Armée. Ce film, simple et vrai, vaut la peine d'être vu, car en plus du cadre grandiose dans lequel se déroule l'action, il constitue un enseignement poignant d'une grande valeur morale et un document alpin de première valeur.» in *Revue militaire suisse*, N° 11, novembre 1943, p. 535.

position et le combat contre l'intrus. Montagne et soldats se battent ensemble : *« Ici l'ennemi cherche à faire une brèche dans la position en forçant le couloir, mais le terrain est l'ami du défenseur qui le connaît comme sa poche! La grande corniche devient un moyen de combat, on y place déjà des charges explosives... »*, les éclats provoquent des avalanches qui balayent les agresseurs et *« ce secteur est nettoyé. [...] L'ennemi doit se retirer, le terrain et ses défenseurs sont les plus forts! »*. Il n'est pas toujours nécessaire d'être alpiniste chevronné pour que le soldat suisse se trouve à l'aise en montagne. Dans *Patrouille en haute montagne*, au commentaire qui informe dès le début du film que *« personne de ces hommes n'est guide »* suivent de longues scènes d'escalade avec comme seul accompagnement un fond musical. Il s'agit bien sûr de montrer que c'est l'armée qui a fait de ces hommes des alpinistes, mais aussi de souligner une sorte de prédisposition naturelle du soldat helvétique envers la montagne.

Qu'elle soit préalable au service militaire, ou qu'elle y soit acquise, la compétence de l'escalade et des autres sports de montagne, en premier lieu le ski d'altitude, constituent dans ces films des bases précieuses qui permettent le lien avec les mythes les plus valorisés de la nation. Le développement du ski sportif a, dès le début, mis en avant son utilité pour la préparation militaire, et en 1939 Paul Simon en retraçant l'histoire de l'Association suisse des clubs de ski (l'ancêtre de la Fédération suisse de ski) spécifiait que «la formation de skieurs pour notre armée» était une des tâches principales de l'association[25]. Un canton comme le Valais, dépense au début des années 1920, 20 000 francs pour le développement du ski à l'école, contre seulement 100 francs pour le football[26]. Le ski devient en Suisse le sport militaire par définition, et, comme l'écrit Anne Philipona-Romanens, «d'abord codifié par les Anglais, il devient petit à petit un sport suisse par excellence. La volonté est très marquée d'en faire un sport national. L'utilisation du ski dans l'armée renforce encore cette image : tout Suisse, tout soldat doit être un skieur»[27]. Les skis, plus que des accessoires, deviennent

25. P. Simon, «Histoire de l'Association suisse des clubs de ski» in Annuaire de la FSS, 1939. Cité par A. Philipona-Romanens, *Le développement du ski dans le canton de Fribourg (1930-1960)*, Fribourg : Aux sources du temps présent, Université de Fribourg, 1999, p. 38.

26. J. Zambaz, «Naissance et affirmation du football en Valais (1880-1945)» in Ch. Jaccoud, L. Tissot et Y. Pedrazzini, *Sports en Suisse. Traditions, transitions et transformations*, Lausanne : Antipodes, 2000, p. 95.

27. A. Philipona-Romanens, *op. cit.*, p. 165.

partie intégrante du soldat de montagne, ils lui permettent d'amplifier ses capacités et d'évoluer librement dans le milieu alpin, ils le posent d'emblée sur un pied de supériorité. Ainsi dans le film de Leopold Lindtberg, *Die letzte Chance* (1945), la patrouille suisse atteint agilement des réfugiés, faisant contraster sa vitesse et son aise avec le lourd et lent pas des civils dans la neige. La figure du soldat-skieur n'est donc pas l'apanage des productions du SFA. Mais on doit constater que les valeurs liées aux Alpes ont déjà été bien exploitées par les *Bergfilms* suisses dès les années 10. Ces films opposent les valeurs positives de la montagne à la vie pervertie de la ville, et font du montagnard un personnage qui vit en harmonie avec les forces de la nature dont – contrairement au citadin – il n'a rien à craindre tant qu'il respecte leur loi ancestrale[28]. La montagne déchaîne sa force redoutable lorsque les hommes qui essayent de la conquérir n'en sont pas dignes ou ne la respectent pas. En montrant les soldats suisses à l'aise sur «leurs» sommets, le cinéma militaire n'entend pas seulement montrer le niveau de l'entraînement, il les pose comme alliés de la montagne. Cette montagne tout à la fois gardienne des vraies valeurs et rempart de la frontière. Le soldat qui défend sa patrie ne peut qu'être que juste et dans le juste; il est donc respecté par la montagne.

Selon les conceptions de la guerre alpine largement partagées à l'époque, le front en haute montagne permet de revenir à des conditions de combat qui reposent uniquement sur les qualités du soldat. *La Revue militaire suisse* revient à plusieurs reprises sur l'argument, pour constater que «dans les secteurs alpins, où seul le montagnard peut encore évoluer, grâce à ses skis, à son piolet ou à sa corde, le mousqueton redevient l'arme idéale»[29]. La guerre moderne n'aurait donc pas de droit de cité sur les cimes enneigées, l'homme et son arme individuelle redevenant décisifs. La technique moderne reste sur la plaine, car «la montagne commence où s'arrête le moteur; la haute montagne commence où s'arrête la bête»[30]. Ces conditions sont perçues comme idéales par une armée

---

28. Voir R. Python, «Origines et fonction du Bergfilm dans le cinéma suisse» in L. Quaresima, A. Raengo, L. Vichi, *La nascita dei generi cinematografici*, Udine: Forum, 1999, pp. 283-292.

29. Cap. Gallusser, «Tir d'infanterie en haute montagne», in *Revue militaire suisse*, N° 1, janvier 1942, p. 1. Dans le numéro suivant (février 1942), un article sur «La guerre en haute montagne» précise encore que «L'arme par excellence sera le mousqueton».

30. Lt. Colonel Ryncki, «Le service de santé en haute montagne», in *Revue militaire suisse*, N° 1, janvier 1943, p. 26.

qui ne cesse de vanter la précision du tir de ses soldats. La conclusion est donc simple: «On a reconnu, avec raison, que la Suisse avait des chances de résister à des nombreuses divisions ennemies grâce surtout aux difficultés naturelles que constituent les montagnes. Plus le soldat suisse sera familiarisé avec la haute montagne, plus la valeur de l'Armée sera augmentée»[31]. Maintenir cette illusion est aussi l'une des dimensions du discours du SFA.

Le corps du soldat, un bien de la nation

L'alpinisme est un moyen précieux lorsqu'il faut réunir dans un même symbole performances physiques et valeurs traditionnelles. Cependant, il ne permet pas une mise en valeur de la plastique du corps des soldats, car celui-ci est alourdi et caché par l'encombrant équipement de l'époque. Or, la prestance physique de la jeunesse suisse est considérée comme un bien commun à la nation, laquelle a investi dans l'entraînement athlétique des jeunes précisément dans le but d'une préparation prémilitaire. La loi fédérale du 8 juin 1940 sur l'obligation de l'instruction militaire préparatoire, refusée largement par le peuple suite à un référendum lancé par des milieux religieux, est réintroduite à la fin de 1941 comme mesure liée à la mobilisation. La Confédération tient à la préparation physique des futurs soldats. Le corps athlétique est beau, le cinéma – et pas seulement en Italie ou en Allemagne – le valorise depuis quelques années. La figure de l'athlète est symbole de santé physique et morale, elle autorise même la nudité au cinéma. *Olympia*, le film sur les jeux olympiques berlinois de 1936 de Leni Riefenstahl sort sur les écrans suisses en 1938. C'est un grand succès, c'est aussi un film qui insiste beaucoup sur le corps, non seulement celui des athlètes qui participent aux jeux mais aussi des hommes et des femmes qui évoluent dans les prologues et dont la nudité, ou semi-nudité, est valorisée esthétiquement. Alors que les films nudistes allemands des années précédentes ont parfois suscité les foudres de la cen-

---

31. «Front à 4000 m.», in *Revue militaire suisse*, N° 11, novembre 1943, p. 534.

32. Comme par exemple *Lachendes Leben*, distribué en Suisse romande avec le titre *La Marche au soleil* et interdit par la censure vaudoise à la fin de l'année 1932. Circulaire de la Commission de contrôle des films N° 27 du 9 novembre 1932, Archives cantonales vaudoises, Fonds du Département de justice et police, S 66. Le film a néanmoins été autorisé dans plusieurs cantons, mais vu essentiellement en cercle privé. Voir à ce propos: R. Cosandey, «Mais où sont nos films naturistes des années 30?» in *Intervalles*, N° 55, automne 1999, pp. 55-65.

sure[32], *Olympia* circule librement. Ce film fait sans doute date dans la manière de filmer le sport, mais sort sur les écrans alors que de nombreuses bandes – documentaires ou cinéjournaux – en ont déjà fixé certains paramètres. Le modèle déborde d'ailleurs largement du pur terrain cinématographique et nous le retrouvons dans toutes sortes d'illustrations, affiches, sculptures et peintures[33].

C'est dans cette perspective que s'insère un film tout à fait particulier tourné par le SFA en 1942: *Schulung zum Nahkampf,* ou *L'École du combat rapproché* pour le marché romand. Ce petit documentaire, d'une vingtaine de minutes, n'est absolument pas pensé comme une bande d'instruction militaire sur des techniques de corps à corps ou de combat en milieu urbain. Il s'agit d'un film essentiellement sportif. Il commence par un panoramique sur des uniformes pliés, surmontés du casque d'acier, entourés méthodiquement du reste de l'équipement militaire et alignés sur l'herbe. Le panoramique se poursuit ensuite en direction de la forêt où l'on voit courir en file indienne des jeunes hommes en caleçons et le torse nu. On suit ensuite ces soldats pendant qu'ils débouchent sur une plaine où, sans hésitation, ils se disposent en rangées symétriques devant un instructeur pour pratiquer une série d'exercices. Ensuite, on peut suivre le gradé pendant qu'il instruit les soldats aux différents sports de combat. La dernière partie du film nous montre une série de sauts acrobatiques, effectués dans des conditions difficiles (sur des pierres, dans des ravins, etc.) et filmés avec un souci esthétique évident et sur un fond musical. Certaines séquences de ces scènes de saut, où les soldats sont filmés d'en bas, peuvent rappeler les célèbres images des plongeons du film de Leni Riefenstahl. Tout comme la scène initiale de course dans la forêt évoque le prologue de la seconde partie du même film. Ces ressemblances ne doivent pas surprendre outre mesure. En effet, *Olympia* est non seulement un film récent et extrêmement connu, mais aussi la référence absolue de l'époque en matière de films sportifs. La présence de scènes héritées de cette esthétique montre la volonté des réalisateurs d'inscrire leur œuvre dans cette mouvance. Au-delà de cette éventuelle filiation, *L'École du combat rapproché,* nous apporte quelques éléments de réflexion quant au rapport

---

33. Un aperçu sur cet aspect est donné par G. L. Mosse, *L'Image de l'homme. L'invention de la virilité moderne,* Paris: Abbeville, 1997. Notamment le chapitre consacré au «nu nazi», pp. 170-175.

idéologique que l'institution militaire entretient avec le corps du soldat, et par là avec le sport et ses pratiques.

Nous avons dit que l'exposition du physique athlétique du soldat est une des fonctions de ce film. Cependant, cette image doit s'adapter à une logique prépondérante, qui détermine une représentation plus générale de l'armée. Par exemple, il est intéressant de remarquer que, bien que dans l'ensemble de la partie inaugurale du film les soldats soient simplement habillés d'un caleçon, les premières images du film montrent les uniformes pliés et alignés par terre. Lorsque, dans le même mouvement de caméra, les hommes apparaissent, leur qualité ne laisse plus de doutes : il ne s'agit pas de simples athlètes mais d'athlètes-soldats. Les exercices collectifs qui suivent la course rentrent certes dans une mise en scène classique de la gymnastique – il s'agit de mouvements d'ensemble synchronisés – mais ils acquièrent ici une connotation spécifique : chaque homme se fond dans l'ensemble pour former une machinerie de précision, un mécanisme complexe dans lequel chacun apporte sa contribution. Quand les exercices ne sont plus synchrones mais en séquence – soldat après soldat – le film nous montre une suite de mouvements identiques où chaque homme restitue le mouvement de celui qui l'a précédé. De plus, l'idée de machinerie humaine est aussi renforcée par le très rare recours à des outils de gymnaste. Les hommes sont athlètes et outils à la fois. Ce sont les soldats qui forment les obstacles au travers desquels leurs camarades sautent, les protections qui amortissent leurs chutes, les bases qui servent d'appuis. Il s'agit d'un processus de standardisation qui renforce l'idée que chaque militaire n'est qu'une partie, à la fois indispensable et interchangeable, de l'ensemble parfaitement ajusté de la machine de guerre helvétique. Une machine qui ne base pas sa force sur le nombre des canons et des tanks, mais sur la détermination, l'efficacité, le moral et le parfait entraînement de ses soldats.

Mais si l'armée implique une uniformisation, elle suppose aussi une hiérarchisation. Elle est basée sur un grade et sa visibilité sur l'uniforme. Lorsqu'il n'y a plus d'uniforme, cette visibilité disparaît, elle est alors substituée par une attitude corporelle bien précise qui semble presque caricaturale du fait de la quasi nudité. Aux mouvements plutôt lents et étudiés du supérieur répondent les mouvements très rapides et saccadés des subordonnés. Certes, les militaires adoptent aussi ces postures lorsqu'ils endossent les uniformes, mais ici il n'y a plus que ces manifestations du corps pour rendre compte de la hiérarchie, ce qui rend ce comportement particulièrement apparent.

Représenter le sport : une opportunité pour l'armée

Lorsque l'armée suisse est mobilisée en 1939, le sport avait déjà bien fait sa place parmi les institutions militaires. La période de la guerre verra encore une consolidation de sa position. L'utilité militaire du sport n'est pas contestée. Quand l'armée se dote d'un service cinématographique, celui-ci n'a pas la tâche facile. Il doit trouver son public dans une Suisse largement dépendante de la production étrangère, il doit réussir à intéresser et convaincre. Il serait cependant faux d'affirmer que le sport est l'élément principal du discours produit par le SFA pendant les années de guerre, mais on peut affirmer sans crainte qu'il y participe pleinement et de manière importante. La représentation du sport se prête finalement très bien pour accomplir la mission qui est attribuée au SFA. L'insistance sur l'entraînement et la force physique des soldats, sur leurs performances individuelles permet d'éviter de se confronter à la question de la puissance réelle de l'armée. En effet, sur ce plan, la comparaison entre la Suisse et les nations voisines est intenable. Il ne faut pas oublier que la guerre vue par les cinémas allemand, italien, britannique, américain et même soviétique est bien présente dans les salles de cinéma en Suisse. Ces documentaires et ciné-journaux de provenance étrangère montrent des moyens et des armements très supérieurs, en nombre et en puissance, à ceux de l'armée suisse. Le SFA ne peut que partiellement suivre ces productions sur leur terrain. Le mythe de l'invincibilité du soldat surentraîné, au moral et à la détermination d'acier, qui peut tenir tête à des forces largement supérieures, est plus facilement exploitable. D'autant plus qu'à cette époque il est entretenu par l'écho apporté à des actions comme celles des parachutistes allemands contre les forts belges ou les succès des soldats finlandais contre les soviétiques pendant la guerre d'hiver de 1940-1941. La montagne, on l'a vu, est considérée par les militaires comme le cadre idéal où ce super-soldat peut évoluer. Les sports de montagne, au travers de la représentation qui en est faite, permettent de remplir une tâche supplémentaire. En plus de révéler l'entraînement physique de la troupe, ils marquent un lien avec le lieu-gardien par excellence des mythes de la nation suisse: les montagnes. Dans ces films, particulièrement abondants dans la production du SFA, le cinéma militaire opère une sorte de fusion entre les mythes de la volonté et de la vigueur individuelle et ceux qui sont liés à l'identité collective nationale.

Mise en place et développement des institutions du sport suisse (XIXe et XXe siècles)

Lutz Eichenberger

«En 1874, la gymnastique devint à proprement parler un ‹mouvement d'éducation nationale›, dont la tâche consistait à contribuer, ‹par des exercices corporels, à la formation d'hommes valides et à l'éveil du civisme›. […] Ce faisant, la Confédération intervint, dans le cas des garçons, dans la souveraineté cantonale en matière scolaire; pour les filles par contre, elle ne jugea pas utile de prescrire des mesures analogues aux cantons ‹qui veillaient jalousement à préserver leurs prérogatives».[1]

RELATIVEMENT À L'INTRODUCTION, en 1874, de la gymnastique obligatoire pour les garçons, une partie des publications consacrées à l'histoire du sport helvétique adopte une position presque canonique, en affirmant qu'elle aurait été le résultat de considérations militaires uniquement. Et d'ajouter presque aussitôt que les filles avaient «naturellement» été désavantagées, jusqu'en 1970-1972 du moins, lorsqu'une révision constitutionnelle a – enfin – établi les bases de l'égalité de traitement des sexes. La citation placée en début d'article tient lieu d'illustration pour de nombreuses études similaires. Cette appréciation découle du fait que la plupart des travaux s'appuient uniquement sur le texte de l'organisation militaire de 1874, ou sur l'article constitutionnel et la loi fédérale de 1970-1972. Si l'on creuse davantage la question en examinant plus particulièrement les discours tenus dans le dernier tiers du XIXe siècle au sujet de l'introduction de la gymnastique obligatoire pour les garçons et, à partir de 1874, sur

---

1. E. Herzog, *Frisch, frank, fröhlich, frau – Frauenturnen im Kanton Basel-Landschaft*, Liestal: Verlag des Kantons Basel-Landschaft, 1995, p. 41.

l'égalité des droits pour les filles, on aboutit à des résultats plus nuancés et sans doute plus conformes à la réalité[2].

La présente contribution a pour but de délivrer l'institutionnalisation du sport suisse de 1874 à 2000 de ses entraves canoniques et de faire apparaître, au contraire, la complexité des processus en jeu. Au plan conceptuel, nous prendrons le terme «institutionnalisation» dans le sens d'une insertion progressive en une organisation formelle, ou encore d'une bureaucratisation[3]. De même, nous utilisons les notions de «gymnastique» *(«Turnen»)* et de «sport» en nous référant à la distinction opérée par Roethig[4]. Cet auteur entend par gymnastique «une éducation corporelle *[«Leibeserziehung»]* diversifiée, ayant un but civique et recourant à toutes les formes possibles d'exercices corporels *[«Leibesübungen»]* […]». Par sport, Roethig comprend «l'adoption des sports selon les modèles anglais et américain à partir des années 70 du XIXe siècle»; il ajoute qu'«[au] cours des vingt-cinq dernières années, le ‹sport› s'est mué en un terme générique, qui englobe également la gymnastique»[5].

L'institutionnalisation du sport dans le domaine du droit privé

Les premières communautés de gymnastes – appelées «*Turngemeinden*» – sont apparues en Suisse dans le sillage de la société d'étudiants de Zofingue, fondée en 1819. Leurs activités gymniques avaient pour but de stimuler les aptitudes intellectuelles et – explicitement – corporelles des étudiants. Le fonctionnement et l'organisation de ces communautés de la première heure demeuraient très informels; le souci d'assurer une continuité des activités

2. Ce discours est documenté dans les articles de revues spécialisées: *Schweizerische Turnzeitung*; *Monatsblätter für das Schulturnen*; *Monatsblätter für die physische Erziehung der Jugend*; *Pro Corpore*; *Die Körpererziehung*; *Sporterziehung in der Schule*; *Mobile*.
3. Selon les informations fournies par Markus Lamprecht, Zurich, auteur d'une contribution au présent volume.
4. P. Roethig (éd.), *Sportwissenschaftliches Lexikon*, Schorndorf: Verlag K. Hofmann, 1992, p. 426 *(«Sport»)* et p. 535 *(«Turnen»)*.
5. Étant donné que «sport» n'est utilisé en tant que terme générique qu'à partir de 1970 environ, j'utilise pour la période antérieure les expressions «exercices physiques» ou, mieux, «éducation physique» *(«Leibesübungen»)*, cette dernière ayant joué un rôle similaire au début du XXe siècle.

semble toutefois avoir été constant[6]. En 1832 s'est opéré le regroupement organisationnel des gymnastes au sein de la Société fédérale de gymnastique (SFG – l'actuelle Fédération suisse de gymnastique ou FSG). Dans un premier temps, l'institutionnalisation de la SFG resta rudimentaire; elle fonctionnait selon le principe du *Vorort* – soit d'un directoire changeant périodiquement – et réunissait une assemblée générale annuelle. La tâche principale du *Vorort* consistait à mettre sur pied une Fête fédérale de gymnastique chaque année. L'organisation régulière de cours fédéraux pour les moniteurs à partir de 1860 peut être interprétée comme un pas significatif vers l'institutionnalisation de la gymnastique helvétique.

De façon analogue aux gymnastes, les sociétés de tir se sont regroupées, en 1824, au sein de la Société suisse des carabiniers (SSC). Au cours du demi-siècle suivant, seul le Club alpin suisse (CAS) fut organisé en fédération. Il fallut attendre la fin du XIXᵉ siècle pour que l'on assiste à un véritable boom de fondations d'associations faîtières, qui fut surtout la conséquence directe de l'expansion des sports anglais[7]. En l'an 2000, on dénombrait en Suisse plus de 90 fédérations sportives et gymniques.

Dans le domaine de l'éducation physique, le pluralisme engendré à la fin du XIXᵉ siècle par l'arrivée des sports anglais fut à l'origine de conflits de compétence, notamment au sujet des prérogatives traditionnelles des gymnastes, que remettaient en question les représentants du mouvement sportif. En général, l'enjeu portait d'une part sur des différends d'ordre idéologique (qui exerce la forme «correcte» d'éducation physique?), et d'autre part sur la question de l'influence sur les instances de décision politiques (à laquelle sont bien sûr liés des avantages financiers sous forme de contributions fédérales). Vu la stérilité de ces discussions, la Commission fédérale de gymnastique CFG (aujourd'hui la Commission fédérale du sport, CFS), mena de 1916 à 1920 des entretiens avec des représentants des deux milieux. Avec le concours d'experts

---

6. Cf. p. ex. F. Jäggi, *Versuch einer Geschichte des Turnens in der Schweiz*, Berne, 1846 (manuscrit).

7. Jusqu'au tournant du siècle: en 1874, la Fédération ouvrière suisse de gymnastique et de sport (ou *Schweiz. Arbeiter-Turn- und Sportverband*: SATUS), l'Union vélocipédique et motocycliste suisse; en 1886, la Fédération suisse des sociétés d'aviron, la Société suisse des pontonniers; en 1895, l'Association suisse de football; en 1896, l'Association suisse de tennis; en 1897, l'Union cycliste suisse; en 1898, l'Association suisse de golf, l'Automobile-club de Suisse; en 1900, la Fédération suisse des sports équestres.

externes, les participants débattirent des questions de fond et négocièrent un compromis, qui permit de rapprocher les deux positions[8]. Une des conséquences de ces tours de table fut la création, en 1922, d'une instance supra-faîtière, l'Association nationale d'éducation physique ANEP (actuellement l'Association olympique suisse ou AOS). À partir de là, l'ANEP officia comme porte-parole de l'ensemble du mouvement gymnique et sportif, bien que plus d'un fonctionnaire gymnaste ait eu passablement de peine à accepter cette situation.

En matière de droit civil, l'année 1922 constitue une césure en ce qui concerne l'institutionnalisation du sport helvétique. La création d'une association faîtière engendra une transformation institutionnelle de la «norme ancienne», qui reposait sur la coexistence et la rivalité entre les diverses associations faîtières historiques, vers la «nouvelle norme»[9], qui voit une instance de rang supérieur revendiquer des tâches de coordination et de direction. Au cours des deux premières décennies de son existence, l'ANEP éprouva toutefois de grandes difficultés à imposer ses vues. Des conflits éclatèrent, en premier lieu au sujet de la place que le Comité olympique suisse (COS) était censé occuper au sein des structures sportives helvétiques[10]. Fondé en 1912 par des particuliers romands férus de sport, essentiellement en vue de la sélection des athlètes pour les Jeux olympiques, le COS fit valoir plus souvent qu'à son tour ses velléités d'indépendance; il estimait être le répondant direct du Comité international olympique (CIO) et n'acceptait aucune instance nationale au-dessus de lui. La création, en 1938, de la Société du Sport-Toto (SST) donna enfin à l'ANEP les moyens financiers nécessaires lui permettant d'assumer le rôle directeur qui lui était imparti. À la fin des années 1950 commença le rapprochement avec le COS. Les résultats obtenus par les athlètes suisses aux Jeux olympiques – à Innsbruck surtout – amenèrent l'ANEP et le COS à conjuguer leurs efforts, en constituant notamment un Comité national pour le sport d'élite (CNSE).

---

8. Le rédaction du rapport des travaux fut confiée à P. Kipfer, Ziele, *Mittel und Methoden der physischen Erziehung*, Berne: DMF, 1922

9. Cf. H. Reimann, *Basale Soziologie*, Opladen: Wesdeutscher Verlag, 1979, pp. 155 et ss.

10. Les divergences entre les fonctionnaires du COS eurent entre autres conséquences que l'ANEP dut être fondée deux fois. Cf. L. Eichenberger, *Die Eidgenössische Sportkommission 1874-1997*, Macolin: Éditions EFSM, 1999.

La création du «Concept du sport suisse», stimulée par la législation sur le sport des années 1972-1973, qui fit suite à l'article constitutionnel 27[quinquies], contribua à rapprocher davantage encore les deux partenaires (de même que les institutions sportives de droit public affiliées). La transformation institutionnelle engendrée par la fusion, en 1997, de l'Association suisse du sport (ASS) et du COS pour devenir l'Association olympique suisse AOS constitue l'ultime étape de ce développement.

L'institutionnalisation du sport dans le domaine du droit public

Le cas du sport scolaire

En Suisse, le domaine du droit public englobe trois niveaux: la Confédération, les cantons et les communes. Il faut se souvenir qu'au cours des cent cinquante dernières années, ces trois niveaux ont connu une institutionnalisation du sport de deux ordres, soit sur un plan juridique (articles législatifs), soit sur un plan organisationnel (commissions, institutions et services dévolus au sport). Dans les lignes qui suivent, nous ne ferons qu'effleurer les aspects cantonaux et communaux[11] pour nous consacrer surtout au niveau national, auquel nous avons consacré plusieurs recherches[12].

Les débuts de la gymnastique scolaire en Suisse ne sont pas une conséquence de l'organisation militaire de 1874, comme d'aucuns le prétendent. Ils remontent en fait au milieu du XIXe siècle et sont le fruit d'efforts cantonaux: en 1852 à Bâle; en 1859 à Zurich; en 1869 à Saint-Gall; en 1870 à Berne.

Ces initiatives ne relèvent pas de la politique militaire mais reposent essentiellement sur des considérations pédagogiques et sanitaires. En règle générale, elles concernaient autant les garçons que les filles. Une part prépondérante de cette institutionnalisation

---

11. À l'heure actuelle, il n'existe que des études ponctuelles sur les développements du sport dans les cantons et les communes. Cf. p. ex. H. Herter, *Turnen und Sport an der Zürcher Volksschule*, Zurich: Lehrmittelverlag Kanton Zürich, 1984.
12. Pour une bibliographie, cf. Eichenberger 1999, *op. cit.*

de la gymnastique scolaire au niveau cantonal revient à la Société suisse des maîtres de gymnastique (SSMG – l'actuelle Association suisse d'éducation physique à l'école ou ASEP). Elle fut constituée en 1858 par des sections cantonales. Son action était double : au plan politique, elle s'engagea en faveur de la construction d'infra-structures telles que terrains et halles de gymnastique, et de l'inté-gration de l'enseignement de la gymnastique dans le canon de l'ins-truction publique ; au plan professionnel, elle s'occupa de la formation des enseignants chargés de donner la gymnastique, ainsi que de l'édition de manuels destinés à l'enseignement. Outre l'organisation des cours de formation, la publication d'une revue spécialisée [13] fut un des soucis majeurs de la SSMG.

Dans la Constitution fédérale de 1848, la Confédération renonça presque totalement à des mesures touchant à l'instruction publique [14]. Il fallut attendre la révision constitutionnelle de 1874 qui, dans l'article 27 stipule aux alinéas 2 et 3 :

> « 2. Les cantons pourvoient à l'instruction primaire, qui doit être suffisante et placée exclusivement sous la direction de l'auto-rité civile. Elle est obligatoire et, dans les écoles publiques, gratuite.
> 3. Les écoles publiques doivent pouvoir être fréquentées par les adhérents de toutes les confessions, sans qu'ils aient à souffrir d'aucune façon dans leur liberté de conscience ou de croyance. »

En automne de la même année, il fut procédé également à la révision de la législation militaire. Dans le cadre de la probléma-tique de ce travail, l'article 81 revêt une signification particulière :

> « Les cantons pourvoient à ce que les jeunes gens, dès l'âge de dix ans jusqu'à l'époque de leur sortie de l'école primaire, qu'ils la fréquentent ou non, reçoivent des cours de gymnastique prépara-toires au service militaire.
> Dans la règle, ces cours sont donnés par les régents. Ceux-ci reçoivent, dans les écoles de recrues de la Confédération (art. 2) et dans les écoles normales (séminaires) des cantons, l'instruction nécessaire pour donner cet enseignement.
> Les cantons pourvoient, en outre, à ce que les exercices de gymnastique préparatoires au service militaire soient suivis par tous les jeunes gens, depuis l'époque de leur sortie de l'école pri-maire jusqu'à l'âge de vingt ans.

---

13. Pour les titres en question, cf. note 2.
14. Elle eut pour unique droit de fonder une École polytechnique et une Université fédérale.

Dans les deux dernières années, la Confédération pourra y joindre des exercices de tir.

La Confédération donnera à cet effet les directions nécessaires aux cantons ».

Le chef du Département militaire fédéral (DMF), le conseiller fédéral Welti, institua en décembre 1874 une commission d'experts extra-parlementaire – qui est, soit dit en passant, la plus ancienne commission fédérale extra-parlementaire encore en place actuellement. Sa fonction était de conseiller le chef du DMF sur toutes les questions touchant à la gymnastique scolaire. Au sein de la Confédération, la Commission fédérale de gymnastique (CFG – l'actuelle Commission fédérale du sport ou CFS) constitue depuis lors l'institution prépondérante chargée, jusqu'à aujourd'hui, de promouvoir la gymnastique et le sport scolaires, notamment par la réalisation de manuels, de plans standard pour la construction et l'aménagement d'installations sportives, ainsi que par la formation des enseignants de sport[15].

La CFG se composait initialement de quatre membres, trois issus du milieu scolaire et disposant d'une vaste expérience dans l'enseignement de la gymnastique, et un officier supérieur en tant que représentant du DMF[16]. En 1875 déjà, ils furent rejoints par un médecin[17]. La seule composition de cet organe laisse présager, du premier coup d'œil, que l'introduction à l'échelle nationale de la gymnastique scolaire pour les garçons ne peut pas être le seul motif en jeu, contrairement à ce que prétendent certaines études. Les procès-verbaux de la CFG ainsi que les propos tenus dans les revues spécialisées confirment quant à eux que des considérations sanitaires et pédagogiques ont joué un rôle prépondérant dans l'introduction de cet enseignement. Il s'agissait de mettre sur pied, en Suisse, une éducation nationale générale, afin que le pays demeure concurrentiel dans le concert des États nationaux nouvellement constitués. Un tel programme ne pouvait pas concerner seulement le domaine militaire, mais se référait également de façon explicite à l'industrie, qui dépendait dans une mesure non négligeable de la formation et surtout de l'état de santé de sa future

---

15. Cf. Eichenberger 1999, *op. cit.*
16. Johann Niggeler, Karl Schoch, Johann Jakob Egg, ainsi que Carl August Rudolf.
17. Le docteur Felix Schenk.

main-d'œuvre. Mais du fait de la souveraineté cantonale en matière d'instruction publique, la Confédération ne put imposer ses conceptions en vertu de l'article 27 de la Constitution, mais dut passer par le détour de la législation militaire, qui lui offrait les compétences constitutionnelles nécessaires. Cependant, cette voie privait la gymnastique scolaire de sa légitimation générale, car la législation militaire n'autorisait que des mesures relevant de la défense nationale.

Si l'on considère la mise en œuvre de l'article 81 de l'organisation militaire de 1874, il n'est guère possible de parler véritablement d'un succès. Au contraire, l'instruction préparatoire postscolaire au service militaire, qui avait été déclarée obligatoire en 1874 et était considérée comme la pièce angulaire de l'organisation militaire, ne fut réalisée pratiquement nulle part. Les écoles de recrues fédérales pour les maîtres d'école, censées assurer la formation des enseignants de gymnastique, furent supprimées en 1891 déjà. La construction de terrains ou de halles de gymnastique ne progressa que dans les villes; ailleurs, les moyens financiers requis manquaient. Pour l'ensemble de la Suisse, le degré de réalisation de la gymnastique pour garçons était inférieur à 30% en 1900. Là où l'on pratiquait la gymnastique, ce furent effectivement les formes militaires qui prirent le dessus au détriment des conceptions élaborées par les pédagogues de la CFG ou de la SSMG[18]. Deux raisons permettent d'expliquer ce constat troublant: premièrement, la situation financière extrêmement précaire des communes rurales et surtout des régions de montagne, qui empêchait toute dépense en faveur de la gymnastique scolaire (considérée du reste souvent comme inutile); en second lieu, un réflexe fédéraliste, spécialement dans les cantons du *Sonderbund*, contre l'immixtion de la Confédération dans la souveraineté cantonale, cette attitude de défense pouvant aller jusqu'à une politique d'obstruction pure et simple.

La Confédération réagit à l'échec de la mise en œuvre de la gymnastique obligatoire pour garçons en 1907, lors de la révision

---

18. Ce constat ne constitue pas une preuve que l'introduction de la gymnastique obligatoire pour les garçons dans l'article 81 de l'organisation militaire de 1874 repose essentiellement sur des motifs d'ordre militaire; il reflète bien plutôt le fait que la formation des maîtres censés enseigner la gymnastique était extrêmement rudimentaire. Cependant, ceux qui introduisirent la gymnastique dans leur programme d'enseignement ne firent en général pas autre chose que reprendre les exercices qui leur avaient été inculqués à l'école de recrues!

de la législation militaire. Les articles 102 à 104 de l'organisation militaire de 1907 eurent pour teneur :

« Art. 102.

1. Les cantons pourvoient à ce que la jeunesse masculine reçoive, pendant les années d'école, un enseignement de la gymnastique.

2. Cet enseignement est donné par des maîtres instruits à cet effet dans les écoles normales et dans les cours pour maîtres de gymnastique institués par la Confédération.

3. La Confédération exerce la haute surveillance sur l'exécution de ces dispositions.

Art. 103.

1. La Confédération encourage toutes associations et, en général, tous efforts poursuivant le développement corporel des jeunes gens après la sortie de l'école et leur préparation au service militaire.

2. Un examen des aptitudes physiques a lieu lors du recrutement.

3. La Confédération édicte des prescriptions sur l'enseignement gymnastique préparatoire. Elle organise des cours de moniteurs.

Art. 104.

La Confédération subventionne de même les associations et, en général, tous les efforts ayant pour but l'instruction militaire préparatoire des jeunes gens avant l'âge du service militaire. La Confédération veille à ce que l'enseignement du tir y tienne la première place et fournit gratuitement les armes, la munition et l'équipement. Le Conseil fédéral arrête les prescriptions nécessaires ».

L'institutionnalisation de la gymnastique obligatoire pour les garçons resta certes de la compétence des cantons, qui avaient à financer l'enseignement de la gymnastique, les salaires des maîtres et la construction des places requises. La mise en œuvre des mesures par contre fut mise en d'autres mains : parmi les principaux mandataires de la Confédération figuraient la SFG, à laquelle fut confiée la formation des jeunes en fin de la scolarité obligatoire dans le cadre de ce que l'on appelle l'instruction préparatoire (« *Vorunterricht* »)[19], ainsi que la SSMG, qui eut à prendre en charge la forma-

---

19. L'instruction préparatoire ne fut toutefois plus obligatoire.

tion des maîtres de gymnastique[20]. Pour ce travail, les deux fédérations reçurent des contributions fédérales annuelles[21]. Un examen de gymnastique passé au moment du recrutement devait finalement permettre de vérifier si et dans quelle mesure les cantons remplissaient leurs obligations dans le domaine[22].

Dans l'historiographie du sport helvétique, la législation militaire de 1907 est restée jusque-là dans l'ombre de celle de 1874, à tort selon nous. À notre avis, ce fut précisément cette révision de 1907 qui, en assurant le concours d'institutions comme la SFG et la SSMG, fut à même de donner de nouvelles impulsions aux processus d'institutionnalisation et de surmonter la stagnation manifeste des années 1880 et 1890. Malgré ces innovations, la Confédération eut toujours les mains liées; sans un engagement financier conséquent, elle ne disposait pas de la légitimation nécessaire pour intervenir efficacement auprès des cantons récalcitrants et pour imposer une application conséquente des prescriptions fédérales. Ce déficit se reflète dans le fait que la Confédération n'a rempli que très sporadiquement sa fonction de contrôle en exécutant des enquêtes sur le niveau de la gymnastique dans les cantons. Une amélioration significative n'est intervenue qu'au moment où un nombre croissant de cantons ont introduit leurs propres inspectorats, dont la tâche consistait à s'assurer, par un contrôle approprié et en prodiguant des conseils, que les lois scolaires *cantonales* soient observées.

L'institutionnalisation de la gymnastique obligatoire au niveau fédéral ne s'appliquait qu'à la jeunesse masculine. Le cadre législatif, soit les législations militaires de 1874 et de 1907, empêchait la Confédération d'ancrer également la gymnastique des filles au plan institutionnel. On ne peut donc pas dire que la Confédération a sciemment désavantagé les filles[23]. Dans les procès-verbaux de la Commission fédérale de gymnastique (CFG), on tombe

20. Les cours de la SSMG destinés aux maîtres de gymnastique, d'une durée de trois semaines, furent déplacés à l'université de Bâle à partir de 1922 (Diplôme I), et à l'EPF de Zurich dès 1936 (Diplôme II).

21. Dans les débats politiques récents, on a, à tort, continuellement parlé à propos de ces contributions de «subventions», qui ont été remises en question de façon réitérée à l'occasion des réductions budgétaires de la Confédération. En fait, il s'agit de dédommagements pour des prestations que des tiers exécutent pour la Confédération.

22. Il est intéressant de noter que ces épreuves de gymnastique n'avaient pas pour but initial de permettre une répartition optimale des conscrits dans les diverses armes, mais – à l'instar des examens pédagogiques des recrues – de vérifier la qualité de l'enseignement de la gymnastique dans les cantons.

23. Cf. la citation mise en exergue au début de la présente contribution.

régulièrement sur des mentions qui indiquent que l'on cherchait des voies et des moyens afin de mettre sur un pied d'égalité filles et garçons; il n'existait aucun doute quant au fait que les filles avaient droit à un enseignement de gymnastique et de sport au même titre que les garçons[24]. Cependant, toutes les tentatives échouèrent, notamment de par l'attitude des cantons qui voulaient à tout prix empêcher une intervention de la Confédération, afin d'éviter que leurs manquements dans le domaine de la gymnastique des filles ne soient rendus publics. Enfin, force est de constater que la CFG a été parfois jusqu'à la limite de ce que permettait la législation militaire, par exemple dans le domaine de la formation des maîtresses de gymnastique ou dans celui de l'édition de manuels de gymnastique féminine. Il n'est donc pas pertinent de parler d'un désavantage conséquent (voire typique) des aspirations féminines.

L'extension de l'engagement de la Confédération au-delà de la sphère scolaire

Sous l'emprise de la menace fasciste et en référence à des modèles étrangers (cf. *Balilla, Hitlerjugend*), la Confédération déploya de nouveaux efforts en faveur de la gymnastique et du sport pour la jeunesse. À la fin des années 30, elle tenta de relancer l'ancien projet non concrétisé qui préconisait l'instruction préparatoire obligatoire. L'ordonnance en question fit toutefois l'objet d'un référendum qui fut adopté à la surprise générale par une majorité des citoyens lors de la votation du 1er décembre 1940[25]. Le DMF s'empressa de rédiger une nouvelle version, qui prévoyait, outre une instruction préparatoire facultative, l'introduction de trois heures de sport hebdomadaires obligatoires et, pour la première fois, un encouragement de la gymnastique pour les filles au niveau législatif. L'ordonnance du 1er décembre 1941 permit de franchir un nouveau pas institutionnel dans le domaine du droit public.

Au plan administratif, le chef du DMF, Kobelt, créa en 1942 l'Office central pour l'instruction préparatoire (OFI). Le service était composé de collaborateurs à temps plein et avait à veiller en

---

24. Cf. L. Eichenberger, 1999, *op. cit.*, pp. 125ss.
25. L. Eichenberger, *Die Eidgenössische Sportschule Magglingen*, Macolin: Éditions EFSM, 1994, p. 32 ss.

premier lieu à ce qu'un nombre suffisant de moniteurs soit formé selon des principes uniformes en vue de la nouvelle instruction préparatoire au service militaire. Dès 1943, ces cours se déroulèrent presque exclusivement à Macolin. Deux ans plus tard, le 3 mars 1944, la SFG donna naissance à l'École fédérale de gymnastique et de sport de Macolin (EFGS, aujourd'hui École fédérale de sport de Macolin EFSM ou Office fédéral du sport). Initialement, les deux institutions existèrent parallèlement. Pour la période de 1944 à 1947, la Confédération disposait ainsi de trois institutions dans le domaine du sport, qui se concurrencèrent plus souvent qu'à leur tour. En 1947, le Conseil fédéral mit de l'ordre dans ces structures en se limitant à deux institutions, la vénérable Commission fédérale de gymnastique et de sport (CFGS), qui s'occupait surtout de questions stratégiques, et la toute jeune EFGS de Macolin, qui se consacrait essentiellement à des tâches opérationnelles.

Au cours des années 60, et suite à la motion Bachmann (1956), l'EFGS de Macolin créa — enfin — avec le concours de la CFGS, une base juridique appropriée pour la politique de promotion du sport par la Confédération, qui permettait de promouvoir également le sport scolaire féminin. Lors de la votation des 26-27 septembre 1970, qui connut un taux de participation de 42,8 %, peuple et cantons adoptèrent par 524 132 contre 178 355 suffrages le nouvel article 27 [quinquies] :

> « 1. La Confédération a le droit d'édicter des prescriptions sur la pratique de la gymnastique et des sports par la jeunesse. Elle peut, par une loi, rendre obligatoire l'enseignement de la gymnastique et des sports dans les écoles. Il appartient aux cantons d'appliquer les prescriptions fédérales dans les écoles.
> 2. Elle encourage la pratique de la gymnastique et des sports chez les adultes.
> 3. Elle entretient une école de gymnastique et des sports.
> 4. Les cantons et les organisations intéressées seront consultées lors de l'élaboration des lois d'exécution. »

Le 17 mars 1972, le Parlement devait adopter à l'unanimité la nouvelle loi fédérale pour la promotion de l'encouragement de la gymnastique et du sport. Jusqu'à la fin de 1973, onze ordonnances émanèrent des autorités, dont deux directement du Conseil fédéral, dans le cadre des dispositions d'application : elles devaient porter notamment sur Jeunesse + Sport, sur la formation des maîtres de sport, ainsi que sur les contributions financières destinées aux fédérations ou à la construction d'installations sportives, etc.

Il semblait que l'on était parvenu ainsi au terme de l'institutionnalisation juridique du sport et de la gymnastique en Suisse; c'est du moins ce que pensèrent alors la plupart des fonctionnaires sportifs. Pourtant – et alors même que la dernière ordonnance complémentaire de 1973 n'était pas encore entrée en vigueur – la vapeur devait se renverser une nouvelle fois. La motion du conseiller national Binder (1973), qui portait sur la répartition des tâches entre Confédération et cantons, fut à l'origine d'une foire d'empoigne au sujet des compétences respectives en matière d'encouragement du sport. Il s'ensuivit une lutte acharnée de l'EFSM Macolin et de la Commission fédérale de sport (CFS) afin de préserver l'acquis de 1970-1972. Ce conflit n'a pas trouvé de solution jusqu'à aujourd'hui et se poursuit en divers lieux. Le public le perçoit sans doute le mieux en lien avec l'obligation des trois heures de sport hebdomadaires, qui a été levée dans certains cantons déjà. D'autres aspects sont moins visibles, comme la cantonalisation de Jeunesse+Sport et les différends au sujet de l'ancrage institutionnel de la formation des enseignants de sport et de leurs diplômes I et II. Un scénario prévoit que les diplômes fédéraux, qui sont jusque-là signés par le chef du DMF, s'inscrivent dans le cadre de cursus de formation entièrement intégrés au sein des hautes écoles, auxquelles reviendrait la compétence de décerner les diplômes. Un autre point méconnu concerne le changement d'intitulé du texte de l'article constitutionnel 68, intervenu en 1999, portant sur la promotion du sport par la Confédération, qui a maintenant pour teneur:

> «1. La Confédération encourage le sport, en particulier la formation au sport.
> 2. Elle gère une école de sport.
> 3. Elle peut légiférer sur la pratique du sport par les jeunes et déclarer obligatoire l'enseignement du sport dans les écoles.»[26]

Par rapport aux variantes de 1995 et de 1996, le domaine de la formation apparaît maintenant explicitement, mais dans un sens limitatif. Selon la formule retenue, l'encouragement du sport de

---

26. Selon l'article 74 de l'avant-projet 1995 : «1. La Confédération peut édicter des dispositions sur la pratique de la gymnastique et du sport par les jeunes. 2. Elle encourage la pratique du sport par les adultes et exploite une école de sports». Selon l'article 82 de l'avant-projet de 1996: «1. La Confédération encourage le sport. Elle gère une école de sport. 2. Elle peut édicter des dispositions sur la pratique du sport par les jeunes et déclarer obligatoire l'enseignement du sport dans les écoles.»

haut niveau par la Confédération est certes possible, mais demeure l'apanage des associations de droit privé.

Le fait que la Confédération continue à encourager le sport, et que ce dernier reste institutionnalisé au niveau national, semble incontesté. Un flou existe par contre quant à savoir quels domaines entrent dans les intérêts directs de la Confédération et sont représentés par elle. Cette question fait aujourd'hui l'objet de discussions entre tous les partenaires concernés.

Un bilan

L'institutionnalisation du sport en Suisse s'est opérée aux niveaux les plus divers et selon des échelles contrastées. Il convient d'abord de distinguer les aspects relevant du droit privé de ceux du droit public. Pour les seconds, il faut également opérer une distinction entre le niveau législatif d'une part, et le niveau administratif et organisationnel de l'autre. Relativement au droit privé, la fondation, en 1912, du Comité olympique suisse (COS) et celle, en 1922, de l'Association nationale d'éducation physique (ANEP), de même que leur fusion en 1997 sous l'appellation Association olympique suisse (AOS) constituent les étapes marquantes de cette institutionnalisation.

En matière de droit public, les institutions administratives maîtresses furent créées en 1874, avec la Commission fédérale de sport (CFS), et en 1944, avec l'École fédérale de sport de Macolin (EFSM). L'ancrage législatif de la gymnastique et du sport s'est fait en trois étapes majeures, à savoir par les organisations militaires de 1874 et de 1907, puis à travers les travaux constitutionnels de 1970-1972. Les motifs principaux qui ont contribué à l'institutionnalisation de la gymnastique et du sport furent d'ordre militaire, pédagogique et économique; conceptuellement, ces motifs peuvent être regroupés au sein du projet d'éducation nationale de la fin du XIXe siècle, au demeurant lisible et attesté dans bien d'autres nations européennes[27].

Traduction: Thomas Busset

27. On peut citer pour la France: P. Arnaud, *Le militaire, l'écolier, le gymnaste*, Lyon: PUL, 1993; pour l'Angleterre: R. Holt, *Sport and the British, a modern history*, Oxford: Clarendon Press, 1985; pour l'Italie les travaux de S. Pivato.

Deuxième partie

APPROPRIATION ET LÉGITIMATION

De l'utopie au pragmatisme : l'installation du CIO à Lausanne (1906-1927)

Pierre-Alain Hug

LE COMITÉ INTERNATIONAL OLYMPIQUE (CIO) est établi à Lausanne depuis 1915. Ce fait, toujours d'actualité, se traduit sur le terrain par l'occupation du château de Vidy et de son annexe, achevée en 1986, ainsi que par l'édification du Musée olympique à Ouchy. Le premier bâtiment regroupe l'ensemble de l'administration œuvrant à la poursuite de la tradition olympique par la tenue quadriennale des Jeux à travers le monde, alors que le second, inauguré en 1993, offre en vitrines objets et souvenirs d'exploits olympiques.

Mais avant de pouvoir occuper un tel espace dans la capitale vaudoise, les étapes ont été nombreuses[1]. Le Comité international olympique est né en 1894, à Paris, sur l'initiative du Baron Pierre de Coubertin. Son rôle est de promouvoir le sport par la célébration des Jeux Olympiques. Les principes de base qui régissent depuis l'origine l'organisation sont liés à une idée de *non permanence*, c'est-à-dire des jeux itinérants, entraînant la présidence et le secrétariat à leur suite chaque quatre ans. Ainsi, les initiateurs du renouveau de l'Olympisme affichent une volonté de s'affranchir de toute contrainte bureaucratique et territoriale, pour se prémunir de toute ingérence politique. Pourtant, dès la fin des premiers Jeux olympiques, la règle liée à la présidence changeant à chaque Olympiade est abandonnée. Par la suite, la non permanence des Jeux et du secrétariat est à son tour remise en cause et devient objet de réflexion.

---

1. Pour plus de détails sur le parcours du CIO, de ses prémices idéelles jusqu'à son installation factuelle dans des locaux à Lausanne, se référer à : P.-A. Hug, *Le cheminement et la transformation d'une idée : Du principe de non permanence à l'établissement du siège du CIO à Lausanne*, Mémoire de maîtrise ès Sciences Politiques, Université de Lausanne, 1999.

En pratique, deux tentatives pour fixer l'organisation sont entreprises. Elles ne sont d'ailleurs pas complètement indépendantes, car elles se chevauchent dans le temps et mobilisent parfois les mêmes acteurs. La première est le projet de quelques personnes liées à l'Olympisme, qui tentent un véritable coup de force : créer une nouvelle Olympie capable d'accueillir tous les Jeux futurs ainsi que l'administration du CIO. La seconde, au contraire, requiert la participation de nombreux protagonistes, mais vise des objectifs plus restreints s'accommodant du contexte et essayant de répondre aux besoins limités du CIO à cette époque.

Parmi ces besoins ressort celui d'une visibilité de l'organisation auprès du public et du monde politique, afin d'obtenir le soutien nécessaire à son désir de fixation de son siège social. Pour cela, il fut nécessaire de définir des règles de fonctionnement claires formant un processus d'institutionnalisation. Une institution regroupe en effet un ensemble de « procédures, protocoles, normes et conventions officiels et officieux inhérent à la structure organisationnelle de la communauté politique »[2]. La communauté politique doit être comprise ici dans un sens large, incluant tous les acteurs qui interviennent sur le système politique public ou au sein d'une politique privée élaborée par une organisation comme le CIO, par exemple.

Pour son établissement, cette institution naissante qu'est le CIO sollicite à maintes reprises le système politique, et particulièrement celui du canton de Vaud, qui est le théâtre d'une partie des enjeux que Coubertin tente de gérer afin de perpétuer son organisation. Un embryon de réseau, regroupant des personnalités vaudoises sensibles aux thématiques olympiennes, prend une importance opportune par les rencontres et les découvertes qu'il occasionne à Coubertin. Ce dernier voit dans les endroits qu'il traverse des possibilités à la mesure de l'entreprise à laquelle il consacre ses efforts depuis 1892. Ainsi, les bords du Léman lui semblent suffisamment accueillants, sportifs et, de surcroît, intégrés dans un contexte politico-social propice à un établissement et à une institutionnalisation du Comité international olympique.

2. P. A. Hall et R. C. R. Taylor, « La science politique et les trois néo-institutionnalismes », *Revue Française de Science Politique*, N° 47, p. 471.

La voie de la grandeur et de l'utopie (1906-1919)

Dans la correspondance régulière que Coubertin entretient avec Godefroy de Blonay[3], le premier annonce au second en 1906[4] que sa prochaine visite aura pour but d'entamer la « Grande œuvre ». Il compte lui expliquer de vive voix le rôle que pourrait jouer la Suisse dans les affaires olympiques.

Morges : premières rencontres, premiers projets d'installation

> « Si donc un jour une ‹ Nouvelle Olympie › doit se fonder quelque part en Europe, c'est bien probablement sur les bords d'un lac helvétique que s'élèveront ses édifices. »[5]

Sans préciser de quel lac il s'agit, cette phrase écrite par Coubertin dans la *Revue Olympique* de novembre 1906 suit immédiatement sa visite à Morges du 19 octobre 1906, dont il doit la découverte à un ami de ses beaux-parents, le Dr Jean Morax, qui en était citoyen d'honneur. Il relate ses impressions à son ami Blonay dans une lettre datée du lendemain :

> « J'allais à Morges […] très sceptique sur l'arrière-pensée ‹ olympique › de ma visite. Je vous assure que ma surprise a été grande : des terrains magnifiques, un champ de régates et de natation unique, une organisation de tribunes toute prête, une énorme salle de théâtre et une autre plus petite, un bâtiment de grandes dimensions aisément transformable en bureaux, salles de réception, vestiaires, etc., enfin (ce qui vaut mieux) tout cela appartenant à une commune dont le Conseil municipal très ouvert aux nouveautés et désireux d'attirer des visiteurs consentirait volontiers, croit-on, les sacrifices nécessaires, voilà de quoi réfléchir sérieusement. Je vais y penser, pensez-y de votre côté […]. J'enverrai au Dr Morax qui s'en servira avec son habituelle

---

3. Le Baron Godefroy de Blonay est châtelain de Grandson, il étudie l'égyptologie à Paris et y mène des recherches jusqu'à son retour en Suisse. Il est nommé membre du CIO pour la Suisse en 1899.
4. P. de Coubertin, lettre à Godefroy de Blonay, 27. 6. 1906, Archives du CIO.
5. P. de Coubertin, « La Suisse, reine des sports », *Revue Olympique*, novembre 1906, p. 164.

discrétion une petite note technique à l'aide de laquelle il pourra cet hiver creuser la question sur place.»[6]

Un peu moins de trois ans plus tard, le 17 mars 1909, Coubertin est reçu par la Municipalité de Morges. Le syndic Frédéric Chable, qui adhère aux perspectives de développements olympiques de sa ville, rassemble des personnalités de la commune le 6 mai de la même année afin de leur communiquer que Coubertin, grand admirateur de la ville de Morges et de ses environs, cherche un siège permanent pour son Comité[7]. La ville remplirait même les conditions pour devenir l'endroit unique où se tiendraient les Jeux Olympiques. Afin de juger l'appui de Morges à cette idée, Coubertin suggère d'y organiser une fête olympique en 1911 à l'occasion d'un congrès international qui se tiendra à Lausanne. Il faut relever que, d'après ce témoignage, non seulement l'administration du CIO se fixerait à Morges, mais également les Jeux. Et même si ces derniers font office d'appât lancé par Coubertin pour rallier les notables de la région à sa cause, le constat d'une remise en cause du principe de non permanence est indéniable. Il semble que le Président du CIO tente effectivement d'ancrer l'organisation dans un lieu précis de manière plus durable et plus officielle que son logement à Paris. Cette perspective est éclairée par une partie de la lettre reçue par Blonay, citée ci-dessus, dans laquelle Coubertin parle de transformation de bâtiment, entreprise difficilement envisageable pour un événement éphémère comme une fête ou un congrès. L'assemblée des Morgiens se prononce en faveur de la proposition de Coubertin, qui en est informé le 12 mai 1909, mais, malgré ce soutien, l'avenir de la fête et du siège olympiques se trouve compromis par la défaite politique que subit Chable en novembre. Il n'est en effet pas réélu et la Municipalité qui lui succède s'affranchit de l'engagement pris. Mais si les liens avec les édiles de Morges sont rompus, la ville et ses alentours demeurent dans les projets de Coubertin.

---

6. P. de Coubertin, lettre à Godefroy de Blonay, 20. 10. 1906, citée in C. Gilliéron, *Les relations de Lausanne et du Mouvement Olympique à l'époque de Pierre de Coubertin 1894-1939*, Lausanne: Comité international olympique, 1993, p. 41.
7. G. Hermann, «Morges capitale de l'Olympisme», in *24 Heures*, 3 août 1984, cité in C. Gilliéron, *op. cit.*, p. 43.

Un projet dans la pierre : l'implantation physique de l'Olympisme

À la suite des publications relatives à la découverte d'Olympie par l'archéologue allemand Ernst Curtius dans les années 1880 et 1890, Coubertin écrit : «Je m'étais employé en esprit à la rebâtir, à faire revivre sa silhouette linéaire»[8]. Comment, après avoir retracé les lignes de l'antique Olympie dans son esprit, Coubertin aurait-il pu oublier son inscription dans la pierre ? Il estime en effet possible d'établir la nouvelle Olympie en Suisse et les tractations politiques de Morges en sont témoins. Par l'architecture[9], il souhaite promouvoir de manière beaucoup plus visuelle une institution qu'il appelle de ses vœux.

Coubertin voulait lier les Jeux olympiques et l'art, entreprise demeurée un échec dans un premier temps. Mais, lors de la session du CIO de 1909 à Berlin, dans la rubrique «Questions diverses», une mention porte sur l'art, accordant le patronage du CIO à un projet de Concours international d'architecture devant s'ouvrir à Paris, par les soins de l'École spéciale d'architecture de cette ville. Coubertin est chargé de s'entendre à ce sujet avec Gaston Trélat, directeur de l'École[10]. Il a donc le champ libre pour mettre sur pied ce concours à sa convenance, visant ainsi à traduire la grandeur de l'Olympisme dans un langage visuel accessible. Le thème de ce «Concours International d'Architecture» lancé à Paris en 1910 est «une Olympie moderne», comme l'annonce un texte de la *Revue Olympique*, remis aux participants de ce concours. Dans ce véritable programme architectural, Coubertin déclare que l'Olympie moderne doit donner une impression bien particulière, favorisant l'accueil de nombreux fidèles, sacrifiant à une sorte de religion olympique dont rêve Coubertin :

> «Une sorte de gravité qui ne sera pas nécessairement austère et peut ne pas exclure la joie qui devra être répandue à l'entour de façon que, silencieuse dans l'intervalle des concours, elle attire les visiteurs comme une sorte de pèlerinage et leur inspire le respect des lieux consacrés à de nobles souvenirs ou à de puissants espoirs.

8. P. de Coubertin, *Une campagne de vingt-et-un ans (1887-1908)*, Paris : Librairie de l'Éducation physique, 1909, p. 89.
9. Les plans des projets d'architecture mentionnés dans ce texte se trouvent aux Archives de la construction moderne de l'École polytechnique fédérale de Lausanne.
10. Procès-verbal de la Session du CIO de Berlin de 1909, Archives du CIO.

C'est à l'architecture qu'il appartient d'assurer cet effet avec l'aide de la sculpture, de la peinture et des autres arts décoratifs. On conçoit fort bien qu'un ensemble de bâtiments participant comme silhouette de la caserne, de la gare de chemin de fer ou de la Halle aux grains ne soit pas à même de composer la cité désirable. Le lac Léman ou la baie de San Fransisco, les rives de la Tamise ou celles du Danube, la plaine de Lombardie ou la Puszta, ce n'est pas même ordre de lignes et de couleurs ; chaque paysage inspirera des plans différents et il est bon qu'il en soit ainsi [...].» [11]

Il faut relever que Coubertin donne en exemples six localisations possibles, en tête desquelles une localisation lémanique.

À la suite de cette introduction d'ordre général, Coubertin détaille de manière contraignante les différentes parties et bâtiments que doit comprendre cette nouvelle Olympie. Parmi ses exigences, figurent les besoins d'une administration fixe, montrant à nouveau que l'idée de non permanence ne revêt pas un caractère immuable. On y trouve en effet la mention d'une sorte de secrétariat permanent.

«Ainsi, au point de vue administratif, il y a lieu de distinguer quatre sortes de rouages : les premiers absolument permanents ayant trait à la conservation des édifices et des terrains – les seconds, plus ou moins permanents, s'appliquant à l'utilisation possible de ces mêmes édifices et terrains dans l'intervalle des Jeux – les troisièmes, périodiques, consacrés à l'organisation proprement dite de chaque Olympiade – les quatrièmes, permanents, assurant le service des affaires d'ordre olympique et de tout ce qui s'y rapporte» [12].

L'idée de *permanence* se retrouve à la fin de ce texte qui exprime l'espoir d'une réalisation de ce rêve avec le concours financier d'un mécène désireux de consacrer une demeure permanente à l'Olympisme. Il paraît important de rappeler que la majeure partie des fonds qui alimentent le Mouvement olympique à cette époque vient de Coubertin lui-même qui, à terme, et comme on le sait, y laissera sa fortune.

---

11. P. de Coubertin, *L'idée olympique*, Carl-Diem-Institut, Stuttgart : Verlag Hofman, 1967, p. 21.
12. *Id.*, p. 24.

Les résultats de ce concours sont publiés dans la *Revue Olympique* en 1911. Le texte comprend deux parties, une brève description du projet de Konrad Hippenmeier à Zurich, au bord de la Limmat, et l'éloge du projet vainqueur, dessiné par Eugène Monod et Alphonse Laverrière, à l'Ouest de Morges. Le projet est immense, incluant tous les besoins et toutes les caractéristiques d'un site définitif pour l'Olympisme, comme établi par Coubertin dans le programme architectural.

Morgien, Monod connaît bien le cadre de ce projet, tant au niveau du site que du contexte politico-social. Laverrière, pour sa part, est français d'origine, naturalisé Suisse, professeur à l'École polytechnique fédérale de Zurich et docteur *honoris causa* de l'Université de Lausanne. Laverrière est un ancien élève de l'École nationale supérieure des beaux-arts de Paris, diplômé en 1901[13]. Il est intéressant de mettre en évidence la place prépondérante qu'occupent ces architectes dans leur profession et plus particulièrement sur sol vaudois. En effet, de 1901 à 1906, les architectes Eugène Monod et Alphonse Laverrière remportent six concours sur les cinquante ouverts entre ces dates. C'est en 1908 que ces deux architectes, associés pour l'occasion aux architectes Jean Taillens et Charles Dubois, remportent deux premiers prix, deux troisièmes prix et un quatrième prix. En tout, Laverrière remporte huit premiers prix entre 1901 et 1920, dont six dans le canton de Vaud. Constamment à la recherche de prestige, Coubertin a certainement été sensible à ce rayonnement[14].

Ces protagonistes se retrouvent en 1912, car, lors des Jeux de Stockholm, Coubertin réussit enfin à coupler un concours d'arts avec les Jeux olympiques. Il profite de cet élan pour organiser un second concours d'architecture dont l'objet est la planification d'un espace lié au sport. Dans le palmarès des médailles décernées, la première place est attribuée à Monod et Laverrière qui présentent un stade pour une Olympie moderne issu du projet de 1911.

Durant cette période, qui s'étend de 1906 à 1912, les relations entretenues avec la ville de Morges et les concours successifs d'architecture illustrent les efforts fournis en vue de conforter l'existence du CIO dans un contexte d'idées en transformation :

13. P.-A. Frey, «Alphonse Laverrière, l'entrée en lice d'un protagoniste», in P.-A. Frey et I. Kolecek (dir.), *Concours d'architecture et d'urbanisme en Suisse Romande. Histoire et actualité*, Lausanne: Payot, 1995, p. 63.
14. Il faut noter que Coubertin formule le vœu de se faire ensevelir dans le cimetière de Bois-de-Vaux, planifié par Laverrière.

« On imaginait donc le Comité olympique se décidant à stabiliser l'institution jusqu'alors circulante et faisant appel aux architectes pour assurer à ces fêtes quadriennales un cadre à la fois digne de leur antiquité renommée et conforme à leur caractère très moderne. »[15]

Ainsi, s'appuyant sur l'assurance du développement et de la pérennité des Jeux olympiques et plutôt qu'une installation par étapes, le passage par l'architecture anticipe les besoins futurs livrant une construction *ex nihilo* et complète d'une institution encore inexistante. Cette voie utopique de l'acquisition d'une grandeur montre donc la possibilité de renoncement à la non permanence établie en règle de base, mais la réalisation de ce grand projet tombe momentanément dans l'oubli avec le début de la Première Guerre mondiale.

Dernières tentatives en faveur de l'Olympie moderne

Les liens de Monod avec l'Olympisme prennent par la suite une voie moins architecturale. Il est ultérieurement mentionné par Francis Messerli[16] comme président de la Société lausannoise des amis de l'Olympisme (SLAO). Le rôle et la place de cette société au sein du Mouvement olympique seront développés par la suite, mais le troisième point de ses statuts, établis par Coubertin, est directement lié à Monod : « organiser une propagande efficace en vue de préparer l'édification de l'Olympie moderne conformément au projet primé lors du concours international de Paris en 1911 »[17]. Les objectifs de construction ne sont donc pas totalement abandonnés et le Baron fait resurgir le projet de Monod et Laverrière dans l'*Almanach olympique pour 1918*[18], mais le place désormais près de Vidy. Des séances d'information sont organisées à Lausanne, pour essayer de promouvoir ce projet et Coubertin cherche même en France, en Angleterre et en Belgique un finance-

---

15. P. de Coubertin, *Textes choisis, Tome II, Olympisme*, Zurich : Weidmann, 1986, p. 738.
16. Francis-Marius Messerli est une des premières rencontres de Coubertin à Lausanne, il admire le baron et lui reste fidèle jusqu'à sa mort, célébrant sa mémoire à maintes reprises par la suite. Cf. F.-M. Messerli, « Le Bureau international de pédagogie sportive (B.I.P.S.) et l'Institut olympique de Lausanne (IOL) », in *Bulletin du Comité International Olympique*, N° 13, Lausanne : Comité international olympique, 15 janvier 1949, p. 17.
17. Cité in C. Gilliéron, *op. cit.*, p. 69.
18. Édité par la Société lausannoise des amis de l'Olympisme.

ment international qui, apparemment, reçoit un accueil bienveillant de la part du Conseil fédéral[19].

Une souscription publique est également lancée et un compte spécial est ouvert à la Banque Fédérale SA, dont le directeur est Éric Debétaz, membre du Comité directeur de l'Institut olympique de Lausanne (IOL)[20]. C'est une impression de monde évoluant en vase clos qui ressort de cette actualisation des projets antérieurs. En effet, l'architecte qui a construit le siège de cette banque, près de la Place Saint-François, est Laverrière. Ce dernier est à nouveau mis à contribution pour présenter un projet réel et se voit donc confier la tâche de faire les plans d'une Olympie à Dorigny, sur le site actuel de l'Université de Lausanne. Pour appuyer la constante recherche de visibilité, Debétaz met à disposition du CIO les locaux de sa banque pour exposer ce projet durant l'hiver 1918-1919. Cette relance de l'idée d'Olympie moderne se solde par un nouvel échec.

Un stade voit finalement le jour à Vidy en 1922, mais d'après les plans de l'architecte vaudois Jacques Favarger, qui le dessine dans un ensemble moins gigantesque et surtout sans bâtiments administratifs. Il ne semble, de plus, pas y avoir de relation particulière entre Coubertin et Favarger, même si le projet de ce dernier est repris pour étayer la candidature à l'organisation des Jeux olympiques, lancée par Lausanne en 1921.

L'ensemble de la période 1906-1919 montre ainsi un désir de fixer une institution naissante, mais les efforts entrepris sont le fait de l'initiative ou du travail d'un tout petit groupe comptant notamment Blonay, Morax, les architectes Monod et Laverrière, le banquier Debétaz et le syndic de Morges, Chable. Coubertin n'a apparemment pas consulté ses collègues du CIO quant au renoncement à l'itinérance des Jeux olympiques, aucune mention n'est faite à ce sujet dans les procès-verbaux des sessions disponibles. Seule, en 1924, une allusion à cette époque est faite par Courcy Laffan[21], remettant brièvement à l'ordre du jour cette idée de fixer le lieu de toutes les célébrations olympiques.

---

19. C. Gilliéron, *op. cit.*, p. 77.
20. *Ibid.*
21. Membre du CIO pour l'Angleterre depuis 1897.

«Après lecture des procès-verbaux, M. Laffan demande à poser deux questions. La première a trait à la possibilité de créer une ‹Olympie Moderne› selon le plan fameux qui fut primé en 1910 par le CIO. [...] Le président n'a-t-il pas été favorable à ce projet? [...] En réponse à la première question, le président expose en détail le projet d'Olympie moderne tel qu'il sortit du concours d'architecture de 1910; il s'en est fallu de peu que ce projet ne prît corps en 1917 dans des conditions intéressant directement la Suisse; l'Olympie eut en ce cas commémoré sur les rives du Léman l'internement des belligérants alliés. Il est douteux dans les circonstances présentes que l'on puisse revenir utilement à cette idée, mais il peut être désirable de ne pas la perdre de vue.»[22]

Les actions du Mouvement olympique pour affirmer son existence ne poursuivent pas seulement cette finalité utopique liée à une architecture monumentale et se concentrent peu à peu sur des objectifs plus restreints et plus concrets. Les projets élaborés jusqu'à la Première Guerre mondiale n'ont en effet pas impliqué réellement l'ensemble des acteurs inclus dans l'idée olympique, et plus particulièrement les autorités locales, exceptés les premiers contacts infructueux avec la Municipalité de Morges et ceux, purement formels avec la Municipalité de Lausanne lors de la signature de l'établissement officiel du siège du CIO à Lausanne.

La voie du réseau et du pragmatisme (1915-1921)

L'installation du siège à Lausanne

Première étape significative de l'institutionnalisation du CIO, l'officialisation de son siège à Lausanne en 1915 marque le début d'un développement de l'organisation, lent, mais réaliste. Dans ses *Mémoires olympiques*, Coubertin dresse un rapide historique et un bref descriptif touristique de la ville de Lausanne, rajoutant à ce portrait: «Elle était, pour y établir (dans ses murs ou tout à proximité) le siège administratif de l'Olympisme, la mieux désignée qui

22. Procès-verbal de la session de Paris de 1924, Archives du CIO.

pût se concevoir. Pour cela il fallait d'abord s'y introduire»[23]. Les efforts de Coubertin et de ses amis pour impliquer le plus de personnalités vaudoises possible dans ce réseau local formé autour de l'idée olympique montrent la volonté effective du CIO de s'introduire dans l'espace socio-politique lausannois.

Une nouvelle fois, cette idée contraste fortement avec celle de non permanence établie lors du rétablissement des Jeux olympiques en 1894. La transformation est justifiée par Coubertin qui évoque l'imprécision du siège, la revendication possible de celui-ci par le régime de Berlin sur la base de la règle du déplacement quadriennal et, enfin, la nécessité d'une stabilité administrative pour la bonne marche du CIO[24].

Trois remarques s'imposent alors. Premièrement, l'a-spatialité du siège paraît un critère intéressant dans l'analyse de l'installation, car, entre migration annoncée par les statuts et adaptations successives dans les faits, l'absence de siège officiel accentue le flou ambiant dans le contexte sportif en plein développement du début du XXᵉ siècle. En effet, «la personnalité de Coubertin et les changements inopinés de villes olympiques firent de la capitale française le siège véritable du CIO»[25]. De plus, suite aux deuxièmes Jeux, à Paris en 1900, le Comité international olympique semble incertain dans son fondement et quelques Américains croyant à sa dissolution entendent reprendre le flambeau. Deuxièmement, la stabilité administrative, que Coubertin appelle de ses vœux, concerne un corps constitué uniquement de Coubertin, président, Blonay, trésorier, et le comte Eugène Brunetta d'Usseaux, secrétaire[26]. Troisièmement, la peur de l'Allemagne est compréhensible, car, pris en otage, le CIO pourrait effectivement être un élément de propagande pendant la guerre. Pourtant ce n'est pas la première fois que le Mouvement olympique risque de se faire accaparer et la Première Guerre mondiale apparaît dès lors comme une opportunité pour en fixer le siège.

La Grande Guerre semble donc un facteur influant sur la date plutôt que sur l'idée de sédentarisation du siège. Les travaux du

23. P. de Coubertin, *Mémoires olympiques*, Lausanne: Comité international olympique, 1979 p. 82.
24. *Id.*, p. 94.
25. J.-L. Chappelet, *Le système olympique*, Grenoble: Presse universitaire de Grenoble, 1991, p. 76.
26. Blonay est secrétaire du CIO de 1899 à 1909 et le comte Brunetta d'Usseaux lui succède jusqu'à sa mort en 1919.

Comité étant de fait suspendus, Coubertin et ses proches profitent de ce temps mort pour contourner les réactions hostiles au projet :

> «Nous en avions déjà parlé au CIO et mes collègues n'avaient pas paru approuver très chaleureusement mes desseins. En présence de la gravité des circonstances, ayant avisé ceux qui se trouvaient à portée, je décidai de passer outre aux objections et, le 10 avril 1915, dans la salle de l'Hôtel de Ville de Lausanne furent échangées les signatures qui établissaient dans cette ville le centre administratif mondial et les archives de l'Olympisme rénové.» [27]

De tous les journaux locaux, c'est la *Gazette de Lausanne* qui accorde le plus d'importance, en terme de place et de détails, à l'événement du 10 avril. Le réseau objectivé par le Mouvement olympique permet d'éclairer l'écho systématiquement bienveillant que rencontre le CIO dans ce quotidien. Coubertin connaît depuis 1908 Édouard Secrétan, journaliste à la *Gazette,* qui l'aide à trouver des personnalités susceptibles de participer à l'organisation de Jeux olympiques à Morges. De plus, ce journal est représenté à la cérémonie par un rédacteur de ce même journal, Edgar Junod, et par un collaborateur externe, Maurice Millioud, professeur de philosophie et de sociologie à l'Université de Lausanne. Un compte rendu [28] complet de la cérémonie à la Municipalité est donc publié et la rédaction clôt l'article par ces vœux :
«De notre côté nous sommes très heureux que le Comité international olympique ait choisi Lausanne comme siège social et nous lui souhaitons une cordiale bienvenue dans notre bonne ville.» Cette assertion sympathisante termine une sorte de procès-verbal de la séance qui établit la liste des personnes présentes, suivie par les salutations d'usage et le discours de Pierre de Coubertin dans lequel il déclare que «l'acte qui s'accomplit en ce moment était préparé depuis longtemps. Dès 1907 il avait été prévu que ce pays deviendrait le foyer central de notre activité internationale. Le congrès qui depuis lors a, sous vos auspices, rassemblé à Lausanne les amis des sports et auquel les pouvoirs publics ont participé si efficacement ne pouvait que fortifier une résolution que tout s'accorde à justifier.» [29]

---

27. P. de Coubertin, 1979, *op. cit.,* p. 94.
28. «Comité international olympique», in *Gazette de Lausanne,* 11.4.1915, p. 3. Les citations de la fin de ce chapitre sont toutes issues de cet article.
29. Le Congrès de 1913 est abordé au chapitre suivant.

Toute la démarche de Coubertin se trouve résumée par ces trois phrases. L'idée de 1907 ainsi que la fortification des liens entre le CIO, les personnalités du canton et les autorités de la ville convergent vers la volonté de concrétisation d'un siège. Mais Coubertin poursuit en évoquant l'existence d'archives considérables qui mettent en évidence une organisation internationale bien établie, ce qu'elle n'est pas encore. Il annonce également la constitution d'une commission qui doit œuvrer en gardienne du temple auprès de ces archives, mais aucune source ne mentionne cette commission par la suite. Par contre, d'autres groupements seront créés en recourant aux personnes présentes lors de cette cérémonie montrant que Coubertin a des projets à Lausanne et qu'il continue à privilégier une progression du CIO à travers des relations personnelles, accroissant la taille et l'impact de son réseau local.

Les réseaux locaux liés à l'Olympisme

«Quelques grands mécènes, quelques dandys et anglomanes, à condition qu'ils soient disposés à écorner leur fortune pour nouer entre eux des contacts et circonvenir quelques fonctionnaires, peuvent lancer les amateurs de sport dans une confrontation mondiale. À l'aube de l'âge des masses et des grands rassemblements partisans, une petite élite fonde une aristocratie sportive. L'Olympisme en ce sens est à contre-courant de l'évolution du monde. Coubertin a mis en fait son obstination et son sens des relations publiques au service d'un idéal sans rapport avec les bouleversements de son siècle.»[30]

Ce résumé dresse un portrait rapide du Mouvement olympique à ses débuts, de sa dimension élitiste et volontariste ainsi que de la démarche adoptée par ce groupe pour s'imposer: contacts et relations publiques forment en effet les outils principaux à disposition de leur fortune. «Mais ce n'est pas faire de la politique que de proclamer cette vérité essentielle, autour de laquelle s'assembleront toujours les esprits réfléchis, qu'une association est efficace à la condition d'être composée de personnalités robustes. Un troupeau

---

30. J.-P. Rioux, «Les idées fixes de monsieur de Coubertin», in *L'Histoire*, N° 24, juin 1980, p. 18.

de moutons est une association inefficace, je suppose»[31]. Malgré ce détachement affecté envers la politique, Coubertin va tout mettre en œuvre pour pouvoir influencer ce monde, notamment grâce au développement d'associations à l'intérieur du réseau suisse lié à l'Olympisme et grâce à plusieurs tentatives visant à rendre l'organisation plus visible par l'action conjointe d'une partie de ces *acteurs robustes.*

En 1913, avant l'officialisation de son siège, le CIO organise à Lausanne un congrès sur les thèmes de la psychologie et de la physiologie sportives, rassemblant ainsi pendant huit jours bon nombre de personnalités des mondes académique, médical, juridique, politique, militaire, etc. La population est associée à l'événement grâce à la publicité qu'en fait, une fois encore, la *Gazette de Lausanne,* mais elle est également invitée à assister aux conférences publiques et aux grandes fêtes organisées en marge du congrès. L'organisation de cette manifestation permet de rassembler les forces locales sensibles à la thématique olympique, créant ainsi un ensemble de relations structurées en réseau. De fait, une grande part de ces relations se concentre dans la région lausannoise.

Jusqu'à la Première Guerre mondiale, ce réseau demeure plutôt passif, sans réelle incidence sur l'établissement du CIO à Lausanne, à l'exception de deux actions impliquant le monde politique. La première action concerne Camille Decoppet[32] qui, en charge du Département de l'instruction publique du canton, se fait l'avocat du CIO au sein de la Municipalité de Lausanne, afin d'obtenir les faveurs de celle-ci pour l'organisation du congrès de 1913. La seconde intervient lors de l'installation du siège social en 1915. Le syndic de la ville de Lausanne, Paul Maillefer, se montre bienveillant et offre un cadre propice à cet établissement. Les bons sentiments du syndic s'expliquent surtout par l'engagement très faible de la commune de Lausanne, qui se contente de prendre acte de l'arrivée de l'organisation.

Par contre, dès 1918, le CIO espère plus d'implication de la part des autorités locales, en cherchant une reconnaissance accrue notamment grâce à la visibilité physique que peuvent offrir des

---

31. P. de Coubertin, 1909, *op. cit.,* p. 218.
32. Lors de la tenue du congrès de 1913, Camille Decoppet a changé de fonction et se retrouve désormais conseiller fédéral.

locaux. À ce sujet, plusieurs demandes sont adressées aux autorités, car «pour des groupes encore peu visibles socialement et en phase de constitution, la reconnaissance de l'État est une condition d'existence [...]. La dimension symbolique de cette production sociale est essentielle en ce que la reconnaissance de l'État est accompagnée d'une connotation positive ou négative constituant un stigmate durable dans l'identité vécue et perçue du groupe»[33]. Ces attentes de valorisation font l'objet de nombreuses sollicitations du politique par le Mouvement, en la personne de Coubertin, bien sûr, mais aussi par d'autres membres du réseau, qui se répartissent en plusieurs associations et groupes de pression. Même si ce sont souvent les mêmes personnes qui se retrouvent dans ces regroupements, et malgré des structures aux contours flous et aux liens très divers, leur nombre tente de donner une impression d'importance à l'ensemble.

La question relative à l'allocation de locaux par la Municipalité participe de la volonté de créer une sorte de vitrine olympique pour asseoir la réputation du CIO. La stratégie de Coubertin le pousse ainsi à multiplier les associations évoquant l'Olympisme dans leur nom, découpant en quelque sorte le but global du CIO à Lausanne en morceaux qu'il attribue aux différents groupements. Trois associations sont donc fondées, l'Institut olympique de Lausanne (IOL), la Société lausannoise des amis de l'Olympisme (SLAO) et la Commission lausannoise de propagande olympique et sportive (CLPOS). À ces trois nouvelles instances s'ajoutent le Comité olympique suisse (COS), établi en 1912 sous l'impulsion de Blonay, et une société moins impliquée par l'Olympisme, mais proche par sa référence culturelle à la Grèce antique : l'Association des Hellènes libéraux que préside Messerli et à laquelle Coubertin prend part.

L'IOL voit le jour en mai 1915 sur le projet de la commission annoncé par Coubertin lors de la séance du 10 avril 1915 à la Municipalité. Le rôle qui lui est attribué ne porte plus sur la garde des archives du CIO, mais sur le rétablissement du gymnase antique, rénovation consistant désormais en «foyers de vie municipale, basés sur la coopération de l'art, de la culture intellectuelle,

---

33. P. Knoepfel, F. Varone et S. Terribilini, «Changement social, politiques publiques et État. Institutionnaliser le changement?», *Revue européenne des sciences sociales*, Tome XXXVI, N° 110, Genève : Librairie Droz, 1998, p. 158.

de l'hygiène générale et de l'activité musculaire»[34]. Cette déclaration d'intention vise à terme la transformation de Lausanne en capitale de la culture physique. Cette finalité implique nécessairement l'engagement des autorités et Coubertin souligne la nécessité de mobiliser chaque membre du réseau. «Ce ne sera pas trop de toutes les forces existantes pour arriver à faire de Lausanne un grand centre de pédagogie physique. Chacun doit s'y employer librement dans sa sphère, selon ses moyens»[35]. L'IOL se retrouve de fait en position de groupe de pression, jouant avec le développement du réseau et la position de ses acteurs, y compris politiques. Elle semble donc outrepasser sa fonction et sa vocation par ses actions de propagande, domaine qui aurait pu être réservé, compte tenu de son nom, à la Commission lausannoise de propagande olympique et sportive. Mais le lien entre cette Commission et le CIO ne semble pas si direct, elle n'est apparemment pas l'œuvre de Coubertin, mais celle de son président, Messerli, qui lui attribue abusivement l'adjectif «olympique»[36].

Par contre, concernant l'IOL, Coubertin écrit à Blonay que celui-ci est son affaire personnelle et déclare avoir volontairement accentué l'ancrage vaudois de l'Institut, afin de le séparer du CIO[37]. Cet ancrage sert surtout à renforcer le réseau afin d'augmenter son pouvoir face à la Municipalité, car la création de l'IOL s'insère également dans une recherche de prestige local. Ainsi, joint à son comité directeur, un autre comité est mis sur pied, composé de membres d'honneur[38] qui contribuent fortement à l'ancrage de cette société dans le pays vaudois. Plusieurs dimensions de la vie publique régionale y sont intégrées, notamment au travers de représentants des trois niveaux du pouvoir suisse: communal, cantonal et fédéral.

Pour accompagner l'IOL, la Société lausannoise des amis de l'Olympisme est créée en 1917. Coubertin assigne trois buts à cette association: épauler l'IOL dans son développement, établir

34. P. de Coubertin, *Notice sur l'Institut olympique de Lausanne*, Lausanne: La Concorde, 1918.
35. P. de Coubertin, 1986, *op. cit.*, p. 741.
36. C. Gilliéron, *op. cit.*, p. 59, note 24.
37. P. de Coubertin, lettre à Godefroy de Blonay, 19. 5. 1915, Archives du CIO.
38. Dans le Comité directeur de l'IOL, on retrouve globalement les proches de Coubertin, présents à la cérémonie de 1915 à la Municipalité de Lausanne pour l'officialisation du siège du CIO. Parmi les membres d'honneur de l'IOL, il faut citer le Conseiller fédéral Camille Decoppet, le Conseiller d'État Ernest Chuard et le syndic Paul Maillefer.

une collaboration avec les autorités cantonales et communales afin de promouvoir les exercices physiques et, enfin, œuvrer à l'édification de l'Olympie moderne. Beaucoup plus ouverte que l'IOL, cette société intéresse les Lausannois, et Coubertin peut se targuer de réunir 130 adhésions après cinq jours d'existence. Il est possible que le nombre de personnes inscrites soit plus grand, mais ce sont ces 130 qui intéressent Coubertin, car elles sont «de qualité supérieure»[39], écrit-il à Blonay. Il reste pourtant en dehors de l'organisation de la SLAO dont les responsables, au nombre de dix, sont des personnalités moins engagées en faveur de l'Olympisme, à l'exception de l'architecte Monod. Véritable prolongement de l'IOL, la SLAO tente de toucher un large public, difficile à mobiliser. En collaboration avec l'IOL, et à l'exemple du congrès de 1913, elle organise des manifestations sportives, des conférences et des fêtes dès la fin de la guerre. Dans cette dynamique de propagande, les relations entretenues avec la *Gazette de Lausanne* sont à nouveau exploitées par Coubertin.

La mise sur pied successive de l'IOL puis de la SLAO peut être modélisée par deux processus essentiels:

> «1. la saisie d'un phénomène précis par un ou plusieurs individu(s) et/ou groupe(s), qui confère au problème une première qualification (problématisation initiale) et une première visibilité;
> 2. un travail de mobilisation, fondé sur la structuration des acteurs concernés, sur la recherche d'alliances par le(s) initiateur(s) auprès de publics plus étendu et sur la volonté de susciter une réaction de l'État [...].»[40]

La double application de ce modèle permet alors de rendre compte et d'éclairer le processus qui conduit du CIO à l'IOL puis de l'IOL à la SLAO. Cette stratégie de créations successives permet au CIO de tester et de rechercher les réactions de l'autorité concernée, la Municipalité de Lausanne.

---

39. P. de Coubertin, lettre à Godefroy de Blonay, 11. 7. 1917, Archives du CIO.
40. R. W. Cobb and C. D. Elder, *Participation in American Politics: The Dynamics of Agenda-Building*, Baltimore: Johns Hopkins University Press, 1972, cité in P. Muller et Y. Surel, *L'analyse des politiques publiques*, Paris: Montchrestien, 1998, pp. 79-80.

Le réseau en quête d'une demeure

À la suite de l'établissement officiel du siège du CIO à Lausanne, le 10 avril 1915, Coubertin adresse une demande aux autorités pour l'obtention de locaux, afin d'abriter l'institution. Mais
les archives considérables annoncées, l'un des arguments de cette
sédentarisation, sont en fait modestes et déménagent simplement
du domicile parisien de Coubertin au château de Grandson, dont
le propriétaire est Blonay. D'autre part, le Musée n'est encore
qu'une idée que partagent les deux barons et le secrétariat n'existe
que par la personne de Coubertin. Pourtant, la mise à disposition
de locaux tient au cœur de ce dernier, par besoin de reconnaissance
et de valorisation, comme pour anticiper le développement et la
réelle institutionnalisation du CIO. En attendant l'installation
d'une administration encore inexistante, il demande cette faveur à
la Municipalité non pas pour le Comité international, mais pour
un groupement lausannois, l'IOL, qui apparaît ainsi pour partie
comme un organisme de façade, créé pour conserver un certain
espace à l'Olympisme dans la ville de Lausanne.

La Municipalité propose de mettre à disposition des salles dans
le Casino de Montbenon, mais uniquement de manière temporaire. En effet, les autorités ne veulent pas favoriser cette nouvelle
société par rapport à celles qui ont une longue tradition locale.
Ainsi, l'IOL se voit contraint de partager des locaux avec d'autres
groupements et de composer avec les habitudes de ces derniers.
Coubertin avait établi l'IOL sur une base permanente, mais il en
est réduit à abandonner momentanément cette idée et à se rabattre
sur un Institut intermittent[41].

Coubertin s'obstine et, «après avoir dû insister quelque peu et
très probablement fait intervenir Camille Decoppet, Coubertin
obtient enfin de la Municipalité, le 18 mai 1915, une lettre pru-
dente par laquelle celle-ci approuve ‹en principe›, la création de
l'IOL, s'engage à faire ‹son possible› pour le soutenir, promet des
locaux pour les futurs Musée et Bibliothèque du CIO – il n'est
pas précisé où – et déclare qu'elle mettra à disposition ‹du même
Comité› – elle confond donc CIO et IOL, les identifiant tous

---

41. P. de Coubertin, lettre au syndic de Lausanne Paul Maillefer, 7. 5. 1915, Archives du
CIO.

deux à la personne de Coubertin — des locaux au Casino pour les ‹cours d'Olympisme› qu'il projette»[42]. Une nouvelle fois, Camille Decoppet, un acteur influent, s'implique en usant de sa position. Il parvient à introduire les idées qui circulent dans le réseau olympique lausannois directement au sein du monde politique.

Coubertin, de son côté, essaie de faire jouer ses relations et écrit une lettre personnelle au syndic Paul Maillefer, membre d'honneur de l'IOL, lui demandant d'intervenir dans l'affaire du partage du Casino de Montbenon, sûr de la destinée de l'Olympisme à Lausanne:

> «Je le répète, Cher Monsieur, c'est selon toute probabilité l'orée d'une orientation dont Lausanne se trouvera bien; je vous en supplie, que l'effort local réponde au nôtre. Donnez les ordres nécessaires pour que le caractère exceptionnel de ces réunions soit compris de tous.»[43]

La première session de l'IOL, qui se tient à Montbenon en 1917, est l'occasion d'organiser des réunions publiques qui sont commentées de manière positive par la presse, en particulier par la *Gazette de Lausanne*, comme à l'accoutumée. Ce relais, extrêmement intéressant pour la diffusion des idées propagées par l'IOL, constitue un climat favorable mis à profit par Coubertin qui renouvelle sa demande pour la mise à disposition de locaux permanents. Il semble donc vouloir s'installer aux frais de la commune, mais cette requête reste sans réponse.

Assisté de la SLAO, l'IOL renouvelle l'expérience d'une session en 1918. De manière identique à 1917, la presse joue son rôle de transmetteur bienveillant et Coubertin repart en campagne auprès de la Municipalité. Proposant un projet de transformation du Casino revu à la baisse, mais toujours financé par la ville, il rencontre la même indifférence.

L'essoufflement des associations olympiennes

En 1918, la fin de la guerre approchant, Coubertin entrevoit un certain nombre de problèmes. Parmi ces derniers, il faut relever que l'installation du siège à Lausanne pourrait être contestée par

---

42. C. Gilliéron, *op. cit.*, p. 62.
43. P. de Coubertin, lettre à Paul Maillefer, 25. 2. 1917, Archives du CIO.

les membres du CIO. La perspective d'un revers infligé par le CIO fait ressortir les priorités de Coubertin et, dans ce contexte, les réunions de l'IOL passent au second plan au profit de son rôle d'instrument au service du renforcement de la position du CIO à Lausanne. Les autorités municipales répondent à cette pression par une promesse : l'exclusivité de quelques pièces au premier étage du Casino de Montbenon.

À cette même époque, l'intérêt des lausannois pour l'IOL paraît s'estomper. Pour tenter de contrer cette tendance, le réseau est mis à contribution : une nouvelle fois la *Gazette de Lausanne* sert de support, car Coubertin y écrit une série de «Lettres Olympiques» [44] dont le succès est pourtant mitigé, montrant la faiblesse du soutien local et l'instabilité du CIO à Lausanne. En conséquence, lors de la session lausannoise du CIO en 1919, Coubertin est contraint d'éviter soigneusement la question de l'installation du siège pendant la guerre. Les membres du Comité ne donnent donc toujours pas leur aval à cette décision, malgré un terrain préparé en faveur de la Suisse : depuis 1916, c'est en effet Blonay qui occupe le poste de président du CIO de manière temporaire.

Fin 1919, l'Institut sombre dans une indifférence totale pour disparaître de la scène publique lausannoise. La conclusion se présente à l'évidence :

«L'Institut Olympique de Lausanne n'influera en rien sur le développement administratif du Mouvement Olympique *stricto sensu*. Il reste la manifestation épisodique d'une constante politique et stratégique.» [45]

Lâché par les groupements qu'il avait créés, Coubertin, qui a récupéré son poste de président, n'abandonne pourtant pas son ambition relative aux locaux que la ville doit, à ses yeux, accorder avec empressement à une entreprise aussi importante que le CIO. Il reprend la bataille avec les autorités municipales et renouvelle sa demande pour la jouissance de certains locaux à Montbenon. Mais la faiblesse du réseau, dès 1920, accentuée par la disparition de l'IOL, entraîne des négociations difficiles. Les suggestions concernant l'organisation potentielle de Jeux olympiques à Lausanne ne

---

44. P. de Coubertin, 1967, *op. cit.*, pp. 51-67, pour une partie de ces lettres.
45. R. Gafner, «Le Mouvement olympique en Suisse», *Revue Olympique*, N° XXVI-16, août-septembre 1997, p. 19.

paraissent en outre pas assez concrètes pour susciter un intérêt mobilisateur. De même, la proposition d'établir le Musée du CIO à Montbenon ne rencontre aucun écho dans les milieux politiques lausannois. Coubertin dénigre alors le climat apathique de Lausanne et, focalisant sa colère sur la presse, il en vient à critiquer un allié de toujours : « Du point de vue ‹ Lausanne ville de sport › [...] l'opinion là devrait agir et elle n'agit pas. À la *Gazette* on a été stupide, le mot n'est pas trop fort – incorrect aussi de sorte que j'ai fini par les planter là. La *Tribune* a le caractère de son directeur ; c'est tout dire. Quant à la *Revue* et à la *Feuille d'Avis* elles ne comprennent pas qu'il puisse y avoir intérêt à pousser la question sportive »[46]. Comme la presse n'est pas seule responsable aux yeux du baron, il rajoute : « Quant à la Municipalité [...], elle se montre opposée à tout progrès ».

L'ère de la détente

Il faut attendre 1921, suite au congrès du CIO à Lausanne, pour observer une détente entre la Ville et Coubertin. A cette occasion, le réseau local lié à l'Olympisme sort de l'ombre pour participer à l'organisation du congrès et de quelques conférences publiques à Montbenon. Les autorités de Lausanne semblent sensibles à cette renaissance et le 6 septembre 1921 Coubertin et la Municipalité signent pour la première fois un accord sur l'utilisation des salles du Casino, aux frais de la ville, conformément aux souhaits du baron. Une seule de ces salles sera exclusivement réservée au CIO, dans le but d'y constituer son Musée.

Ainsi, depuis l'acte officiel d'installation du siège à Lausanne, six années et de multiples tentatives ont donc été nécessaires pour que le CIO obtienne formellement un espace permanent. La ville de Lausanne, et en premier lieu ses élus, n'ont pas été très réceptifs à l'action du CIO, ne voyant sans doute dans cet organisme naissant aucun enjeu de taille. La Municipalité se laisse ainsi solliciter longtemps par le réseau de partisans et de sympathisants sans y répondre vraiment.

---

46. P. de Coubertin, lettre au Syndic Paul Maillefer, 14. 4. 1920, Archives du CIO.

Dans ce contexte lausannois, le CIO semble ne jamais parvenir à surmonter l'inaction des autorités locales. La puissance du réseau, mais aussi les projets et les images qu'il véhicule ne sont pas encore assez forts pour imposer des décisions favorables. Dans le rapport de force qui les oppose aux élus, Coubertin et ses amis ne sont donc suffisamment pourvus ni de pouvoir, ni de lobbyistes efficaces, ni de projets socialement intelligibles pour les contraindre à agir en leur faveur.

Le réseau olympique suisse sort affaibli après la guerre et le noyau dur qui demeure n'est pas très actif sur le plan de la propagande, mais il constitue un soutien constant à Coubertin dont la stratégie pour implanter ses idées consiste depuis le début à faire appel à des personnalités qu'il connaît relativement bien et qui deviennent si possible des amis.

La mobilisation en faveur des idées olympiques est difficile à la sortie de la guerre et leur pénétration dans le monde politique comme dans le grand public est lente. La situation est ambivalente : d'une part, la diffusion des idées d'implantation semble stagner dans une petite partie du réseau, alors que d'autre part, celui-ci intègre un nombre croissant d'acteurs locaux. Il semble donc que des dysfonctionnements localisés empêchent la diffusion rapide des idées. Les forces d'inertie ne proviennent pas de tous les acteurs du réseau, mais il en existe suffisamment pour engendrer une stagnation momentanée dans la quête de reconnaissance pour l'organisation et de décisions favorables pour l'établissement de son siège. L'Olympisme éveille la curiosité, mais il n'est pas suffisamment évocateur pour que les acteurs impliqués se mobilisent et se soucient de sa pérennité. Les acteurs y adhèrent pour son idéal ou pour en retirer un quelconque avantage personnel, ils portent leur intérêt à une facette particulière de l'Olympisme, que ce soit la pédagogie, la condition physique ou le développement du tourisme grâce à l'Olympie moderne en projet. Les Congrès et leurs thématiques particulières sont, par exemple, des occasions de regonfler les effectifs et de créer des dynamiques relationnelles denses, mais ils sont suivis de périodes difficiles avec de nombreuses défections.

Ainsi, les idées de base sont constantes dans le réseau, mais les fluctuations, enregistrées de 1906 à 1921 au niveau du nombre de membres, montrent que les idées olympiques ne suffisent pas à fédérer l'ensemble. Coubertin lui-même diagnostique avec réalisme la structure et la faible performance d'un Mouvement olympique hétérogène «composé de trois cercles concentriques: un petit *noyau* de membres travailleurs et convaincus; une *pépinière* de membres de bonne volonté susceptibles d'être éduqués; enfin une *façade* de gens plus ou moins utilisables, mais dont la présence satisferait les prétentions nationales tout en donnant du prestige à l'ensemble» [47]. Si le noyau semble stable, les deux autres parties du réseau sont quant à elles fortement sujettes aux variations d'assuidité. De plus, le Mouvement dans son ensemble manque de visibilité et l'identification à cette organisation changeante serait plus aisée dans le cadre d'une structure et d'un fonctionnement bien établis.

La stabilisation par l'institutionnalisation (1921-1927)

Pour une organisation, le processus d'établissement de sa structure et de son mode de fonctionnement passe par une institutionnalisation, comprise comme l'élaboration d'un système de normes et de règles qui régissent son existence. Or, pour le CIO, aucune règle n'est fixe jusqu'ici, y compris la dimension itinérante des jeux, et aucune administration en dehors de Coubertin n'existe. Ce constat accentue la problématique de visibilité dans laquelle se place la recherche d'un siège social, la création d'un musée ou d'un secrétariat. Des règles sont pourtant nécessaires, car leur présence assure un caractère non éphémère et permet d'obtenir le soutien du public ou du monde politique. L'ordre organisationnel permet aux interlocuteurs du CIO d'appréhender son fonctionnement et de lui donner la reconnaissance tant recherchée.

«Les règles, les routines et les modes opératoires standardisés sont un facteur d'ordre […]. Ces règles sont extrêmement variées: règles procédurales spécifiant la marche à suivre suivant les circonstances, règles décisionnelles précisant comment les ‹inputs› doivent être convertis en ‹outputs›, règles d'évaluation précisant selon quels critères doivent être mesurés les résultats, règles fixant l'allocation de l'autorité et des responsabilités, le recueil et l'utilisation des informations, l'accès aux diverses institutions et arènes

---

47. P. de Coubertin, 1979, *op.cit.*, p. 14.

politiques, l'organisation de la temporalité de l'action ainsi que le changement des règles elles-mêmes »[48].

C'est l'ensemble de ces règles utiles à son fonctionnement et à son devenir que va élaborer le CIO en collaboration avec son réseau lausannois, afin de gagner un statut reconnu dans la capitale vaudoise et dans le monde.

Le statut du CIO : de l'ambiguïté à la légitimité

En 1915, Coubertin signe, au nom du CIO, le document qui établit le siège social de l'organisation à Lausanne et, à la session de 1919, la décision n'est pas soumise à ratification par les membres. En 1920, la Municipalité s'interroge sur la légalité de cette organisation et sur la légitimité du signataire. Un avocat est consulté par les autorités et ce dernier répond qu'il serait prudent «d'exiger du CIO qu'il se fasse inscrire au Registre du commerce de Lausanne (!), avec mention expresse des personnes habilitées à agir en son nom»[49]. Coubertin trouvant insultants les suspicions et la solution proposées, refuse de se soumettre à cette exigence municipale. Ce différend entre les autorités et Coubertin met en évidence le flou qui règne sur le statut du CIO ainsi que l'incertitude liée à sa structure.

Pour lier un peu plus le CIO et Lausanne, la mention de la ville comme siège social figure dans l'en-tête du programme de la session de Lausanne en 1921 et de même pour toutes celles qui suivent. L'année suivante, Coubertin décide de consulter les membres du CIO pour qu'ils donnent leur aval à l'installation du CIO à Lausanne.

Le réseau olympique local reprend alors du service pour aider le CIO à obtenir «un traitement en rapport avec son importance et sa haute situation. Le Comité [...] donne à son président tous pouvoirs pour intervenir en son nom auprès du Conseil fédéral suisse»[50]. Les revendications portent notamment sur l'exonération des taxes de séjour dans le canton. Coubertin adresse une demande à la Municipalité que son ami le syndic Freymond transmet au Canton. La requête du CIO est appuyée au sein même du Conseil d'État par le premier président de la SLAO, Robert Cossy. Après

48. P. Muller et Y. Surel, *op. cit.*, p. 42.
49. C. Gilliéron, *op. cit.*, pp. 92-93.
50. Procès-verbal de la session de Lausanne de 1921, Archives du CIO.

l'accord du Canton, les autorités lausannoises se contentent de suivre et octroient le pendant au niveau des taxes communales. Coubertin ne s'arrête pas en si bon chemin et se tourne vers la Confédération afin qu'elle lui accorde une franchise douanière et, en février 1924, «le Conseil fédéral, animé du désir de faire toutes les concessions possibles pour encourager le Comité international olympique dans ses aspirations, accorde à celui-ci la franchise de douane réclamée, reconnaissant ainsi implicitement un caractère particulier à sa situation juridique en Suisse»[51]. Il faut noter à cette époque la présence d'un Vaudois au Conseil fédéral, Ernest Chuard, ancien conseiller d'État et membre d'honneur de l'IOL.

La création de la Commission exécutive

Lors de la session de Lausanne, en juin 1921, prétextant une longue absence, Coubertin fait adopter la proposition de créer une Commission exécutive (CE) afin d'assurer le fonctionnement du CIO. Les membres de cette Commission sont Godefroy de Blonay, Jiri Guth-Jarkovsky (Tchécoslovaquie), Henry de Baillet-Latour (Belgique), Sigfrid Edström (Suède) et le marquis de Polignac (France)[52].

En novembre 1921, à Paris, la CE, dont le siège provisoire se trouve au domicile du secrétaire, Polignac, tient sa première réunion. La Commission est censée se réunir deux fois par an sur convocation de son président, Blonay, ou sur demande de trois membres. «M. de Blonay prévoit que le rôle de cette Commission ira croissant et il est proposé que le secrétariat en soit désormais transporté à Lausanne où se trouve le siège social du Comité et où il serait plus pratique de centraliser les services»[53]. Les tâches qui lui incombent sont la gestion des finances, la correspondance, la charge des archives, l'établissement de l'ordre du jour des réunions du CIO et, enfin, assurer l'exécution et l'observation des règlements du CIO et des JO. Ainsi, par ses prémisses de réglementation, la Commission exécutive représente la première étape d'une administration et d'une institutionnalisation de l'organisation olympique.

51. C. Gilliéron, *op. cit.*, p. 109.
52. Procès-verbal de la session de Lausanne de 1921, Archives du CIO.
53. Procès-verbal de la session de Paris de 1922, Archives du CIO.

L'établissement du Secrétariat

Pendant les vingt-cinq premières années du CIO, Coubertin assume tout seul le secrétariat, centralisant ainsi tout ce qui concerne l'Olympisme et contrôlant donc presque totalement l'organisation. Mais, en 1920, à la session d'Anvers, il est question d'engager un secrétaire afin d'avoir des procès-verbaux plus complets. Coubertin refuse une première fois au nom des dépenses que cet engagement entraînerait immanquablement, puis devant la proposition d'une subvention par pays, il refuse d'entrer en matière arguant que des membres ne sont plus présents à la séance[54].

Il faut attendre une année pour que la proposition reparaisse. À la session de Paris de 1921, Blonay soulève la question de la création d'un secrétariat salarié. Il est appuyé par Polignac qui estime cet organisme indispensable. Les membres de la Commission exécutive paraissent donc s'impliquer dans le développement du secrétariat qui les épaulerait, donnant ainsi corps à cette administration naissante. L'année suivante, Fred Auckenthaler est nommé chancelier du CIO[55], mais son rôle demeure imprécis, oscillant du secrétaire au trésorier. Aucun véritable secrétariat n'est établi jusqu'à la démission de Coubertin en 1925 et c'est finalement en 1927 que sa création, proposée par la Commission exécutive, est adoptée par le CIO[56].

De Montbenon à Mon-Repos

En 1922, avant que le CIO ne prenne possession des quelques salles de Montbenon promises, les autorités lausannoises changent d'avis. Prétextant destiner le Casino à une exploitation privée[57], elles invitent le CIO à s'installer dans la Villa Mont-Repos. La Municipalité répond donc finalement aux demandes récurrentes du CIO pour l'obtention de locaux en propre.

54. Procès-verbal de la session d'Anvers de 1920, Archives du CIO.
55. O. Mayer, *À travers les anneaux*, Genève: Cailler, 1960, p. 101.
56. Procès-verbal de la session de Monaco de 1927, Archives du CIO.
57. C. Gilliéron, *op. cit.*, p. 103.

Il est légitime de se demander pourquoi cette décision favorable au Mouvement olympique intervient à ce moment. Cette période des relations entre le CIO et les autorités lausannoises est caractérisée par une détente et par l'ouverture d'une *fenêtre politique* propice aux revendications de l'organisation internationale. Ce dernier concept met l'accent sur «la mise en évidence de phases de jonction des dynamiques propres à chacun des courants qui, en créant une ‹fenêtre politique› suspendent le fonctionnement ordinaire des institutions et des acteurs politiques et rendent possibles des changements de politiques publiques spécifiques. Cette notion dresse ainsi les conditions favorables à l'ouverture d'une période plus ou moins longue où les capacités d'action des acteurs politico-administratifs et des ressortissants concernés se trouvent temporairement élargies, permettant des refontes plus ou moins substantielles des politiques publiques»[58]. Pour les «acteurs mobilisés» qui constituent le CIO, l'ouverture d'une fenêtre politique représente «une opportunité [...] de promouvoir leurs solutions préférées ou de faire porter l'attention sur leurs problèmes particuliers»[59]. Trois mécanismes sont nécessaires à l'ouverture de cette fenêtre caractérisée par une forte réceptivité de la part des acteurs politiques[60]. Le *mécanisme d'autorisation* qui légitime les autorités dans leur action et qui se déduit, dans ce cas, de deux dynamiques concomitantes: le développement du sport au début du XXe siècle au niveau global et l'acquisition récente de la Villa Mont-Repos en 1921 par la Municipalité au niveau local. Ce mécanisme est complété par un *mécanisme de prise de pouvoir des postes institutionnels*: les élections municipales promeuvent de nouvelles personnalités. Le réseau olympique vaudois bénéficie en effet du récent changement à la tête de la ville, car le successeur du syndic Paul Maillefer, Arthur Freymond, est un proche de Coubertin. Ces nouvelles autorités se retrouvent face à un *mécanisme de pression partisane* construit par les membres du réseau essayant de mettre à profit ces circonstances particulières. C'est la convergence de ces trois mécanismes qui leur permet d'obtenir satisfaction.

---

58. P. Muller et Y. Surel, *op. cit.*, p. 144.
59. J. Kingdon, *Agendas Alternatives and Public Policies*, Boston: Little Brown, 1984, p. 212, cité in P. Muller et Y. Surel, *op. cit.*, p. 74.
60. P. Muller et Y. Surel, op. cit., p. 144.

Dans les faits prosaïques, le CIO peut occuper deux pièces au rez-de-chaussée et une au troisième étage pour le musée, qui se voit donc concrétisé après avoir servi d'argument pour l'obtention d'espace. La situation est inespérée au vu de l'accord signé en 1921 pour Montbenon. Pourtant, Coubertin ne se satisfait pas de ces locaux et propose de s'installer plutôt dans deux pièces du premier étage et d'occuper également trois pièces au troisième[61].

Paradoxalement, la Municipalité exauce les vœux du baron, illustrant la nouvelle réceptivité des édiles lausannois et le pouvoir du réseau suite à l'intégration de l'un de ses acteurs, Arthur Freymond, dans l'instance dirigeante compétente. Ainsi, le CIO possède enfin une présence réelle dans la ville que Coubertin a choisie pour siège.

Le changement de président : l'administration au premier plan

Trois ans plus tard, en 1925, à la fin de la session de Prague, «le président prend [...] la parole pour dire que l'ordre du jour de la session étant épuisé, l'heure est venue de procéder à l'élection de son successeur. Il regrette infiniment d'abandonner des fonctions dans lesquelles depuis trente ans l'amitié et la confiance de tous ses collègues l'ont soutenu de façon si complète et si continue mais ce terme ne doit pas être dépassé car il est déjà excessif et, de plus, des devoirs l'appellent personnellement dont le caractère ne lui semble pas compatible avec la direction d'une association mondiale comme l'est le CIO»[62].

Le procès-verbal qui suit indique les résultats du vote pour le successeur de Coubertin. Après deux tours de scrutin, Henri de Baillet-Latour est élu. Il prend la parole et déclare son intention de poursuivre le travail de Coubertin, mais avec l'aide de la Commission exécutive dont il était membre jusque-là. Blonay, président de cette Commission, est nommé vice-président du CIO.

Dès sa nomination, Baillet-Latour place donc l'embryon d'administration au centre de l'action future. Peu de temps après, il renouvelle sa volonté de favoriser le travail en équipe, se démarquant du style de Coubertin. Il «exprime le désir d'une collabora-

---

61. C. Gilliéron, *op. cit.*, p. 106.
62. Procès-verbal de la session de Prague de 1925, Archives du CIO.

tion intime de tous les membres de la CE. Il n'entend prendre aucune décision importante sans consulter la CE dont le travail doit désormais être fait en commun, ce qui n'exclut pas la possibilité de tâches individuelles» [63]. Dans le règlement de la Commission exécutive, le deuxième article spécifie qu'elle se réunit à Lausanne, au Secrétariat du CIO.

Le Secrétariat profite de ce rôle accru de la Commission exécutive et sa légitimité est affirmée par Baillet-Latour. Le papier officiel voit son en-tête complétée par l'adresse de Lausanne et les noms du président, du vice-président et du secrétaire, le major André G. Berdez. Ce dernier demande à être rémunéré : un montant de 600 francs suisses par mois lui est alloué.

En parallèle à l'histoire du secrétariat, le musée s'installe, profitant également des transformations organisationnelles qui font suite au changement de président. À Paris, à la fin de l'année 1925, Baillet-Latour mentionne une lettre de Coubertin l'informant que la Municipalité de Lausanne fera procéder à ses frais à l'installation définitive du Musée qui occupera cinq salles de Mon Repos. Lors de la même session de la Commission exécutive, Blonay rappelle que M. le Baron de Coubertin s'est réservé la gérance du Musée olympique.

Ce fait est important, car il révèle la présence de Coubertin en arrière-plan, même si le pouvoir de décision ne lui appartient plus. Il lui est facile de s'impliquer quand il le désire dans les affaires du CIO. Il habite en effet la Villa Mont-Repos depuis 1922 et son voisin est donc le Secrétariat du CIO. Même lors de la transmission de ses pouvoirs, Coubertin ne peut s'empêcher de recommander Baillet-Latour au président du Conseil d'État vaudois, Jules Dufour. Et comme pour anticiper la continuité du réseau olympique, Coubertin dit de son successeur : «en la personne de M. de Baillet, Lausanne aura, si j'ose ainsi dire, un ami de plus. Voilà tout» [64].

---

63. Procès-verbal des réunions de la Commission exécutive à Paris de 1925, Archives du CIO.
64. P. de Coubertin, lettre au président du Conseil d'État Jules Dufour, 25 août 1925, Archives du CIO.

Du principe de non permanence à l'institutionnalisation d'une bureaucratie sportive

Ce n'est pas seulement *un ami de plus* que Lausanne a gagné, mais aussi une organisation immense qui ajoute une dimension internationale à la ville. À ses débuts pourtant, le CIO ne laisse pas augurer d'un tel développement. Il est plutôt caractérisé par une absence de procédures, protocoles, normes et conventions, et seuls quelques principes de base régissent la nomination des membres et l'organisation périodique des Jeux. Par contre, aucune règle ne dicte la sélection des villes organisatrices ou l'intégration d'un sport parmi les disciplines olympiques, par exemple. La lecture des procès-verbaux illustre les décisions partiales et partielles sur de nombreuses questions, en fonction des membres présents ou selon des critères changeants au cours du temps. De plus, le cadre général de l'Olympisme ne permet pas une compréhension claire de l'organisation, car il est défini sur une base non permanente: le président change à chaque Olympiade ainsi que le lieu accueillant les Jeux et le secrétariat du CIO.

Si l'organisation olympique n'est pas grande à ses débuts, Coubertin a pourtant de l'ambition pour elle et croit fermement à son avenir. Persuadé de l'évolution rapide du CIO, il imagine avec quelques amis la possibilité de fixer définitivement la célébration des Jeux près du Léman dans un lieu consacré à la culture et à l'éloge du sport: une Olympie moderne, comprenant les besoins, démesurés pour l'époque, d'une administration et d'un musée. À plusieurs reprises, l'élaboration du projet est confiée aux architectes Monod et Laverrière qui le situent à Morges en 1911 et 1912, puis à Dorigny en 1918.

Ces planifications demeurent, on le sait, sans concrétisation, mais montrent l'existence, au sein du noyau olympique, d'un petit groupe d'acteurs entreprenants, aux visées utopiques, qui envisagent la possibilité d'abandonner le principe fondamental de la non permanence.

Une autre voie de développement démarre formellement en 1915 avec l'installation du siège du CIO à Lausanne, à la suite d'une première sensibilisation de l'opinion lors du congrès de 1913. Cette voie, radicalement différente de la première, se caractérise par un mouvement lent lié à des idées empreintes de pragmatisme et d'opportunisme, ainsi que par une stratégie d'occupation de l'espace social et politique réunissant un grand nombre d'acteurs plus ou moins engagés et sollicitant des acteurs hors cadre olympique.

Coubertin adopte une tactique par étapes, procédé qui lui a «toujours paru le meilleur pour toute entreprise de vaste envergure aspirant à durer»[65]. Un réseau s'est ainsi constitué dès le début du XXe siècle, à partir d'un groupe restreint de personnes qui s'impliquent dans la promotion de l'Olympisme dans le canton de Vaud, à travers des engagements personnels, à travers des projets d'architecture ou encore par des soutiens politiques. Autour de ce groupe se sont rassemblées des personnalités qui ont apporté du prestige à l'ensemble, mais peu d'avantages réels. Afin d'essayer de faire pression sur le monde politique de manière efficace, une structure est mise en place, s'articulant sur un système agrégeant deux groupes: un groupe plutôt actif, l'Institut olympique de Lausanne, et un groupe destiné à rassembler le plus de sympathisants possibles, la Société lausannoise des amis de l'Olympisme. Mais le réseau ne résiste pas autant que son initiateur et sa présence se manifeste plus ou moins fortement suivant les années et en fonction des acteurs mobilisés. Ces deux associations échouent dans leur tentative de canaliser les énergies en faveur des idées olympiques. De plus, le CIO ne jouit d'aucune visibilité permanente, aucun secrétariat n'existe et ni le musée, ni les archives n'ont dépassé le stade du projet.

Le CIO apparaît donc toujours comme un organisme plutôt indéfini, d'autant qu'aucun système de règles ne régit son fonctionnement jusqu'à la création de la Commission exécutive en 1921. C'est cette dernière qui donne une impulsion interne au CIO en faveur d'un développement institutionnel, passant par des règles de fonctionnement et par l'attribution des responsabilités, qui permet aux acteurs externes d'appréhender l'organisation. Ainsi, en s'appuyant sur le réseau déjà constitué, la Commission exécutive et Coubertin parviennent à profiter d'une fenêtre d'opportunité politique créée par un contexte global propice et par l'arrivée de nouvelles élites à la Municipalité. La question des locaux pour le CIO trouve une solution en 1921 et 1922; à sa suite, en 1924, l'organisation obtient une reconnaissance juridique au niveau fédéral, complétant le soutien cantonal et communal.

---

65. P. de Coubertin, 1979, *op. cit.*, p. 49.

L'idée de non permanence de 1894 est totalement bouleversée et l'établissement de la partie administrative du CIO devient effectif à Mont-Repos. Mais il faut relever que la volonté interne aux groupes proches du CIO n'est pas suffisante pour imposer une idée comme celle de l'Olympie moderne, par exemple. Une réceptivité extérieure, notamment politique, est nécessaire afin de s'implanter dans un lieu donné, et elle doit être légitimée par un contexte social et sportif bienveillant. La convergence de ces éléments permet l'ouverture d'une fenêtre d'opportunité sensible aux revendications du CIO dont l'instauration est impossible sans une interface entre volonté interne et réceptivité externe, offrant une validation et une reconnaissance de la légitimité du demandeur.

Cette reconnaissance a passé par l'établissement de règles de fonctionnement, par une répartition des compétences et par la mise sur pied d'un organe administratif: secrétariat, instance de décision, etc. Cette dynamique d'institutionnalisation, lente mais irrésistible, permet de mettre en exergue l'importance des collaborateurs de Coubertin, qui s'opposent à ce dernier, toujours hostile à toute régulation de «son» organisation. C'est en effet suite à leur revendication que le secrétariat devint permanent et il fallut attendre la présidence du comte de Baillet-Latour, successeur de Coubertin, pour que le secrétariat et la Commission exécutive soient officiellement confortés dans leur rôle. Une institutionnalisation était donc nécessaire pour le CIO qui ambitionnait une place au sein d'une société de plus en plus perméable aux activités de loisir et de divertissement, et elle devait débuter avant que ses revendications ne soient satisfaites. Ce processus s'est poursuivi tout au long du XXe siècle, illustrant le passage d'une union d'aristocrates sportifs, proche du cercle privé, voulant créer une manifestation internationale périodique, à une véritable bureaucratie mondiale du sport.

De la sociabilité mondaine à la compétition: les débuts du hockey sur glace en Suisse

Thomas Busset

LES ÉQUIPES QUI forment l'élite actuelle du hockey sur glace helvétique ont été fondées pour la plupart après la Première Guerre mondiale. Or, ce sport est connu plus tôt déjà en Suisse. L'une de ses variantes, le *bandy*, est pratiquée au cours des deux dernières décennies du XIXᵉ siècle dans les Grisons. Au tournant du siècle, il a pris pied également sur les rives du Léman et dans les Préalpes vaudoises. Le titre de champion suisse de hockey sur glace a, quant à lui, été décerné une première fois en 1909. Dans le cours de cette contribution, je me propose d'examiner les débuts et la mise en place du hockey, jusque dans les années 20. Le travail repose pour l'essentiel sur le dépouillement de l'hebdomadaire *La Suisse Sportive*, et sur des chroniques de clubs publiées à l'occasion de divers jubilés[1].

L'introduction du bandy

Le bandy est d'origine britannique. Longtemps, le terme a été utilisé pour désigner des jeux variés. À la fin du XIXᵉ siècle, il n'existe pas de système de règles uniformément admis. Aussi, les joueurs se disputent-ils tantôt un palet, tantôt une balle, qui peuvent être en bois, en cuir ou en caoutchouc[2]. Il se pratique sur des surfaces naturelles, généralement ouvertes[3]. Au début du XXᵉ siècle, l'usage de la crosse arrondie et de la petite balle en

---

1. Fondé en 1897 à Genève, le journal passe à un rythme de parution bimensuel à partir d'avril 1908.
2. Cf. A. Trevithick, «Bandy», in D. Levinson et K. Christensen (éd.), *Encyclopedia of World Sport. From Ancient Times to the Present*, vol. I, Santa Barbara: ABC-Clio, 1996, pp. 72-74.
3. Le bandy se distingue du hockey par une plus grande surface de jeu et par des buts plus grands.

caoutchouc durci s'imposera progressivement. L'implantation du bandy en Suisse se fait par deux vecteurs : le tourisme et l'enseignement dans les internats privés. Selon les chroniqueurs, le bandy aurait été pratiqué dès les années 1880 dans les stations des Grisons[4]. À Saint-Moritz, il a été introduit par les touristes anglais et semble avoir eu la faveur des Néerlandais et des Allemands ; à Davos, il a également été joué par les élèves d'un lycée privé allemand[5]. Pour la clientèle aisée des palaces qui s'y adonne, la sociabilité revêt davantage d'importance que le résultat ou la performance sportive. Le jeu n'est pas réservé aux seuls hommes : certaines rencontres sont mixtes, d'autres encore sont disputées uniquement par des équipes féminines. Le bandy apparaît comme un parmi les nombreux divertissements ou jeux pratiqués durant la saison hivernale. Cependant, du fait qu'il nécessite une bonne maîtrise du patin à glace, il demeure l'apanage d'un nombre restreint d'hivernants. Leur préférence va à la luge, au bobsleigh ou au patinage ; en tant que sport de loisirs, le ski ne s'imposera que plus tard[6].

En Suisse romande, les protagonistes du bandy sont également issus des milieux de l'hôtellerie et de l'enseignement privé. Plusieurs internats lémaniques proposent en effet un enseignement axé sur le modèle des *public schools* anglaises, qui accordent une place de choix au sport[7]. Les directeurs de ces établissements s'efforcent de proposer une offre attrayante susceptible de séduire une clientèle internationale. Le développement des sports d'hiver leur permet d'élargir l'éventail des activités. Le bandy fait office de complément hivernal au football. Deux internats, la Villa d'Ouchy (Lausanne) et l'Institut Sillig de Vevey-Bellerive, auxquels se joint peu après Le Rosey, de Rolle, font office de pionniers. À partir de

---

4. Cf. R. Gafner, «Le hockey sur glace en Suisse. Des origines (1880) à 1930», in *1908-1948 : le hockey sur glace en Suisse*, s.l. (1948), (Publié par la Ligue suisse de hockey sur glace à l'occasion du quarantième anniversaire de sa fondation), pp. 13-47, en particulier pp. 13-15.

5. K. A. Scherer, *1908-1978, 70 Jahre LIHG/IIHF. Siebzig Jahre Internationaler Eishockey-Verband*, Munich, 1978, p. 29. Fondé en 1878, le *Fridericianum* est un lycée allemand avec internat en même temps qu'un sanatorium. L'école s'ouvre progressivement aux élèves externes, des enfants des résidents allemands de Davos et environs. La part des élèves suisses semble être restée insignifiante, jusque dans les années 1920 du moins. Cf. P. Bolier, «Zur Geschichte des SAMD», in *Schweizerische Alpine Mittelschule Davos, 50 Jahre, 1946-1996*, [Davos 1996], pp. 52-92, en particulier pp. 52-56.

6. Pour une histoire des sports d'hiver, cf. Y. Ballu, *L'hiver de glisse et de glace*, Paris : Gallimard, 1991 (La Découverte).

7. R. Holt, *Sport and the British. A Modern History*, Oxford : Clarendon Press, 1989, en particulier pp. 74-86.

la Première Guerre mondiale, un certain nombre d'établissements prennent l'habitude de s'installer périodiquement dans une station de montagne. En 1916, Le Rosey passe pour la première fois les quatre mois d'hiver à Gstaad; l'expérience est concluante, puisqu'au cours des deux décennies suivantes, l'institut y achète ou fait construire trois chalets[8]. Au cours des années 20, l'Institut Sillig logera lui aussi temporairement à Chesières près de Villars[9]. Les internats contribuent ainsi à la popularisation du bandy puis du hockey dans les Préalpes de Suisse occidentale. En règle générale, la participation, puis son appropriation par la jeunesse montagnarde, sera toutefois lente à se dessiner.

Aux alentours de 1900, le tourisme hivernal est en plein essor en Suisse[10]. S'inspirant de Saint-Moritz et de Davos, les promoteurs des nouvelles stations et les hôteliers les plus dynamiques s'efforcent de mettre à disposition de leur clientèle une riche infrastructure et des distractions variées. Diverses activités ludiques ou sportives servent à mettre en valeur les équipements sportifs. À Leysin, une association «polysportive» – le Sporting-Club – anime la vie locale en organisant courses, tournois et autres manifestations à caractère plus récréatif et sociable (gymkhanas, fêtes nocturnes, etc.)[11]. Le bandy fait partie intégrante des activités proposées.

Du bandy au hockey sur glace

Au début du XXe siècle, il n'existe pas, en Suisse, de clubs de bandy à proprement parler. Dans les stations comme Saint-Moritz ou Davos, les équipes sont constituées de façon ad hoc, en fonction des envies et des prédilections des hôtes. En raison des séjours prolongés et répétés, souvent liés à des convalescences, une cer-

---

8. Le Rosey 1880-1980. Un siècle de souvenirs, s.l., 1980, p. 45.

9. Ce sont ces migrations hivernales qui expliquent que certaines équipes ont pu jouer sous des appellations différentes. Dans les années 20, une équipe évolue sous le nom de Villars-Bellerive. L'institut dirigé par Max Sillig passait en effet l'hiver dans un hôtel de Chesières. Cf. *90 ans de hockey sur glace à Villars*, s.l. [1998], p. 3.

10. Pour une histoire du tourisme en Suisse, cf. L. Tissot, *Bon voyage! La naissance d'une industrie touristique en Europe au XIXe siècle: Les Anglais et la Suisse*, Lausanne: Payot, 2001. Sur l'appropriation de la montagne par les joueurs de bandy et de hockey sur glace, cf. T. Busset, «... quelque joie au milieu de la nature maussade et froide de l'hiver». Les relations ville-montagne vues à travers les débuts du hockey sur glace en Suisse», *Histoire des Alpes*, 2000/5.

11. Cf. p. ex. *La Suisse Sportive*, N° 301, 15 mars 1905, p. 85.

taine continuité a pu s'établir localement. Un changement qualitatif s'opère avec l'introduction du jeu dans les internats. Du fait de leur programme d'enseignement, ces écoles privées sont en mesure de constituer des équipes stables au rythme des volées; de surcroît, la relève est assurée. La présence des élèves pendant un laps de temps plus ou moins long permet de procéder à des entraînements et d'obtenir une certaine cohésion, d'où la possibilité d'envisager des rencontres régulières. Au Rosey, les professeurs forment eux-mêmes le corps de l'équipe première, qui est renforcée par un ou deux des meilleurs élèves[12]. La constellation qui avait vu l'amorce d'un championnat de football se répète[13].

Les sources consultées sont peu loquaces sur cette phase «pré-institutionnelle». L'organisation de matches nécessite à tout le moins des contacts et la définition d'un cadre de jeu. L'initiative revient à un hôtelier des Avants sur Montreux, Louis Dufour, qui réunit, en septembre 1904, des représentants des instituts La Villa d'Ouchy et Vevey-Bellerive, et de Leysin[14]. Ils adoptent un système de règles reposant sur le bandy. On ignore dans quelle mesure il y a eu discussion autour de ce choix fait au détriment du hockey sur glace joué selon les règles canadiennes[15]. Le fait est qu'en Suisse le bandy était relativement bien implanté, d'où de meilleures perspectives de développement.

En l'état des connaissances, il n'est pas établi quand précisément et dans quelle mesure les règles ont été formalisées. En Angleterre, le bandy s'institutionnalise à la fin du XIXe siècle, une *National Bandy Association* y étant fondée en 1891, année où se dispute également le premier match international homologué entre une équipe anglaise et des joueurs de Haarlem[16]. En Suisse, les règles semblent avoir été publiées pour la première fois en 1907 dans un annuaire destiné à promouvoir les sports d'hiver[17]. Le nombre de

---

12. *Le Rosey...*, *op. cit.*, p. 54.
13. À propos du rôle des internats comme relais de la diffusion du football sur le continent, voir P. Lanfranchi, «Football et modernité. La Suisse et la pénétration du football sur le continent», in *Traverse* 1998/3, pp. 76-87.
14. Cf. *La Suisse Sportive*, N° 642, 19 février 1916, pp. 48-52. De même Gafner, *op. cit.*, pp. 18-19.
15. Les règles canadiennes ont été introduites en Europe en 1894 par un professionnel canadien. Une première équipe fut constituée à Paris. L'exemple fut suivi à Londres, Bruxelles, etc. Cf. Scherer, *op. cit.*, pp. 30-31.
16. Trevithick, *op. cit.*, p. 72.
17. *Les sports d'hiver en Suisse. Annuaire de la Suisse Hivernale 1907-1908* (2e éd. revue), Neuchâtel (s.d.). Les règles du bandy qui y sont publiées ont été reprises d'une publication anglaise.

joueurs indiqué y est de onze par camp, alors que les comptes rendus de matches publiés dans *La Suisse Sportive* relatent des rencontres mettant aux prises des équipes de sept à neuf joueurs ou joueuses, huit en général. À cet égard, le jeu paraît se rapprocher davantage du hockey d'origine canadienne. Ces variations confirment que la pratique n'est pas fixée de façon stricte au début du XXᵉ siècle encore. Du reste, le terme de hockey sur glace est alors utilisé indifféremment pour les deux jeux.

La préférence accordée au bandy se révèle problématique à l'occasion de rencontres disputées contre des équipes étrangères. Relativement à la Suisse romande, de tels matches sont organisés au plus tard à partir de 1904: le 19 décembre, une équipe composite – *La Suisse Sportive* parle en l'occurrence d'une «Association des clubs romands de Hockey»[18] – se rend à Lyon, qui dispose d'un palais de glace, pour y disputer une partie contre le Hockey-Club de cette ville. Par la suite, de tels déplacements seront organisés annuellement[19]. Outre Lyon, le Hockey-Club de Paris et le Prince's Ice Hockey Club de Londres viennent disputer des rencontres en Suisse. Contre Lyon, les Romands l'emportent en Suisse, mais perdent à l'extérieur. La raison principale en est sans doute que les uns jouent habituellement au bandy, alors que les autres ont adopté les règles du hockey sur glace. Ces dernières sont conçues en effet pour des patinoires aux dimensions restreintes, telles que celles des palais de glace. À Lyon, les rencontres se disputent à sept joueurs, à Leysin à huit[20]. Dans une perspective d'équité sportive, l'homogénéisation des pratiques contribuera à l'abandon des règles du bandy en faveur d'autres s'inspirant cette fois-ci du hockey canadien.

En 1906 est créée la Ligue de hockey sur glace de la Suisse romande[21]. Lors de l'assemblée générale du 27 septembre 1908, les trois délégués présents décident – «à l'unanimité» selon le livre jubilaire[22] – de modifier le nom de la fédération, qui devient la Ligue suisse de hockey sur glace (LSHG). Dans les chroniques, il est courant de mentionner les noms des sept clubs fondateurs: Les Avants, Leysin, Vevey-Bellerive, Caux, Villars, Genève,

18. *La Suisse Sportive*, N° 296, 1ᵉʳ janvier 1905, p. 7.
19. *La Suisse Sportive* relate des rencontres en février 1907 et en janvier 1908.
20. *La Suisse Sportive*, N° 389, p. 133.
21. Cf. Gafner, *op. cit.*, p. 14.
22. *Offizielles Jahrbuch 1957-1958: 50 Jahre SEHV, 1908-1958*, Bâle 1958, p. 2.

La Villa d'Ouchy[23]. Cette liste ne saurait cacher le fait que cette institutionnalisation est moins l'expression d'un désir des clubs que celle du volontarisme de quelques protagonistes : Max Sillig, directeur de l'Institut de Vevey-Bellerive[24] ; Louis Dufour, hôtelier aux Avants ; Edouard Mellor, hôtelier mêlé à la constitution de plusieurs équipes, dont Leysin, Les Diablerets, Montriond-Lausanne. Le directeur de l'établissement La Villa d'Ouchy, Max Auckenthaler, et son frère Oscar participent activement à l'implantation du hockey mais sans prendre place au sein du comité.

Étant donné que toutes les équipes sont romandes, on peut se demander ce qui a pu conduire au changement de nom en 1908. Le désir de contrôler le développement du hockey et de le consolider au détriment du bandy, que l'on continue à jouer aux Grisons, a joué un rôle. La raison imminente est cependant d'ordre institutionnel : du 15 au 17 mai de la même année venait de se dérouler à Paris, au siège de l'Union des sociétés françaises de sports athlétiques (USFSA), l'assemblée constitutive de la Ligue internationale de hockey sur glace (LIHG), à laquelle ont participé Dufour et Mellor (qui fait partie du premier comité). La LIHG, «pour développer le hockey sur glace, lui donnera des règles uniformes et une direction centrale, en favorisant la création d'associations nationales, en faisant disputer régulièrement les Championnats d'Europe et du monde»[25]. Les membres fondateurs, venus de France, d'Angleterre, de Belgique et de Suisse, y ont décidé en outre l'adoption du palet, de la crosse et des buts canadiens, d'un cercle de protection devant le goal, ainsi que de la règle anglaise de l'*off-side*. Les règles de la LIHG sont publiées dans l'édition du 16 janvier 1909 de *La Suisse Sportive*.

Le 23 novembre 1908, la Ligue suisse demande officiellement son affiliation à la LIHG[26]. À partir de cette date, la réglementation du hockey en Suisse sera liée à celle de l'instance internationale. La fédération suisse n'en gardera pas moins une part d'autonomie, dans la mesure où elle aura à résoudre des questions spécifiques. Les adaptations et autres modifications seront fréquentes ; elles viseront notamment à réduire la violence, à éviter

---

23. Le Club des patineurs Lausanne est parfois mentionné dans la liste. Selon la LSH, il ne faisait pas encore partie officiellement de la fédération.
24. Sillig présidera la Ligue internationale de hockey sur glace de 1920 à 1922.
25. Cf. *La Suisse Sportive*, N° 459, 26 février 1908, p. 434.
26. Cf. Gafner, *op. cit.*, p. 24.

que certains joueurs ne disputent des rencontres sous diverses couleurs, à statuer sur la présence des joueurs étrangers. À cela s'ajoute que les activités de la LIHG seront interrompues pendant la Première Guerre mondiale.

En Suisse, le développement du hockey est lent, mais continu : 15 clubs affiliés à la Ligue en 1910 ; 17 en 1912 ; 20 en 1913 ; 22 en 1914 ; etc. Jusqu'à la construction des premières patinoires artificielles – en Suisse, la première ne sera construite qu'en 1930, à Zurich[27] – la période propice à la pratique des sports de glace demeure restreinte, notamment dans le Moyen-Pays. Étant donné la brièveté de la saison hivernale, des efforts sont entrepris afin d'attirer des clubs pratiquant un sport d'été. Le bandy et le hockey sont prisés comme compléments au football[28]. Les Grasshoppers (Zurich) et Servette (Genève) notamment constitueront des sections de hockey. Dans le cas du Berne HC, fondé en 1911, le hockey semble surtout avoir attiré des tennismen de la ville fédérale.

Longtemps, la part des joueurs étrangers demeure importante. Sans leur présence, un championnat n'aurait guère été envisageable. Toutefois, le hockey trouve petit à petit de nouveaux émules auprès des jeunes Suisses. À tel point qu'en 1912, une voix se fait entendre, qui estime qu'«il n'est pas admissible que des coupes nationales soient disputées par des équipes cosmopolites»[29]. Les avis sont partagés. Finalement, la Ligue optera pour une solution originale : à partir de 1915, elle mettra sur pied deux championnats parallèles, l'un réservé aux équipes formées exclusivement de joueurs suisses, l'autre ouvert à tous. Cette formule sera maintenue jusqu'en 1933.

L'étude des modifications successives du règlement sort du cadre de ce travail. Dans les lignes qui suivent, j'aimerais par contre revenir sur les facteurs qui ont contribué à l'introduction du bandy en Suisse, puis à l'adoption des règles du hockey sur glace.

27. D'autres constructions suivront dans les centres urbains du Moyen-Pays : Neuchâtel (1932), Berne (1933), Bâle (1934) et Lausanne (1938).
28. Un court article de promotion paraît dans *La Suisse Sportive* N° 298, du 1er février 1902, p. 35 : «À quelques exceptions près ses règles [du bandy] se confondent avec celles du football. Le principe est le même. Un habile joueur de football, à supposer qu'il sache patiner, deviendra en peu de temps un bon joueur de hockey».
29. Cf. *La Suisse Sportive*, N° 547, 10 février 1912, p. 1991.

Les moteurs de l'institutionnalisation

À la lumière de ce survol, il est possible de dégager un ensemble de facteurs qui ont contribué à l'institutionnalisation du bandy et du hockey sur glace en Suisse. En premier lieu apparaît la dimension économique. Les directeurs des établissements privés doivent en effet attirer leur clientèle par une offre attrayante. L'orientation sur le modèle anglais n'est pas seulement l'expression de l'adhésion à un système éducatif, mais résulte aussi d'une logique de marché; elle exprime une réponse à une demande. Le cas de l'institut de Vevey-Bellerive, fondé en 1836 par Edouard Sillig, «un des pères de la gymnastique dans le canton de Vaud et en Suisse»[30], montre qu'il y a bien eu dans l'enseignement privé une ouverture vers les sports, alors que l'école publique helvétique demeure fidèle à l'éducation physique axée sur la gymnastique[31].

De leur côté, quelques directeurs d'hôtels ou autres responsables de la propagande touristique encouragent la pratique des sports dans la mesure où ceux-ci permettent, comme nous l'avons vu, de mettre en évidence l'infrastructure des stations. Au début du siècle, on assiste à une véritable course aux équipements[32]. Pour diffuser leur message, les promoteurs touristiques trouvent des alliés auprès des éditeurs de la presse sportive: la présentation des sites touristiques et la relation d'événements sportifs permet aux premiers de faire connaître le nom et le renom de la station, aux seconds de diversifier l'information. Entre 1891 et 1908, ce ne sont pas moins de huit journaux spécialisés qui sont mis sur le marché en Suisse; dès 1904, le quotidien genevois *La Suisse* publie une rubrique sportive journalière[33]. Une étude plus fouillée confirmerait sans doute que le développement des sports d'hiver a contribué – dans les pays alpins – à l'essor de cette presse dans la mesure où il a

---

30. Sur cet institut, cf. la notice historique in *La Suisse Sportive* N° 501, 7 mai 1910, pp. 614-615.

31. Sur cette résistance à la modernité, cf. M. Marcacci, «La ginnastica contro gli sport. Polemiche contro le ‹esagerazioni sportive› negli ambienti ginnici ticinesi all'inizio del Novocento», in *Traverse* 1998/3, pp. 63-75. De même J.-C. Bussard, «L'École au début du siècle: lieu et enjeu du conflit gymnastique/sport», in C. Jaccoud, L. Tissot et Y. Pedrazzini (éds), *Sports en Suisse. Traditions, transitions et transformations*, Lausanne: Antipodes, 2000, pp. 29-44.

32. P. Arnaud, «Olympisme et sports d'hiver: les retombées des Jeux olympiques d'hiver de Chamonix 1924», *Revue de géographie alpine* LXXIX [1991], p. 21.

33. Bussard, *op. cit.*, p. 31.

permis d'équilibrer l'offre de reportages au long de l'année en aidant à combler le «trou hivernal».

Un dernier secteur économique qui participe, ne serait-ce que modestement, au mouvement est le commerce des articles de sport. La maison des frères Och, à Genève, offre ainsi à la jeune fédération des hockeyeurs une coupe à remettre aux vainqueurs du championnat.

Aux facteurs économiques du développement du hockey sur glace, s'en ajoutent d'autres liés aux principaux protagonistes eux-mêmes. Si les animateurs de la phase pionnière ont un intérêt professionnel ou matériel à promouvoir ce sport, il est vrai qu'ils en sont par ailleurs de férus adeptes. Sillig, par exemple, jouera jusqu'à un âge avancé. Le prosélytisme constitue donc également un paramètre de premier ordre. Au plan éducatif, le hockey permet, à l'instar des autres sports, la transmission de valeurs qui sont celles de la bourgeoisie libérale prenant modèle sur l'Angleterre. Le souci d'inculquer aux jeunes les vertus du *sportsman* – un *gentleman* sportif – apparaît du reste tout au long des pages d'un journal tel que *La Suisse Sportive*. Toutefois, Sillig, Dufour et Mellor poursuivent aussi des buts plus personnels. En institutionnalisant le hockey, ils s'en assurent le contrôle tout en constituant du capital symbolique. À cet égard, le mode d'institutionnalisation du jeu de hockey s'explique aussi par le fait que sa sportivisation intervient à un moment où l'autonomisation relative de l'espace des sports est déjà marquée[34]. Il en découle que les protagonistes du hockey sont en mesure de prévoir, à partir d'expériences antérieures (football, etc.), l'évolution que connaîtra leur sport. En fondant une fédération très précocement, ils ont su en quelque sorte anticiper le mouvement. La suite de l'histoire montre que leur démarche a porté ses fruits. Au plan national, les nouvelles équipes se rallieront à leur projet. Au plan international, leur position comme interlocuteurs des instances similaires des autres pays n'est pas remise en question. Au lendemain de la Première Guerre mondiale, ils pourront même, du fait de la neutralité helvétique durant le conflit, relancer les activités de la Ligue internationale.

---

34. Cf. T. Terret et al., «Du sport aux sports. Plaidoyer pour une histoire comparée des sports», in T. Terret (éd.), *Histoire des sports*, Paris: L'Harmattan, 1996, p. 242. Par sportivisation, l'auteur entend «le passage à une activité physique caractérisée par la compétition, l'amusement, l'enjeu (symbolique ou financier), la règle qui se traduit souvent par une organisation spécifique (associations, règlements, fédérations) et l'esprit sportif, qui recouvre des valeurs comme l'équité, le désir de vaincre et la loyauté [...]».

Conclusion

L'institutionnalisation du hockey sur glace en Suisse intervient alors que ce sport est à peine établi. La constitution des équipes reste longtemps tributaire de la présence des joueurs étrangers. La réglementation du hockey et la création d'une fédération régionale puis nationale résultent d'une combinaison de divers paramètres. Elles découlent en premier lieu de facteurs économiques : le positionnement des internats privés qui cherchent à élargir leur offre d'activités sportives afin d'attirer la clientèle internationale d'une part, la course aux équipements sportifs et leur promotion par les hôteliers et les stations de montagne d'autre part. L'essor du hockey ne saurait toutefois s'expliquer sans prendre en considération l'engouement de quelques adeptes inconditionnels, qui surent susciter un intérêt pour leur sport favori. L'institutionnalisation précoce ressortit également d'un effet d'imitation, du fait que les sports d'hiver naquirent dans le sillage de ceux pratiqués en été. Dans leur démarche, les protagonistes du hockey sur glace purent s'inspirer des sports établis. En créant une fédération nationale, ils surent anticiper et orienter une demande, et s'assurer ainsi le contrôle du développement d'une parcelle de l'espace des sports.

L'institutionnalisation du football féminin en Suisse: du conflit à l'intégration

Benno Kocher

L'ÉQUIPE NATIONALE DE football passe souvent pour un signe de l'indépendance[1] d'un État-nation. C'est par le football que l'existence d'une nation est affirmée, autant à l'intérieur qu'à l'extérieur des frontières. Dans le contexte suisse, il ne peut être question ici que de l'équipe nationale masculine qui joue pour l'honneur de la nation lors des grands championnats médiatisés. Si nous comprenons l'équipe nationale masculine comme une extension de la nation, donc comme une équipe-nation, il faut constater que les femmes n'y sont tout simplement pas représentées. Autrement dit, la nation des femmes − nation sans territoire bien défini mais nation quand même du point de vue d'une identité et de sentiments communs − n'est que marginalement présente dans ce sport, exception faite de la Coupe du Monde de football féminin[2].

En Suisse, nous constatons que, grâce aux journaux, à la télévision et à la radio, le sport est pour l'essentiel une affaire masculine − cela à tous les niveaux. Les femmes sont à l'évidence marginalisées et trivialisées dans les médias[3], tandis que la présence masculine est valorisée. Bien des sports sont des lieux importants d'expression et de préservation de la masculinité traditionnelle. Le football ne fait certainement pas exception, d'autant plus qu'il

---

1. Voir les deux articles suivants: I. Ramonet, «Passions nationales», *Le sport, c'est la guerre. Le Monde diplomatique, Manière de voir*, N° 30, mai 1996, Paris, pp. 30-33; P. Boniface, «Géopolitique du football», *Football et Passions Politiques, Le Monde diplomatique, Manière de voir*, N° 39, mai-juin 1998, Paris, pp. 10-12.

2. Laquelle a eu, jusqu'ici, trois phases finales: en Chine (1991), en Suède (1995), aux États-Unis (1999).

3. J. Hargreaves, *Sporting Females. Critical Issues in the history and sociology of women's sports*, London and New York: Routledge, 1997, pp. 162-163; R. Fröhlich, C. Holtz-Bacha, *Frauen und Medien. Eine Synopse der deutschen Forschung*, Opladen: Westdeutscher Verlag, 1995, pp. 181-253.

occupe, en Europe tout au moins, le sommet de la hiérarchie du prestige sportif[4].

Comme les relations entre hommes et femmes sont influencées par le caractère et la structure générale de la société dans laquelle ils vivent, l'émergence féminine dans le monde du football renvoie à ces relations mêmes. Autrement dit, le football en tant que jeu sérieux, d'honneur, constituant essentiel du monde masculin, a pour fonction de détacher l'homme du monde féminin, de lui attribuer une masculinité sans ambiguïté[5]. Il est clair que la signification du football change avec l'apparition des femmes, puisque celles-ci[6] occupent dès lors un terrain largement masculin; cela change les relations entre les sexes. De plus, aujourd'hui, les femmes ne jouent pas simplement pour s'amuser et pour «rigoler» – ce qui serait une sorte de parodie de la pratique masculine – mais pour affronter des adversaires, pour progresser et pour gagner.

À partir de ces premières observations, nous pouvons comprendre que, d'un point de vue historique, l'institutionnalisation du football féminin a posé pour beaucoup d'hommes et pour les institutions le problème d'une agression sur un terrain de préservation des valeurs masculines[7]. L'analyse ci-dessous montrera des instances où les hommes semblent se protéger contre la dévalorisation imminente du football par la présence féminine sur les terrains. Par conséquent, le football féminin n'a été accepté que très lentement. On illustrera ces faits d'abord par l'exemple de l'Angleterre, où le développement du football féminin a des similitudes avec son histoire en Suisse. Par la suite, nous adopterons deux points de vue[8] sur le développement suisse: nous porterons un regard sur les problèmes relationnels, à savoir comment les femmes se sont introduites dans l'univers du football et quelles ont été les réactions de l'Association suisse de football (ASF); puis un regard permettant d'appréhender dans quelles régions est pratiqué le football féminin.

---

4. E. Dunning, «Sport, Gender and Patriarchy in the Western Civilising Process», in L. Alison (éd.), *Taking Sport Seriously*, Aachen: Meyer und Meyer, 1998, pp. 105-133.

5. P. Bourdieu, *La domination masculine*, Paris: Seuil, 1998, p. 32.

6. Les femmes pratiquant le football transgressent alors des normes acceptées. Cf. A. Tschap-Bock, *Frauensport und Gesellschaft*, Ahrensburg bei Hamburg: I. Czwalina, 1983, p. 135.

7. E. Dunning, *op. cit.*, pp. 107-109.

8. V. Duke, L. Crolley, *Football, Nationality and the State*, Harlow: Longman, 1996, p. 129.

Les débuts du football féminin en Angleterre

L'histoire sportive de l'Angleterre, vers 1900, offre un aperçu des débuts du football féminin. De plus, c'est là que le football moderne a été inventé et institutionnalisé officiellement par la fondation de la Football Association (FA) en 1863. Ce sport a connu un tel succès que les joueurs sont devenus professionnels dans les années 1880 déjà[9]. Au tournant du siècle, le football constituait le spectacle le plus important en termes de popularité. Les finales du FA-Cup se jouaient devant plus de 100 000 spectateurs[10].

Au tournant du siècle, les jeux étaient naturellement réservés aux hommes, surtout quand il s'agissait de sports qui se pratiquaient devant des spectateurs. Une grande habileté aux jeux renvoyait à une masculinité essentielle[11]. La maîtrise du cricket, du tennis, du football et du *field hockey* en était un signe, et ces sports, qui demandaient un grand effort physique, étaient les jeux traditionnels des *public schools*. Par contre, tout sport féminin devait être prude et modeste. Tout effort physique un peu important et toute allusion à la sexualité était à éviter[12]. Exceptionnellement, les femmes apprenaient les jeux des hommes dans des écoles privées autonomes[13] où l'enseignante était libre d'introduire des jeux traditionnellement réservés aux hommes. On peut constater qu'il y a une émergence des femmes, issues des classes aisées, dans le domaine masculin du sport dans les années 1890, avec par exemple la fondation de la All England Women's Hockey Association (1895), des matches de cricket féminin et, ce qui est étonnant vu le contexte social de l'époque, le premier match de football entre femmes, le 23 mars 1895. Sous l'égide de sa présidente, Lady Florence Dixie, le British Ladies F.C.[14] devait organiser une rencontre entre une équipe du nord et une équipe du sud de l'Angle-

9. La *Football League* a été fondée en 1888. Cf. J. Williams, J. Woodhouse, «Can play, will play? Women and football in Britain», in J. Williams, S. Wagg (éds), *British Football and Social Change: Getting into Europe*, Leicester: Leicester University Press, 1991, p. 88.
10. S. Lopez, *Women on the Ball. A Guide to Women's Football*, London: Scarlet Press, 1997, p. 1.
11. J. Hargreaves, *op. cit.*, p. 43.
12. J. Williams, J. Woodhouse, *op. cit.*, p. 88.
13. Par exemple dans les écoles de St Leonards (à St Andrews) et Rodean (à Brighton). Voir: J. Williams, J. Woodhouse, *op. cit.*, p. 88.
14. G. Newsham, *In a League of their Own!*, Chorley, 1994, 14. cité in V. Duke, L. Crolley, *op. cit.*, p. 132.

terre. L'équipe du nord gagna confortablement et, peu de temps après, un nouveau match fut arrangé, cette fois-ci à Newcastle, devant un public évalué à 8000 spectateurs[15].

Voir des femmes jouer au football ne réjouissait pas tout le monde. L'intérêt croissant de la part des femmes, autour de 1900, allait être réduit par le comité de la Football Association (FA) qui interdit en 1902 à ses membres de jouer des matches contre des femmes. La ségrégation des sexes allait donc très vite s'établir et la possibilité de voir jouer des femmes contre des hommes, ou de voir évoluer des équipes mixtes, fut écartée dès le début du siècle. Ainsi, à cause de cette ségrégation officielle, deux variantes du football coexistent: la variante masculine, qui est du côté du prestige, du «vrai», de l'honneur, du patriotisme, de l'argent, et la variante féminine, qui est du côté de l'amusement, des loisirs, de l'imitation. Il faut ajouter que l'opinion médicale de l'époque devait également contribuer à rendre l'accès aux terrains de football plus difficile pour les femmes[16].

Avec la Première Guerre mondiale les choses allaient prendre un nouveau tournant. L'absence massive des hommes allait permettre aux femmes non seulement de s'établir dans les lieux de travail traditionnellement masculins, mais de pratiquer des activités hors du travail qui, jusqu'à cette époque, ne leur étaient pas accessibles. La meilleure illustration dans le domaine du football nous est livrée par l'histoire, bien documentée, de l'équipe féminine de W.B. Dick and John Kerr's engineering works, à Preston dans le nord de l'Angleterre, les Dick, Kerr Ladies. L'histoire veut que les ouvrières commencèrent à taper dans le ballon pendant les pauses, au point que, le 25 décembre 1917, le premier match – avec les bénéfices versés à des œuvres charitables – eut lieu dans le stade de l'équipe professionnelle de Preston North End. 10 000 spectateurs assistèrent à cette rencontre et 600 £ furent versées aux soldats blessés[17]. Cette équipe connut un succès formidable[18] et, en 1920, adopta un petit Union Jack sur son maillot[19], ce qui en fit en quelque sorte la première équipe nationale féminine. Cette même année, un match contre une équipe française, sélection des meilleures

15. D. J. Williamson, *Belles of the Ball*, Devon, 1991, p. 5.
16. J. Hargreaves, *op.cit.*, p. 83.
17. S. Lopez, *op. cit.*, p. 3.
18. G. Newsham, *op. cit.*
19. J. Williams, Jackie Woodhouse, *op. cit.*, p. 91.

joueuses de Paris, fut organisé. Cette rencontre devait attirer 22 000 spectateurs français[20]. Le match le plus fameux sur le sol anglais opposa Dick, Kerr Ladies à St Helens. Il se joua le 26 décembre 1920, dans le Goodison's Park d'Everton, à Liverpool, devant 53 000 spectateurs. La popularité de Dick, Kerr Ladies se lit également dans le nombre de matches joués : en 1921, 67 matches, chiffre énorme compte tenu du fait que les femmes travaillaient, en principe, à plein temps. Ces rencontres attirèrent environ 900 000 personnes[21]. Une conclusion s'impose : durant la Grande Guerre et dans les années suivantes, le football féminin connut un succès formidable et fut accepté et regardé par beaucoup de spectateurs. Autrement dit, la relation entre hommes et femmes a été redéfinie dans ces années, en ce qui concerne le football, mais aussi dans le cadre plus large de la société. Les femmes ont pu entrer dans des domaines auparavant réservés aux hommes, sans que ceux-ci n'érigent des barrières insurmontables. Néanmoins, il faut remarquer que le football féminin n'a pas pu s'établir dans un championnat régulier et officiel. Ainsi, l'élan du début des années 1920 n'a pas pu donner d'impulsion pour les décennies suivantes. Les matches se cantonnaient à des rencontres destinées à contribuer à des œuvres charitables. On pourrait aussi suggérer que la popularité du football féminin a profité de l'expansion du football masculin d'après guerre : en 1921, la Football League devait fonder une troisième division professionnelle[22]. Avec la fin de la guerre, le retour des soldats allait forcer les femmes à quitter en masse leurs emplois dans les usines et beaucoup d'entre elles allaient se retrouver dans la situation d'avant la guerre[23]. Les protectionnistes du football masculin purent à nouveau donner de la voix et, le 5 décembre 1921, la FA n'hésita pas à donner un coup très dur au football féminin :

> *« Complaints having been made as to football being played by women, the council feel impelled to express their strong opinion that the game of football is quite unsuitable for females and ought not to be encouraged. Complaints have also been made as to the conditions under which some of these matches have been arranged and played,*

20. S. Lopez, *op. cit.*, p. 5.
21. G. Newsham, *op. cit.*, p. 91.
22. J. Williams, J. Woodhouse, *op. cit.*, p. 92.
23. J. Hargreaves, *op. cit.*, p. 112.

and the appropriation of receipts to other than charitable objects. The council are further of the opinion that an excessive proportion of the receipts are absorbed in expenses and an inadequate percentage devoted to charitable objects. For these reasons the council request clubs belonging to the association to refuse the use of their grounds for such matches. » [24]

Avec cette résolution, qui se base essentiellement sur des plaintes touchant aux finances – réglées par des hommes – et non pas sur le football, interdisant aux femmes d'utiliser les surfaces de la majorité des clubs, les voix pour un football exclusivement masculin l'emportèrent. L'attaque féminine du bastion masculin du football était en quelque sorte mort-née. D'autant que la English Ladies Football Association – fondée en 1922 – allait disparaître peu après sa naissance [25]. Autrement dit, l'égalisation des sexes en ce qui concerne le travail et les loisirs, qui se montrait à l'horizon durant et juste après la Grande Guerre, fut remise en question et il fallut recommencer quasiment à zéro.

Il va de soi que le football féminin entra dans une période très difficile. Quelques clubs continuèrent tout de même à fonctionner. Comme il était impossible d'organiser un championnat, ils jouaient des matches amicaux et organisaient des tournées à l'étranger, où il était plus facile de trouver des adversaires [26]. Finalement, la situation allait changer dans le sillon de la Coupe du Monde de 1966, en Angleterre. En 1969, après un tournoi féminin international en Angleterre, la Women's Football Association (WFA) fut fondée. Peu après, la FA permettait de nouveau aux femmes de jouer sur les terrains des ses membres. À partir de ce moment, le football féminin allait croître et renforcer sa position avec la création d'une Coupe (1971) et d'une équipe nationale (1972). Au début des années 90, le succès énorme du football féminin allait souligner le manque d'infrastructure de la WFA pour faire face à ce développe-

24. «Des plaintes ayant été formulées concernant le football féminin, le conseil s'est vu obligé de se prononcer: il est convaincu que le football est inapproprié pour les femmes et ne doit pas être encouragé. Des plaintes ont également été formulées concernant les conditions dans lesquelles certaines rencontres ont été fixées, puis disputées. De plus, on s'est plaint du fait que des recettes ont été détournées de leur objectif de bienfaisance. Par ailleurs, le conseil est d'avis qu'une partie excessive des bénéfices est absorbée par des frais d'organisation et qu'un pourcentage inadéquat est destiné à la bienfaisance. Pour ces raisons, le conseil requiert des clubs appartenant à l'association qu'ils refusent l'utilisation de leurs terrains pour de tels matches», G. Newsham, *op. cit.*, p. 63 (traduction de B. Kocher).
25. J. Williams, J. Woodhouse, *op. cit.*, p. 93.
26. S. Lopez, *op. cit.*, pp. 11-30.

ment. C'est pour cette raison qu'en 1993, la WFA devint une partie intégrale de la FA qui de son côté garantissait la reprise du déficit et du personnel[27]. En conclusion, la nation formée par les femmes d'Angleterre a dû attendre près de cinquante ans pour voir la FA accepter le football féminin et presque cent ans pour se retrouver dans la même association avec les adeptes masculins du football, ce qui devait permettre le même accès aux infrastructures pour les deux. Si l'égalité des sexes est en principe atteinte dans le cadre de l'institutionnalisation, elle ne l'est toujours pas au niveau de la perception. La place et le prestige accordés par la société aux équipes féminines sont toujours marginaux.

Les premiers pas du football féminin en Suisse

En Suisse, il est difficile de trouver des traces tangibles des débuts du football féminin. La seule information sur ce sport avant 1945 concerne une équipe féminine de Genève, formée au début des années 20 par une association nommée Les Sportives[28]. Après la Seconde Guerre mondiale, il semble que la situation en Suisse ait été semblable à celle d'Allemagne, où en dépit de l'interdiction du football féminin par le Deutscher Fussball Bund (DFB) en 1955, les équipes continuaient à évoluer lors de tournois locaux[29]. Trudy Streit, membre fondateur de SV Seebach (club zurichois, douze fois champion suisse), décrit cette période ainsi: *«Ich bin über die Leichtathletik zum Fussball gelangt. Damals war meine Schwester mit einem bekannten Fussballer befreundet. Wir fingen selber an zu tschutten. Zuerst machten wir bei einem Grümpelturnier mit, dann suchten wir per Inserat Frauen für eine feste Mannschaft»*[30]. En tout cas, il est clair que plusieurs équipes féminines ont vu le jour dans les années 60.

27. S. Lopez, *op. cit.*, pp. 55-72.
28. *Le Sport Suisse* (28 novembre 1923), cité par S. Schmugge, «Die Anfänge des Frauenleistungssports in der Schweiz aus geschlechtgeschichtlicher Perspektive», *Traverse* 1998/3, Zurich, pp. 89-101.
29. H. Ratzeburg, H. Biese, *Frauen Fussball Meisterschaften*, Kassel, Agon Sportverlag, 1995, pp. 11-12; B. Fechtig, *Frauen und Fussball*, Dortmund: Ebersbach Im Efef-Verlag, 1995, pp. 25-30.
30. «C'est par l'athlétisme que je suis arrivée au football. À cette époque, ma sœur était l'amie d'un footballeur connu. Nous avons commencé à taper dans le ballon nous-mêmes. D'abord, nous avons participé à un tournoi local, puis nous avons cherché, à l'aide d'annonces, des femmes pour une équipe fixe». V. Mühlberger, «Sie steht im Tor und er dahinter, Schweizermeisterinnen im Frauenfussball: die Damen I vom SV Seebach», *Wochenzeitung*, 10 février 1995 (traduction B. Kocher).

C'est durant cette décennie que l'Association romande de football féminin (ARFF) a d'ailleurs été fondée[31]. On regrettera que, jusqu'à présent, des informations détaillées telles que la date de la fondation, les membres, le règlement, etc. manquent pour l'essentiel. La saison 1969/70 voit le premier championnat féminin, appelé aujourd'hui championnat «inofficiel» ou «interne», organisé probablement sous l'égide ou avec l'aide de l'ARFF. Il est probable que les joueuses s'affrontaient dans des matches sans arbitres et que l'institution des licences n'existait pas non plus[32]. La question de savoir si les règles officielles du jeu étaient appliquées rigoureusement reste ouverte. Bref, ce premier championnat semble avoir été une affaire assez improvisée. Vu le résultat du championnat, la participation ne se limita pas à la Romandie, puisque le titre fut emporté par le DFC Sion devant Young Fellows Zurich[33].

Officiellement, le coup d'envoi a été donné le 24 avril 1970 au restaurant Bürgerhaus à Berne: deux délégués de l'Association suisse de football (ASF), représentants des femmes, et les dix délégués[34] des clubs existants y ont fondé, avec quelques autres, la Ligue féminine suisse de football (LFSF). La LFSF était attachée au *Zusammenschluss der untern Serien* (ZUS), section des ligues inférieures, et, par ce biais, était liée (et non pas intégrée) à l'ASF[35]. Il est clair que la LFSF a dû se rattacher à l'ASF, puisqu'elle ne disposait ni de terrains ni d'arbitres. En effet, lors de la fondation, l'ASF a imposé à tout club féminin qui cherche à devenir membre de la LFSF de se constituer comme section d'un club masculin affilié à l'ASF. Il y avait donc une certaine volonté de contrôler le football féminin en le mettant sous l'égide du football masculin. De plus, ne serait-ce que par la position du football féminin dans l'organigramme[36] de l'époque, il faut constater qu'il était marginalisé et perçu comme une chose à part.

31. M. Beck, *Fussball für die Mädchen*, Diplomarbeit Universität Basel, 1981, p. 4.
32. Communication personnelle de Hp. Schelbli de l'ASF.
33. R. Rindlisbacher, B. Rindlisbacher, *20-Jahre Damenfussball in der Schweiz*, Zumikon, 1991, p. 5.
34. C. Rubli, *Frauen- und Juniorinnenfussball in der Schweiz*, SFV, Technische Abteilung, Ressort Ausbildung, Dokument FK, 1999, p. 1.
35. Il est difficile de déterminer si une intégration plus grande à l'ASF eût été possible, puisqu'elle a été refusée par les femmes elles-mêmes, dans le but peut-être de rester autonomes. Les témoignages recueillis par Monika Fehlmann et Rolf Freyenmuth vont dans cette direction, mais sont incomplets, en ce sens que toute mention du ZUS est omise. Cf. M. Fehlmann, R. Freyenmuth, *Damenfussball in der Schweiz: Wohin?*, Diplomarbeit ETH Zurich, 1992, p. 23.
36. Les sections de l'ASF, extrait de l'organigramme. D'après M. Beck, *op. cit.*

L'ASF et sa section du ZUS ne s'occupaient pas de l'organisation ou de l'administration de la LFSF. La LFSF avait l'obligation de former un comité (dont les membres ont longtemps été majoritairement des hommes) qui, de son côté, avait pour tâche de régler toutes les affaires de façon autonome. Avec cette organisation, l'ASF, par l'intermédiaire du ZUS, avait son mot à dire dans la LFSF, mais n'entreprenait rien de spécifique pour propager ce sport chez les femmes. L'ASF acceptait l'existence du football féminin sans faire un pas de plus. Bref, en Suisse, le football féminin allait faire des débuts officiels entre deux chaises: autonome, chargé de l'organisation d'un championnat et d'une équipe nationale, mais contrôlé par l'ASF par l'intermédiaire du ZUS. Vu la position de la LFSF, l'organisation féminine était réduite à la position d'un canton (ou d'une région) qui devait organiser les clubs de la Suisse tout entière. En conclusion, l'ASF a voulu contrôler le développement tout en ne prenant aucun risque de se brûler les doigts par d'importants investissements personnels et financiers au profit du football féminin.

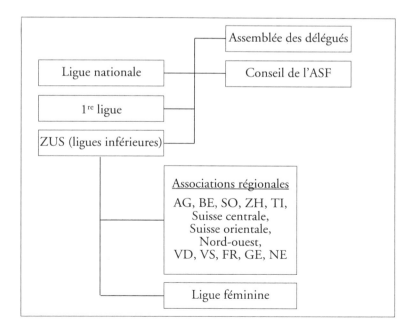

Croissance et développement

Une fois les premières pierres posées, le football féminin allait connaître un succès considérable. Le nombre d'équipes a d'ailleurs continué à croître jusqu'à aujourd'hui. Témoin la statistique du nombre des équipes féminines, juniors inclus, sans équipes enfants. Les chiffres de la saison 1994 manquent malheureusement[37] :

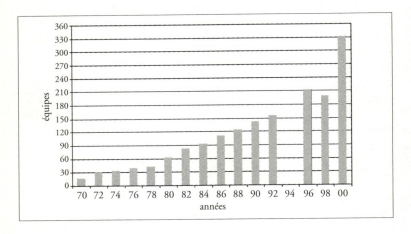

Le football féminin peut donc être décrit comme croissant de manière forte et continue. Dans les années 90, la croissance est au-dessus de 10 %. On constate le même développement dans le cadre de la Philips Cup, championnat suisse des écoliers, où le nombre de participantes a été multiplié par huit de 1991 à 1995. En chiffres absolus, on est passé de 1310 à 10 014 joueuses dans ces années[38]. Il faut souligner que ce championnat a joué et joue encore un rôle important dans la propagation du football féminin. Par contre, le football masculin des joueurs licenciés se trouve dans une phase de stagnation, et tout récemment même de régression[39].

37. Les chiffres m'ont été indiqués par Hp. Schelbli de l'ASF. Les chiffres de la saison 1994/95 manquent dans le rapport annuel de l'ASF pour cette année.

38. T. Hänggi, *Fussball in der Schule. Eine Analyse der Situation in der Nordwestschweiz*, Travail de diplôme, Université de Bâle, 1996, pp. 28-30.

39. Le nombre d'équipes est passé de 11 749 (saison 1997/98) à 11 474 (saison 1998/99).

La forte croissance du football féminin dans les années 80 n'est pas passée inaperçue. En effet, diverses obligations, comme, par exemple, les frais causés par les matches de qualification de l'équipe nationale pour la Coupe du Monde, ont poussé la LFSF à ses limites personnelles et financières. La lettre suivante témoigne des problèmes qui secouaient cette association au début des années 90 :

« *Liebe Leser (innen), Liebe Fussballfreunde,*

Die jüngste Entwicklung des Schweizer Damenfussballs ist eher alarmierend und zeigt, dass es so nicht weitergehen kann. Verschiedentlich haben dies auch schon Betroffene geäussert. Ihr Stolz muss nun aber einmal zulassen, dass man ihnen für eine gesicherte Zukunft Hand bieten muss.

Ist das nicht alarmierend: An den Regionaltagungen erscheint teilweise nur die Hälfte der Funktionäre. Der Klübligeist ist stärker als der Gedanke, der den Damenfussball als Gesamtes weiterbringen will. Die Spielerinnen haben grossenteils keine Lust, auf Funktionärsebene tätig zu sein, überhaupt hat es zuwenig Frauen in den verschiedenen Gremien. Unser Aushängeschild, die National-mannschaft, ist keines mehr, weil nicht die besten Spielerinnen auf Schweizer Fussballplätzen dabei sind und weil ihr letzter Sieg vom August 1990 gegen Oesterreich datiert. (Oesterreich wurde übrigens in allen bisherigen Länderspielen, 1970 mit 9:0 und 1978 6:2, besiegt.) Aber auch an der Verbandsspitze läuft es nicht wie gewollt: seit eineinhalb Jahren ist beispielsweise der Posten des Ressortchefs Presse und Sponsoring nicht besetzt, der Präsident will kapitulieren, der U-21-Coach tritt vorzeitig zurück, der Cup-Halbfinal zwischen Schwerzenbach und Rapid Lugano läuft Gefahr, durch ein Forfait zuungunsten der Tessinerinnen entschieden zu werden…

Diese – gewiss schwarzmalerische, aber eben tatsachengetreue – Auflistung liesse sich beliebig verlängern. Sie darf aber nicht die schönen Seiten des Damenfussballs überschatten. Immerhin frönen 2500 Schweizerinnen diesem Hobby mit Begeisterung, zwei von ihnen haben sogar den Sprung ins deutsche Ausland geschafft und haben manchen Mann ins Staunen versetzt.

Die Schweiz ist neben Grossbritannien das einzige europäische Land, in dem Frauen nicht im Männerverband integriert sind. Was in anderen Ländern gut zu klappen scheint, kann doch auch dem Schweizerland nicht schaden! Wenn die SDFL, in welcher Form auch immer, in den SFV integriert werden könnte, wäre das jeden-falls ein untrügliches Anzeichen dafür, dass Damenfussball in unserem Land endlich anerkannt und akzeptiert wird. Zwar müsste wahrscheinlich die Eigenständigkeit der SDFL geopfert werden, aber dafür würde die Damenliga aus ihrem ‹Séparée›-Dasein treten und

*könnte die bestehende, bessere Infrastruktur des SFV übernehmen,
sich endlich auf das Wesentliche konzentrieren: den Fortbestand
dieser Sportart zu sichern.*

*Der Ball liegt nun beim SFV, und der spielt ihn hoffentlich nicht
ins Offside. Zweieinhalbtausend junge Frauen würden bald ihre
liebste Freizeitbeschäftigung aufgeben oder verlieren. Unser Damenfussball gerät sonst nämlich zusehends und unweigerlich in eine
Sackgasse.* » [40]

Ilona Scherer

Cette lettre montre également que le prestige et l'argent des
sponsors [41] se trouvent bien plus du côté du football masculin.
Ceci vaut non seulement pour les joueurs mais aussi pour les fonctionnaires. Si, à l'ASF, beaucoup de fonctionnaires occupent un
poste rémunéré, cela n'était certainement pas le cas du côté de la
LFSF, où il s'agissait d'un travail bénévole. Vu la croissance et
l'importance grandissante des compétitions internationales fémi-

40. «Chers lecteurs, chères lectrices, chers amis du football,
  Le développement le plus récent du football féminin suisse est plutôt alarmant et montre
qu'on ne peut pas continuer ainsi. Plusieurs adeptes l'ont déjà souligné et, afin d'assurer l'avenir,
il serait bon qu'elles reconnaissent qu'une aide est nécessaire.
  N'est-il pas alarmant que lors des réunions régionales, seule la moitié des responsables est présente. L'esprit de club est plus fort que la volonté de faire avancer le football féminin dans sa
totalité. La plupart des joueuses n'ont pas envie de s'engager dans les sphères dirigeantes. D'une
façon générale, il y a trop peu de femmes au sein des structures associatives. Notre carte de visite,
l'équipe nationale, ne vaut pas grand'chose, car les meilleures joueuses suisses n'en font pas partie et sa dernière victoire date d'août 1990, contre l'Autriche (remarquons que l'Autriche a été
battue lors de toutes les rencontres, en 1970, par 9 à 0, et en 1978, par 6 à 2). À la tête de l'association, les choses ne vont guère mieux: depuis dix-huit mois le poste de chef du département
«presse et sponsoring» est vacant, le président veut se retirer, le coach de l'équipe nationale des
moins de 21 ans démissionne avant l'heure, la demi-finale de la coupe entre Schwerzenbach et
Rapid Lugano risque de se conclure au détriment des Tessinoises par un forfait. Cette énuméra-
tion – certes pessimiste, mais fidèle à la réalité – pourrait se prolonger à l'infini. Mais elle ne
doit pas cacher les aspects positifs du football féminin: 2500 Suissesses pratiquent ce hobby avec
enthousiasme, deux d'entre elles ont réussi à se faire engager en Allemagne; elles ont étonné
beaucoup d'hommes.
  À part la Grande-Bretagne, la Suisse est le seul pays européen où les femmes ne sont pas
encore intégrées au sein de l'association masculine. Ce qui semble bien fonctionner dans d'autres
pays ne peut être mauvais pour la Suisse! Si la LFSF pouvait être intégrée, d'une manière ou
d'une autre, à l'ASF, ce serait un signe infaillible que le football féminin est finalement reconnu
et accepté. On devrait probablement renoncer à l'autonomie de la LFSF, mais en échange, la
ligue féminine sortirait de son existence à part et pourrait profiter de la meilleure infrastructure
mise en place par l'ASF. De plus, elle pourrait se concentrer sur l'essentiel: assurer le développement de ce sport.
  La balle est maintenant dans le camp de l'ASF qui, espérons-le, ne la mettra pas hors-jeu.
2500 jeunes femmes perdraient alors leur loisir favori et notre football féminin s'enfoncerait de
plus en plus dans un cul-de-sac. Ilona Scherer»
  Cette lettre a été reproduite dans la publication officielle du football suisse, *Winner*, N° 17,
1992, 2. Cité par M. Fehlmann, R. Freyenmuth, *op. cit.*, p. 23 (traduction B. Kocher/Th. Busset).
  41. M. Fehlmann, R. Freyenmuth, *op. cit.*, p. 22.

nines, il faut ajouter que la FIFA et l'UEFA ont également augmenté la pression pour qu'une seule association soit responsable du football féminin et du football masculin[42]. Poussée par ces contraintes, la LFSF a souhaité intégrer l'ASF. Ce pas, signe d'une acceptation formelle du football féminin, fut fait en 1993, l'année même où, en Angleterre, la WFA devait s'unir à son pendant masculin. Les associations suisses suivaient donc le chemin que les pays les plus avancés du football féminin avaient pris presque 20 ans auparavant.

Une institutionnalisation distributive

À côté de l'histoire institutionnelle qui concerne ici principalement les relations entre l'ASF et la LFSF, une approche spatiale permet d'éclairer la géographie suisse du football féminin. Trois points peuvent être analysés: la localisation géographique des champions suisses, celle des membres de l'équipe nationale de la saison 1999-2000 et celle des clubs participant au championnat des ligues nationales.

L'origine géographique des champions suisses de football féminin est vite décrite, puisque les titres se répartissent sur quelques clubs seulement. Depuis la saison 1970-71, 29 titres ont été décernés. 26 de ces 29 couronnes sont allées en Suisse alémanique. Seul le DFC Sion (1976-77 et 1977-78) et le Rapid Lugano (1988/89) ont pu briser cette hégémonie. Depuis le dernier titre du DFC Sion, la domination alémanique est concentrée dans les mains du FC Bern (8 titres) et du SV Seebach (12 titres), club situé dans la banlieue zurichoise. À l'avenir, le FC Schwerzenbach pourrait rejoindre ces deux grands clubs puisqu'il a gagné le titre au terme de la saison 1998/99. Pour compléter la statistique, ajoutons le DFC Aarau avec trois titres (1970-71 à 1972-73) et le DFC Alpnach, champion de la saison 1974-75. À l'instar de la rivalité entre Bâle et Zurich dans les années 70 chez les hommes, le titre chez les femmes se joue depuis une vingtaine d'années entre les deux capitales du football féminin suisse: Berne et Zurich. Les autres régions sont depuis longtemps absentes de la liste des champions.

---

42. Communication personnelle de Hp. Schelbli de l'ASF.

Dans le championnat national, les équipes de Berne et Zurich dominent. Mais qu'en est-il de l'équipe nationale? Cette dernière, on le sait, est formée pour représenter une nation qui, dans la plupart des cas, est également un État. Dans ce but, les différentes parties (linguistiques, géographiques, ethniques) se retrouvent très souvent sur le terrain. Pour l'équipe nationale suisse masculine, il est par exemple important de garder un certain équilibre entre les différentes régions linguistiques, surtout entre la Suisse alémanique et la Romandie. On se souvient des protestations déclenchées par l'entraîneur Artur Jorge, à qui on reprochait d'avoir favorisé les Suisses romands lors de la sélection du contingent pour l'Euro 1996. Le cadre de l'équipe nationale féminine de la saison 1999-2000[43] est constitué de 23 joueuses, dont une seule joue dans un club romand, le CS Chênois. À l'exception d'une «mercenaire» d'Allemagne, toutes les joueuses viennent de clubs suisses alémaniques:

6 joueuses du FC Bern.
4 joueuses du FC Schwerzenbach.
3 joueuses du FC Sursee.
2 joueuses du FC Malters.
2 joueuses du SK Root.
2 joueuses du FC Rot-Schwarz Thun.
1 joueuse du SV Seebach.
1 joueuse du FC Zuchwil.

La domination de la Suisse alémanique est donc nette. Dans le contingent, les joueuses de Berne et Zurich se détachent devant celles qui évoluent en Suisse centrale. Autrement dit, l'équilibre entre les différentes régions de la Suisse n'entre pas du tout en compte lors de la sélection, ce qui peut bien sûr souligner l'impartialité des entraîneurs qui choisissent les joueuses selon la qualité et non pas selon l'origine.

On peut également se poser la question de savoir d'où viennent les équipes qui participent à la ligue nationale, soit vingt équipes reparties entre la ligue A et la ligue B. Pendant la saison 1999-2000, les ligues nationales comptent les équipes suivantes:

---

43. L'équipe nationale féminine était présente dans le programme de la rencontre Suisse-Angleterre, match masculin de qualification pour le championnat d'Europe du 16 octobre 1999, à Zofingue.

Ligue nationale A	Ligue nationale B
FC Bad Ragaz	CS Chênois
FC Bern	FC Blue Stars (ZH)
US Giubiasco	FC Bülach
FC Malters	FC Küssnacht a.r.
FC Rapid Lugano	FC Lachen/Altendorf
FC Root	FC Rapperswil-Jona
FC Schwarzenbach	FC Rot-Schwarz Thun
FC Seebach	FC Spreitenbach
FC Sursee	FC St. Gallen
FC Zuchwil	FC Yverdon-Sports

Au premier coup d'œil, il est évident que la Suisse alémanique domine. Dans les deux ligues, huit des dix équipes proviennent de cette région. À l'intérieur de la Suisse alémanique, et ce n'est plus une surprise, la Suisse orientale prévaut, en particulier la région zurichoise. La faible présence des équipes romandes, qui sont tout de même bien représentées dans le championnat masculin, est frappante. Cette absence relative est d'autant plus remarquable que la première association de Suisse – l'Association romande de football féminin – a été fondée dans cette région. Bref, il faut constater que les débuts prometteurs du football féminin en Suisse romande n'ont pas débouché sur une dynamique et que le centre est aujourd'hui clairement en Suisse alémanique, surtout dans la région de Zurich.

Ajoutons encore que le football féminin des ligues nationales est un phénomène très souvent lié aux villages ou aux villes petites et moyennes. Chez les femmes, seules trois capitales cantonales (Berne, Zurich – par plusieurs clubs de banlieue – Saint-Gall) sont représentées sur un total de 20 équipes. Chez les hommes, quinze équipes (sur un total de 24) sont issues d'une capitale cantonale.

Conclusion : l'influence des hommes

L'histoire de l'institutionnalisation du football féminin en Suisse révèle un parcours difficile jusqu'à l'intégration au sein de l'ASF. On peut distinguer trois périodes relatives à cette formalisation du sport féminin : la période d'avant 1970, avec les tournois locaux et l'ARFF autonome; la période de 1970 à 1993, avec le rattachement de la LFSF à l'ASF; la période récente, où l'ASF est responsable du football féminin et masculin. En dépit de l'intégration du football féminin à l'ASF, il faut avouer que ce sport n'est pas plus visible qu'auparavant[44].

Dans les pages qui précèdent, nous avons constaté que le football féminin suisse était clairement ancré en Suisse alémanique. Le Tessin, vu sa population et sa superficie, est bien représenté également, ce qui est d'ailleurs aussi le cas chez les hommes. Par contre, la situation en Suisse romande se caractérise par une plus grande différence entre le nombre d'équipes masculines et féminines. À quoi faut-il l'attribuer? Il est possible que le nombre de clubs en Suisse romande soit trop faible pour que s'installe une concurrence qui mènerait à un niveau supérieur. S'ajoute peut-être un manque de formation des filles, qui débutent trop tardivement dans ce sport. En dehors de considérations purement techniques, on trouve une idée affichée récemment dans un article intitulé *«Le mâle romand dissuade encore la femme de jouer au football»*[45]. À la suite de cet article, serait-il fondé de penser que la femme romande soit en peine de se faire accepter comme femme qui joue au football? Et peut-on parler d'un *Röstigraben* du football féminin, plus ou moins accepté du côté alémanique, juste toléré du côté romand? Autrement dit, les Romands ont-ils une tendance à vouloir préserver le football en tant que domaine masculin? Il est évident que cette question reste largement ouverte, tant les réponses à y apporter mobilisent des systèmes d'explication empruntant à un grand nombre de disciplines et de contextes. Retenons donc simplement, pour l'instant, que le football féminin est bien installé en Suisse alémanique, tandis qu'en Suisse romande ce sport semble être moins apprécié[46].

44. T. Haenni, «Der Konter der Frauen. Frauenfussball und die Arbeit der Medien», in *Tages-Anzeiger*, 24 juin 1995. Tatjana Haenni était membre de l'équipe nationale de football.
45. E. Deonna, «Le mâle romand dissuade encore la femme de jouer au football», in *Le Temps*, 18 septembre 1999.
46. Je tiens à remercier celles et ceux qui m'ont aidé dans ce travail: Colette Guye, Marie-Hélène Oberson, Tara King, Hp. Schelbli, Hansruedi Hasler, Piero Colombo.

Troisième partie

DÉRÉGULATION ET RECONFIGURATION

Institutionnalisation et colonisation des «nouveaux sports»: les pratiques sportives récentes

Markus Lamprecht et Hanspeter Stamm

AU COURS DES ANNÉES 1980 ET 1990, un nombre important de nouvelles pratiques sportives ont vu le jour. Vu la croissance rapide de leur popularité, on a pu parler à leur propos, dans les pays de langue allemande, de *«Trendsportarten»*[1]. Cependant, le concept ne renvoie pas seulement à l'expansion rapide et constante des pratiques en question, mais aussi au fait que ces dernières sont associées à une distanciation voire à une opposition au monde sportif établi. Aux associations et aux fédérations se sont substitués la liberté et l'individualisme; l'entraînement et la compétition ont cédé la place au plaisir, au *fun*, et à un autre style de vie. Au regard de ces slogans, souvent repris tels quels, et inspirés sans doute par l'aura magique du tournant du millénaire, divers observateurs ont été amenés à parler d'un changement de paradigme, voire d'une nouvelle ère sportive. Dans leur optique, le terme *«trend»*, en tant qu'il sert à désigner l'axe d'un développement, ne renvoie pas seulement à la croissance rapide d'un sport donné, mais également aux changements induits par les nouvelles pratiques sur l'ensemble du monde sportif.

Dans cette contribution, nous nous proposons de partir des affirmations portées sur le caractère «révolutionnaire» des «nouveaux sports» et d'analyser plus précisément les processus qui se cachent derrière la façade bigarrée de ces pratiques. Selon nous, l'accent mis sur le caractère sub-culturel et sur les aspects de style de vie tend à faire oublier que ces pratiques prétendument nou-

---

1. Le français ne connaît pas à proprement parler d'équivalent. L'expression «nouveaux sports» se réfère grosso modo aux mêmes pratiques, mais renvoie à une approche et à une conceptualisation tout autres. Dans le présent texte, *«Trendsportarten»* est restitué soit par l'anglais *«trend sports»*, soit par «nouveau sport» entre guillemets [note du traducteur].

velles connaissent des processus d'institutionnalisation identiques à ceux qu'ont traversé par le passé les sports «traditionnels». Malgré l'invocation de la liberté et de l'indépendance, les *trend sports* sont sujets à des processus de normalisation et de bureaucratisation, qui mènent rapidement à la création d'associations et de fédérations, et qui peuvent déboucher, finalement, à leur adoption au sein de la famille olympique. Relativement à l'institutionnalisation, les *trend sports* se distinguent des anciens essentiellement par le fait qu'ils sont précisément plus jeunes et par conséquent moins normés et moins organisés. Un coup d'œil en arrière sur l'émergence des sports traditionnels révèle que les liens entre le sport et le style de vie, entre la mode et des valeurs comme la liberté ou l'individualisme, ne constituent en aucune manière une nouveauté.

Le caractère innovant et «révolutionnaire» des nouvelles pratiques ne se situe ni dans la vision du sport qu'elles propagent, ni dans le rejet de toute organisation formelle, mais bien dans une interdépendance avec des intérêts économiques unique en son genre. Alors qu'il est détaché de sa fonction étatique et pédagogique, le sport s'ouvre moins à une pratique individuelle, désintéressée et ludique, qu'à une exploitation commerciale à large échelle. La logique du sport cède la place à celle du capital. Dans cette perspective, les *trend sports* ne sont pas l'expression d'une nouvelle forme d'autonomie et d'indépendance, mais celle d'une véritable colonisation du monde vécu.

La présente contribution se propose d'exposer et d'illustrer empiriquement cette thèse. Dans un premier temps, un survol des travaux du chercheur français Alain Loret permettra d'esquisser ce que l'on entend par «nouvelle conception du sport». À partir d'une définition du sport empruntée à Allen Guttmann, nous montrerons ensuite que, parmi les formes sportives apparues récemment, on retrouve toutes les caractéristiques du sport moderne; nous verrons également que les processus de rationalisation et d'institutionnalisation en jeu sont même d'une intensité remarquable. L'ultime volet de l'article est consacré à la thèse de la colonisation du sport par les intérêts économiques. Nous démontrerons que le renvoi à des valeurs telles que la liberté et l'indépendance, de même que la dissociation du sport de ses références traditionnelles, constituent autant de conditions à sa commercialisation à outrance.

Une ère sportive nouvelle?

Dans *Génération glisse*, son ouvrage abondamment cité, Alain Loret décrit comment s'est diffusée, au sein des «sports de glisse» tels que le snowboard, le skateboard, la planche à voile ou le roller (ou inline-skate), une nouvelle culture du mouvement[2]. Selon l'auteur, l'émergence de ces pratiques ne traduit pas seulement la naissance de nouvelles disciplines sportives, mais bien celle d'une conception radicalement différente du sport. Cette dernière peut être caractérisée par la notion de «glisse», qui sous-entend se dérober, passer à vive allure, ne pas se sédentariser, ne pas se laisser saisir, être inatteignable et par conséquent rester libre et indépendant. Celle ou celui qui pratique la «glisse» en y recherchant des sensations de cet ordre exprime – selon Loret – sa résistance envers la disciplinarisation, les directives, les projets pédagogiques, envers l'expertocratie et le besoin de comparer les performances[3]. Pour cette raison, les nouvelles pratiques sportives devraient être comprises comme un véritable mouvement de protestation, comme un monde opposé à l'école, aux associations et aux organisations sportives. Les «scènes» qui ont ainsi vu le jour connaissent certes également des structures, mais – toujours selon Loret – celles-ci seraient conçues par les groupes concernés eux-mêmes, c'est-à-dire fugaces, spontanées, modulables et autonomes. Le mérite de Loret est sans conteste d'avoir touché du doigt, avec le poids des mots et de façon exemplaire, l'image que de nombreux adeptes des *trend sports* ont d'eux-mêmes. La distinction entre une ancienne «culture sportive digitale» et une nouvelle «culture sportive analogique», représentée à travers des oppositions telles que code versus contexte, compétition versus participation, raison versus sensation, finitude versus infini, Perceval versus Peter Pan, est décrite avec fantaisie et illustrée de façon très imagée. Le recours au style hyperbolique se fait toutefois au détriment de la distance scientifique et critique; il en découle que sa thèse relative aux changements en cours au sein de l'espace des sports apparaît forcée et sur-estimée, et cela à deux points de vue.

---

2. Cf. A. Loret, *Génération glisse. Dans l'eau, l'air, la neige... La révolution du sport des «années fun»*, Paris: Autrement, 1996. Du même auteur: «Von Disziplinierung zur individuellen Suche nach Fun», *Entwicklungen im Jugendsport*, Schriftenreihe der ESSM, vol. 72, Macolin: ESSM, pp. 53-56.

3. A. Loret, 1997, *op. cit.*, p. 55.

Premièrement, les nouveaux sports créent en peu de temps des structures et des formes d'organisation, qui ne se distinguent pas fondamentalement de celles des sports plus anciens. La planche à voile, le snowboard ou le VTT connaissent des processus d'institutionnalisation similaires à ceux qu'ont traversé par le passé le patinage, le ski ou le cyclisme[4]. L'implantation du hockey sur glace en Suisse, qui fait l'objet de la contribution de Thomas Busset dans le présent volume, offre un bon exemple de l'institutionnalisation d'un sport «traditionnel» à la fin du XIXe et au début du XXe siècle[5]. Le *bandy* – une forme ancienne du hockey pratiquée dès les années 1880 dans quelques stations de montagne du pays – montre un parallélisme étonnant avec les *trend sports*. Il est pratiqué par des hivernants étrangers aisés, pour qui le jeu est avant tout l'expression d'une forme de sociabilité; la possibilité qu'il offrait de se mettre en scène, de célébrer une certaine façon de vivre et de se vêtir, revêtait davantage d'importance que la performance ou le score final.

Dans un autre texte de ce volume, Lutz Eichenberger révèle que même la gymnastique, qui est pourtant fréquemment citée pour illustrer une conception archétypiquement rigide et figée du sport, n'a pas été diffusée en tant que système de disciplinarisation aux mains du pouvoir, mais qu'elle a été conçue par des communautés de gymnastes *(Turngemeinden)* «fugaces» et «autonomes», qui ont lutté pour leurs idées. Les premières communautés gymniques du début du XIXe siècle ne furent pas seulement l'expression d'une nouvelle prise de conscience du corps, mais elles reposaient – comme les *trend sports* à la fin du XXe siècle – sur une organisation rudimentaire; de surcroît, leurs activités furent jugées suspectes aux yeux des autorités. Les communautés de gymnastes créées dans le sillage de la Société d'étudiants de Zofingue, fondée en 1819, se caractérisaient par leur organisation informelle et leur institutionnalisation lâche. Elles fonctionnaient selon le principe du *Vorort*, soit d'un directoire changeant annuellement[6]. Les socié-

---

4. Selon Schwier, les *«trends»* transgressent les conceptions usuelles du sport. En guise d'exemples, il nomme, outre le snowboard, la technique du *fosbury-flop* introduite en saut en hauteur à la fin des années 60. Il confirme par là que les *trend sports* ainsi définis ne sont pas aussi nouveaux que cela est parfois dit. Cf. J. Schwier, «Do the right things› – Trends im Feld des Sports», in *dvs-Informationen* 13 (2), 1998, p. 7.

5. Cf. la contribution de T. Busset, dans ce volume.

6. Cf. L. Eichenberger, «Mise en place et développement des institutions du sport suisse (XIXe-XXe siècle)», dans ce volume. Du même auteur, *Die Eidgenössiche Sportkommission 1874-1997*, Berne: ESK, 1998.

tés de gymnastique ne furent véritablement reconnues par l'État qu'au moment où elles prirent en charge des tâches publiques relevant de l'éducation, de la défense nationale et de la santé publique[7]. Ces circonstances accélérèrent à leur tour l'institutionnalisation de la gymnastique. Comparativement à cette dernière, le cas des *trend sports* surprend moins par l'absence d'institutionnalisation que par la rapidité avec laquelle ce processus se déroule de nos jours. Deuxièmement, l'invocation de la spontanéité, de l'autonomie et de la révolte ne doit pas faire perdre de vue que les nouvelles pratiques sportives sont intimement liées à une mise en valeur d'intérêts économiques, les milieux en question n'éprouvant aucun scrupule à vanter des produits sous couvert d'une idéologie de l'indépendance, de l'autodétermination ou de l'épanouissement personnel. *«Be different»*, *«just do it»*, *«no risk no fun»*, *«break the rules»*, *«there is no finish line»* ou *«have your own style»* ne sont pas seulement des formules associées à une nouvelle vision du sport, mais aussi des slogans publicitaires de l'industrie des produits de consommation. Il n'est donc guère surprenant que les séquences vidéo projetées par Alain Loret au cours de ses exposés sur la *Génération glisse* ne se distinguent que peu des spots publicitaires vantant telle limonade ou tel *softdrink*.

Processus de rationalisation et de bureaucratisation dans les *trend sports*

Lorsqu'il est question d'une nouvelle vision du sport, il faut au préalable avoir une idée plus ou moins précise des conceptions «anciennes», «traditionnelles» ou «classiques». La quête des traits saillants et des caractéristiques de l'«ancienne» vision s'avère toutefois difficile. Les tentatives de trouver une définition unitaire du sport ont suscité bien des débats au cours des années 60 et 70 déjà[8]. Depuis le début des années 80, de nombreux sociologues allemands discutent de la désintégration du système des sports en

---

7. Cf. H. Stamm, M. Lamprecht, *Sportvereine in der Schweiz: Probleme – Fakten – Perspektiven*, Zurich: Rüegger, 1998.
8. Cf. à ce sujet les définitions de Grieswelle et Heinemann: D. Grieswelle, *Sportsoziologie*, Stuttgart: Kohlhammer, 1978; Klaus Heinemann, *Einführung in die Sportsoziologie*, Schorndorf: Hofmann, 1980.

divers modèles[9]. Les différends qui ont opposé les mouvements gymnique et sportif au XIXe et au début du XXe siècle montrent en outre clairement qu'une lutte acharnée porte depuis longtemps si ce n'est toujours sur la conception «correcte» et légitime du sport[10]. L'adoption ou l'exclusion de disciplines sportives dans ou hors du programme olympique offre un autre indicateur du changement des conceptions dominantes du sport.

Si l'on tente, malgré ces difficultés manifestes, de définir théoriquement les traits expressifs du sport moderne (soit du sport du XXe siècle), l'approche du sociologue américain Allen Guttman s'avère d'une grande utilité[11]. Partant de la théorie de la rationalisation de Max Weber, Guttmann a retenu sept caractéristiques centrales du sport moderne: la laïcité, l'égalité des chances, la spécialisation, la rationalisation, la bureaucratisation, la quantification et, enfin, la quête des records. Guttmann indique que certaines d'entre elles ont certes déjà existé dans des formes plus anciennes du sport, mais elles ne se seraient imposées globalement qu'en lien avec la diffusion d'une appréhension empirique et mathématique du monde d'une part, et dans le sillage de profondes mutations sociales d'autre part.

La notion de *laïcité* renvoie au fait que dans les temps anciens – les Jeux olympiques de l'Antiquité par exemple – les joutes servaient fréquemment des finalités culturelles ou religieuses. Contrairement à aujourd'hui, on ne courait ou ne dansait pas pour courir ou danser, mais parce qu'on voulait rendre fertile la terre ou parce qu'on voulait honorer Zeus. Même s'il est vrai que le sport moderne connaît également d'innombrables rituels, et qu'il présente à bien des égards les traits d'une religion de substitution, il reste dans son essence une affaire strictement laïque. Au même titre que la laïcité, l'*égalité des chances* dans le sport – et pas uni-

---

9. Cf. K. Cachay, *Sport und Gesellschaft. Zur Ausdifferenzierung einer Funktion und ihrer Folgen*, Schorndorf: Hofmann, 1988; H. Digel, «Über den Wandel der Werte in Gesellschaft, Freizeit und Sport», in K. Heinemann et H. Becker (éds), *Die Zukunft des Sports. Materialien zum Kongress Menschen im Sport 2000*, Schorndorf: Hofmann, 1986, pp. 14-43; K. Heinemann, «Zum Problem der Einheit des Sports und des Verlusts seiner Autonomie», *id.*, pp. 112-128; V. Rittner, «Zur Ausdifferenzierung von Spass, Gesundheit und Leistung im modernen Sport, in W. Glatzer (éd.), *Die Modernisierung moderner Gesellschaften. 25. Deutscher Soziologentag 1990*, Opladen: Westdeutscher Verlag, 1991, pp. 354-356; G. Runkel, «Soziale Differenzierung und Sport», *id.*, pp. 343-349.
10. Cf. M. Marcacci, «La ginnastica contro gli sport», *Traverse*, 1998/3, pp. 63-75.
11. Cf. A. Guttmann, *Vom Ritual zum Rekord. Das Wesen des modernen Sports*, Schondorf: Hofmann, 1979.

quement là – est une invention récente. Des conditions si possible inégales au départ – comme le combat du géant contre le nain ou du porteur de glaive contre celui du trident – constituaient, par exemple, le piment des combats de gladiateurs à l'époque romaine. L'inégalité ne concernait toutefois pas seulement les modalités des joutes, mais aussi les conditions de participation. Les tournois médiévaux étaient réservés aux chevaliers; le jeu de paume, apparenté au tennis, mettait aux prises exclusivement des nobles et des riches.

La *spécialisation* dont parle Guttmann apparaît en particulier dans la formation de diverses disciplines de même que dans l'attribution de tâches spécifiques aux diverses positions de jeu. La *rationalisation* sous forme de systèmes de règles univoques et universellement acceptées, de même que la *gestion bureaucratique* du sport par les associations, les fédérations et les institutions publiques, ne sont devenus des traits spécifiques centraux que dans le contexte du sport moderne. Bien que férus de mathématiques et de géométrie, les Grecs de l'Antiquité n'ont manifesté aucun intérêt à mesurer et à enregistrer les performances physiques de manière standardisée. Aujourd'hui par contre, il n'existe sans doute aucun autre domaine de la vie courante qui fasse l'objet d'autant de statistiques et de travaux de documentation que le sport. Grâce à l'homologation des records, la *quantification* ne se limite pas au moment présent mais peut se référer également à des performances anciennes et permettre des comparaisons entre les champions d'aujourd'hui et ceux d'hier. La quête des records constitue une expression de la croyance au progrès: chaque amélioration est susceptible d'être améliorée encore.

Si l'on confronte les conceptions propagées par les *trend sports* avec les critères de Guttmann, il n'est plus guère justifié de parler d'une vision nouvelle. De même, les sports de glisse – que ce soient la planche à voile, le snowboard ou l'*inline-skate* – connaissent eux aussi la laïcité, l'égalité des chances, la spécialisation, la rationalisation, la bureaucratisation, la quantification ainsi que la quête des records. Sur la base de ces critères, il n'est guère possible de dégager des éléments qui permettent de parler d'un passage du sport «moderne» (au sens de Guttmann) à un sport «postmoderne».

Le fait d'observer qu'au moment de l'émergence de nouvelles pratiques sportives la spécialisation, la rationalisation, la bureaucratisation, la quantification ou la quête des records sont encore peu marquées ne constitue pas un indice en faveur d'une conception nouvelle ou «postmoderne» du sport; il s'explique simplement par le fait et la circonstance que le sport en question est encore jeune. De même, les sports dits traditionnels ne se sont institutionnalisés et différenciés que progressivement, tout en développant des structures rationnelles et bureaucratiques[12]. Le fait que les trend sports à succès se spécialisent, se rationalisent et se différencient particulièrement vite a déjà été mis en exergue ailleurs[13].

En guise d'illustration de la différenciation et de la spécialisation, on peut évoquer le développement du snowboard, qui est subdivisé à l'heure actuelle en plusieurs disciplines (discipline alpine, *freestyle* et *freeriding*); la discipline alpine comprend à son tour diverses compétitions (*giant slalom, duel, boardercross* et *banked slalom*), alors qu'au sein du *freestyle* s'opère une distinction entre *halfpipe* et *obstacle course*. Le VTT *(mountainbiking)* différencie les adeptes de la descente *(downhill)* de ceux des courses par étapes. L'*inline-skating* ou *roller* connaît quant à lui les cas de figure «*agressif*», «*hockey*», «*fun*» et «*speed*».

Le tableau page 169 fait apparaître que les *trend sports* constituent très rapidement un système de compétitions, processus qui contribue à accélérer encore la rationalisation et la bureaucratisation. La première compétition de snowboard a eu lieu en 1981 déjà, à Leadville (Colorado). Dans le cadre des North American Snowboard Championships, qui se sont déroulés en 1985 à Calgary, des Nord-Américains et des Européens participèrent pour la première fois à une même compétition. Les premiers championnats suisses furent organisés en 1986 à Saint-Moritz. En Europe, des compétitions furent organisées à partir de 1987 sous le label «championnats du monde». Cependant, les premiers véritables championnats du monde se déroulèrent en 1993 à Ischgl (Autriche), auxquels participèrent 246 compétiteurs représentant 20 nations.

Avec la popularité croissante du snowboard et l'essor du professionnalisme, les groupes informels se muèrent en organisations structurées. Clubs, fédérations et écoles de snowboard furent créés.

---

12. Cf. L. Eichenberger, *op. cit.*
13. Cf. M. Lamprecht, H. Stamm, «Vom avantgardistischen Lebensstil zur Massenfreizeit. Eine Analyse des Entwicklungsmusters von Trendsportarten», *Sportwissenschaft* 28, 1998, pp. 370-387.

La Fédération suisse de snowboard – officiellement la Swiss Snowboard Association (SSBA) – fut fondée en 1987. La International Snowboard Association (ISF) vit le jour en mars 1991 ; elle organise depuis lors un World Tour et les championnats du monde. À partir de 1994, la Fédération internationale de ski (FIS) compte également un comité-snowboard, qui organise la World-cup de la FIS et représente la discipline auprès du Comité olympique. Alors que les relations entre l'ISF et la FIS sont émaillées de nombreux conflits et différends, la Fédération suisse de ski et la SSBA ont passé un accord en 1996, qui devait inaugurer une collaboration qui allait se révéler fructueuse pour les deux sports.

Notre tableau indique, en outre, que la spécialisation et la mise sur pied concomitante d'un segment de compétition, de même que la rationalisation et la bureaucratisation, se sont opérés de façon similaire pour tous les sports mentionnés, et ceci dans un cadre temporel comparable. La situation est quelque peu différente pour l'*inline-skating*, qui fait fréquemment office de modèle pour la «génération glisse» et le passage d'une culture sportive «digitale» à une nouvelle dite «analogique». Les difficultés qu'on éprouve à fixer clairement les dates marquantes de l'institutionnalisation ne résultent pas du fait que l'*inline-skating* constitue un nouveau modèle, mais découlent de son intégration au sein des structures associatives pré-existantes du patinage à roulettes.

Un coup d'œil sur l'histoire du patinage à roulettes dévoile que le boom de l'*inline-skating* au cours des années 1990 ne constitue en aucune manière une nouveauté. L'évolution du patinage à roulettes s'est faite par vague successives. Pour la période allant des années 1860 à la Première Guerre mondiale, Gilbert Norden met en évidence deux phases de boom, qui se déroulèrent selon le même schéma que l'inline-skating actuel, et qui peuvent être décrites à l'aide du modèle du cycle de vie d'un produit[14]. En 1863, une invention et une innovation réussies sous forme d'un patin à suspension à quatre roulettes développé par James Leonard Plimpton engendrèrent un enthousiasme qui, grâce au lien étroit entre la mode et le style de vie moderne, saisit l'Europe entière. En 1880, on dénombrait à Paris 40 et à Londres même 70 pistes de patinages[15].

---

14. Cf. G. Norden, «Sporthistorische Anwendungs- und Beispielfälle des Produktelebens-zyklus-Modells», *Sportwissenschaft* 30, 2000, pp. 96-100.
15. Cf. P. Egli, «Rollende Geschichte: Zur Entwicklung des Rollsports in der Schweiz», *Magglingen* 2, 1998, pp. 2-4.

Les patineurs à roulettes se donnèrent une association faîtière en fondant, en 1904, à Montreux, la Fédération suisse de patinage artistique et course. La même année, au même endroit, fut constituée la Fédération internationale de roller sports (FIRS). Lorsqu'au cours des années 90 l'engouement pour l'*inline-skating*, qui avait été lancé aux États-Unis par la maison Rollerblade, s'empara également de l'Europe, le roller était déjà fortement institutionnalisé en Suisse. Du fait de leur raffinement technique, les inline-skates détrônèrent néanmoins rapidement les patins à roulettes utilisés jusque-là dans les compétitions. Lors des championnats du monde de Rome, en 1993, il n'y avait déjà plus que des *inlines-skaters* au départ. Le parfait marketing orchestré par l'industrie des articles de sport contribua également à l'adoption des *inlines-skates* par les joueurs de hockey sur roulettes, ce qui attira l'attention de la Fédération suisse de hockey sur glace qui engagea d'importants moyens financiers dans l'organisation d'un championnat. Malgré le battage publicitaire et l'engagement de vedettes nationales du hockey sur glace, le *inline-hockey* ne remporta pas le succès escompté, c'est pourquoi l'organisation des compétitions fut à nouveau abandonnée à la FIRS[16].

Les *trend sports* en tant que colonisation du monde vécu

Les exemples mentionnés sont censés montrer qu'en dernière instance les *trend sports* sont soumis aux mêmes développements et aux mêmes processus que les sports courants. Leur nouveauté ne réside pas dans l'absence d'une organisation et de structures – car celles-ci se mettent en place avec le décalage usuel –, mais se situe bien plus dans leur commercialisation aussi rapide qu'inconditionnelle. Depuis le milieu du XIXe siècle, des sports nouveaux se sont continuellement imposés. Il faut toutefois attendre l'effet conjugué du boom sportif des 30 dernières années, de la reprise économique, de la croissance du niveau de vie et de l'extension de la sphère des loisirs, pour que l'industrie du sport et des loisirs devienne un facteur économique significatif[17]. Cette conjonction

---

16. Selon les indications fournies par Peter Egli, président de la Fédération suisse de patinage artistique et course.
17. Cf. M. Lamprecht, H. Stamm, *Die soziale Ordnung der Freizeit*, Zurich: Seismo, 1994.

explique pourquoi le modèle économique du cycle de vie des produits est particulièrement apte à décrire le développement des *trend sports*[18]. Considérée sous cet angle, la société actuelle se caractérise sans doute moins par le poids prédominant des sensations *(Erlebnisgesellschaft)* ou des styles de vie *(Trendgesellschaft)*, que par celui de la consommation de masse *(Konsumgesellschaft)*[19].

Dans cette perspective, il n'est guère surprenant que la plupart des sports qui se sont imposés récemment – comme la planche à voile, le snowboard ou le VTT – propagent en même temps un instrument ou un appareil de sport nouveau et cher. Même lorsque tel n'est pas le cas, les liens entre les *trend sports* et l'industrie des articles de sport demeurent étroits. Il en va ainsi du *streetball*, dont l'essor est intimement lié à Adidas. Au début des années 90 encore, la maison Adidas connaissait de grosses difficultés pour écouler ses produits. Contrairement à ses concurrents américains Nike et Reebook, Adidas a longtemps méconnu et ignoré les nouveaux marchés résultant de la sportivisation de la société. En lieu et place de vêtements de loisirs sportivement «à la page», Adidas continua à miser sur les tenues de sport «classiques» aux trois bandes. Ce parti-pris eut pour effet que sa part du marché aux États-Unis diminua de 70% à 2% entre 1985 et 1991. Il fallut attendre la reprise en main par Robert-Louis Dreyfus, qui imposa la délocalisation de la production vers des pays à main-d'œuvre bon marché, et de nouvelles stratégies de marketing pour que le succès commercial revienne. Avec sa stratégie «Développement, Design et Marketing», Adidas s'est efforcé de regagner le terrain perdu en particulier auprès des jeunes[20].

Adidas se profila également en tant qu'organisateur de tournois de *streetball*, reprenant ainsi des tâches réservées jusque-là aux clubs et aux fédérations. Le loisir ancien pratiqué de façon spontanée par la jeunesse (américaine) a pris l'apparence d'un «nouveau sport», alors qu'en réalité ce dernier cache également une opération de marketing planifiée jusque dans les moindres détails. Doré-

---

18. Cf. M. Lamprecht, H. Stamm, «From Exclusive Life-style to Mass Leisure. An Analysis of the Development patterns of ‹New Sports», in C. Jaccoud et Y. Pedrazzini (éds), *Glisser dans la ville*, Neuchâtel: Éditions du Centre international d'étude du sport (CIES), 1998, pp. 97-110.

19. Le concept *«Erlebnisgesellschaft»* est de Schulze, celui de *«Trendgesellschaft»* a été développé par Horx. Cf. G. Schulze, *Die Erlebnisgesellschaft. Kultursoziologie der Gegenwart*, Francfort s. M.: Campus, 1992; ainsi que M. Horx, *Trendbuch*, Düsseldorf: Econ Verlag, 1993.

20. Les informations sont tirées du magazine *Facts* 38/1997, pp. 136-139.

navant, les participants au Adidas Streetball World Championships furent tenus de jouer avec des maillots, des shorts et des
chaussures de la firme aux trois bandes. Afin de mieux atteindre le
public tant convoité des jeunes, le basket-ball des rues a été domes-
tiqué. En 1997, alors qu'Adidas avait dépoussiéré son image et se
trouvait à nouveau sur la voie du succès, l'entreprise se retira brus-
quement du *streetball*, et la «nouvelle» pratique sportive «dans le
vent» redevint ce qu'elle avait été pendant de nombreuses décennies, à savoir une variante du basket-ball pratiquée par des groupes
informels de joueurs. Le succès commercial d'Adidas en lien avec
le *streetball* donna des ailes à d'autres fabricants d'articles de sport.
Puma, par exemple, se lança dans la promotion du *Puma-streetsoc-
cer* en s'efforçant de transformer le football de rue pratiqué de
longue date en un «nouveau sport», temporairement du moins.
Des entreprises actives dans des secteurs économiques éloignés du
sport lancèrent et utilisèrent également des *trend sports* pour amé-
liorer leur image auprès du public. La Société de Banque Suisse
apporta son soutien à la Swiss Inline Hockey League, qui fut prisée
comme sport nouveau; la chaîne des grands magasins Manor
s'engagea quant à elle dans le sponsoring de la Hockey Cup; les
deux manifestations ont disparu depuis lors[21].

Les liens étroits entre l'économie et les *trend sports* peuvent être
illustrés à l'aide de très nombreux exemples. Ainsi, lorsque l'International Snowboard Federation (ISF) et la Fédération internationale de ski (FIS) se disputent l'organisation de compétitions de
snowboard, l'enjeu se situe bien au-delà des conceptions sportives
en présence. Le conflit porte avant tout sur des intérêts économiques, sur l'argent des sponsors, et peut-être également sur le
choix du meilleur téléphone portable. En effet, les deux manifestations concurrentes de la saison 1999-2000 ont pour noms Moto-
rola ISF World Pro Tour et Nokia Snowboard FIS World Cup
2000. Les adeptes du snowboard se plaisent à mettre en exergue
leur «internationalisme», en arguant que leur sport ne connaît pas
d'équipes nationales. Reste à savoir si des équipes portant les couleurs d'entreprises, telles qu'on les rencontre de longue date dans
des segments sportifs hyper-professionnalisés comme le sport
automobile ou le cyclisme, procurent davantage d'indépendance et
de liberté. Lors des Jeux olympiques de Nagano, les snowboarders

---

21. Cf. l'hebdomadaire *Cash* 19/1999, p. 20.

ont raillé l'habillement de la délégation suisse, qu'ils ont qualifié d'uniforme. Ils ne semblent par contre éprouver aucune réticence à couvrir leurs combinaisons d'innombrables inscriptions publicitaires et autres noms de firmes.

Alors que le snowboard a connu une rationalisation et une professionalisation importantes, qu'une fédération aujourd'hui bien établie contribue à façonner le développement de ce sport, et à en planifier et canaliser la commercialisation, l'*inline-skating* connaît de son côté un mélange intéressant entre des structures associatives de type traditionnel et un entrepreneuriat commercial. Sous le patronage de la Fédération suisse de patinage artistique et course, la maison Iguana Think Tank SA s'occupe de l'organisation des compétitions de roller. La Swiss Inline Cup, qui compte neuf courses, fut décrite comme exemple d'un marketing sportif moderne, ayant su gagner des sponsors comme VW, Helvetia Patria, Rivella ou Swisscom. Les annonces et affiches de la Swiss Inline Cup comptent entretemps 21 logos de sponsors. Tous les participants prennent le départ avec le maillot officiel de la compétition, arborant la publicité de la catégorie correspondante. Outre une ceinture avec emplacement réservé au téléphone portable, chaque participant reçoit deux numéros du magazine grand luxe *Sport Inside*, qui ne fait aucune distinction entre publicité et partie rédactionnelle[22].

Sur cet arrière-fond, la question des *trend sports* s'inscrit moins dans le contexte d'une autonomie et d'une indépendance nouvelles, que dans celui d'une colonisation du monde vécu[23]. Par «colonisation du monde vécu» (*«Kolonialisierung von Lebenswelt»*), il faut donc entendre, selon Jürgen Habermas, l'assujettissement de l'espace social vécu au système, sa désintégration et la perte de liberté qui en découlent, processus ainsi décrit par l'auteur allemand: «De nos jours, les impératifs de l'économie et de l'administration pénètrent par l'entremise de l'argent et du pouvoir dans des domaines, qui se disloquent d'une façon ou d'une autre si on les découple de l'agir communicationnel et les transpose dans des interactions pilotées par de tels agents [l'argent et le pouvoir]»[24].

---

22. Ces informations sont tirées de *Cash* 19/1999, p. 20, ainsi que du *Tages-Anzeiger* du 23.5.2000, p. 47.

23. Cf. J. Habermas, *Theorie des kommunikativen Handelns* (Bd. 1 et 2), Francfort s.M.: Suhrkamp. 1981.

24. Cf. J. Habermas, *Die neue Unübersichtlichkeit*, Francfort s.M.: Suhrkamp, 1985, p. 189; trad. T.B.

Conclusion

Si l'on admet que de nombreuses pratiques sportives naissent au sein de petits groupes informels, il s'avère que leur développement vers un «nouveau sport» est toujours aussi un processus de commercialisation. Il est remarquable à ce propos que ce soit précisément l'idée d'une conception nouvelle du sport, de type «postmoderne», qui conduise à une mutation des processus de rationalisation en processus de colonisation. Cela signifie, en d'autres termes, que plus les processus d'institutionnalisation et de rationalisation évoqués par Guttmann sont niés, plus l'indépendance et la liberté inhérentes aux nouvelles pratiques sont soulignées, et plus facilement la logique de l'argent et du pouvoir parvient à s'imposer. Aux codes sportifs traditionnels que sont le concours et la victoire se substituent les codes de la société de consommation que sont le test et l'achat.

Pendant longtemps, le sport a éprouvé beaucoup de peine face à sa commercialisation. Le statut d'amateur, la Charte olympique et le principe du bénévolat devaient empêcher une adaptation du sport aux buts, aux contenus, aux structures et à la rationalité de l'économie[25]. Le sport n'a jamais été, il est vrai, le «plus beau des passe-temps», comme cela est parfois dit. Mais lorsqu'il était question de santé et d'éducation, les demandes étatiques et pédagogiques passaient toujours au premier plan. Or, ce sont précisément la négation de cette utilisation étatique et pédagogique, de même que l'absence de structures, qui rendent les *trend sports* si attrayants pour l'économie. Dès que l'institutionnalisation progresse, que des structures associatives et fédératives claires se dessinent, et que les processus de commercialisation peuvent être canalisés et régularisés, l'intérêt économique pour la discipline concernée s'amenuise. Cela explique sans doute pourquoi l'on continue à cultiver l'image du non-structuré et de l'«autrement», alors même que les frontières par rapport aux sports courants se sont depuis longtemps estompées.

Traduction : Thomas Busset

---

25. En 1960, le fondateur et recteur de la très renommée École de sport de Cologne, Carl Diem, pouvait énoncer encore un critère clair pour délimiter le sport: tout ce qui servait à gagner de l'argent et était exercé à titre professionnel, était selon lui du «non-sport» (*«Nicht-Sport»*). Cf. Carl Diem, *Wesen und Lehre des Sports und der Leibeserziehung*, Dublin: Weidmann, 1969.

Rationnalisation et bureaucratisation des *trend sports*

Trend sport	«Naissance» (premiers essais)	Premiers championnats suisses	Premiers championnats du monde officiels	Admission en tant que discipline olympique	Fondation d'une fédération nationale suisse	Adhésion auprès de l'AOS ou de l'ASS	Fondation d'une fédération internationale
Ski acrobatique	Début des années 60	1977 (Laax)	1975 (Cervinia)	1992 1994	1974	1978	1974
Snowboard	Fin des années 60	1986 (Saint Moritz)	1993 (Ischgl)	1998 (Nagano)	1987	1993	1991 (ISF) 1994 (FIS)
VTT	Milieu des années 70	1987	1990 (Durango)	1996 (Atlanta)	1991	1992	1990
Skibob	Fin des années 1940	1967 (Kandersteg)	1967 (Bad Hofgastein)	Pas admis	1967	1970	1961
Parapente	Début des années 70	1975 (Interlaken)	1976 (Kössen)	Pas admis	1974	1995	Commission de la Fédération aéronautique internationale

L'institutionnalisation d'une « dissidence » urbaine et sportive dans deux villes suisses

Christophe Jaccoud et Dominique Malatesta

L E THEME GÉNÉRAL d'une journée de réflexion et d'échange, qui plus est de nature interdisciplinaire, portant sur « l'institutionnalisation du sport », impose de nombreuses interrogations, et en premier lieu des interrogations définitionnelles, la question se posant de savoir ce que l'on entend et comprend par ce terme. Il est évidemment hors de notre propos de répondre à cette question complexe et d'ailleurs disputée[1] à travers l'analyse d'un seul phénomène sportif, en l'occurrence le développement de nouvelles pratiques sportives urbaines.

Demeure toutefois que l'irruption récente, dans l'espace de la ville, de sports de « glisse », en particulier le skate et le roller, ainsi que les stratégies d'adaptation développées par un certain nombre de villes, centrées sur des formes de concertation et sur le passage d'une logique de service public (primauté pour les équipements traditionnels et les associations fédérales) à une logique de *service des publics*[2], dévoile toute une série de questions (quels rôles peuvent jouer de nouvelles pratiques socio-sportives dans les transformations spatiales, sociales et politiques d'une ville? Qui impulse les choix publics ayant un impact direct sur le développement des pratiques et des associations sportives? À quels arguments et à quels référentiels les élus et les organes administratifs s'adossent-ils pour administrer et gérer des phénomènes sportifs qui se tiennent

---

1. Entre autres sources permettant d'éclairer la problématique, on se référera à J. Defrance, «L'autonomisation du champ sportif. 1890-1970», *Sociologie et Sociétés*, Presses de l'Université de Montréal, vol XXVII, 1 (1995), pp. 5-33.
2. Selon l'expression de P. Bouchet, «Développement et diffusion du sport dans l'agglomération grenobloise et évolution des référentiels des politiques sportives municipales (1958-1993)», in C. Vivier et J.-F. Loudcher (dir.), *Le sport dans la ville*, Paris: L'Harmattan, 1998, pp.153-169.

à bonne distance de la culture sportive traditionnelle et instituée?)
qui concernent très directement la thématique de l'institutionnalisation du sport à travers le déploiement de processus d'intégration
et de mise en ordre.

De nouveaux engagements sportifs

L'observation de la réalité sociale atteste aujourd'hui de l'émergence d'un double phénomène: en premier lieu, celui d'une
société, en apparence en tout cas, de plus en plus sportive; en
second lieu, celui de la multiplication et de la sérialisation des
acteurs et des comportements sportifs au principe d'une recodifi-
cation et d'une «libéralisation» des pratiques classiquement reconnues et identifiées comme sportives. Partant, les villes accueillent
et témoignent de cet élargissement des comportements: on
constate ainsi que des habitants, le plus souvent jeunes, se mobilisent pour pratiquer «leur» sport, à «leur» manière, rendant la pratique sportive hétérogène, en termes de lieux, de motivations,
d'appartenances, de valeurs et de genres de sports.

Un certain nombre de travaux empiriques menés ces dernières
années en relation avec l'évolution des pratiques sportives chez les
jeunes en milieu urbain[3] révèlent l'apparition de nouveaux acteurs
du sport qui s'engagent dans l'organisation et le développement
sportif sur la base de statuts et d'identités construits à partir de
modes de vie spécifiques (peu intégrés, inscrits dans une culture
alternative). Ces travaux ont permis aussi d'identifier les variables
significatives qui circonscrivent et définissent ces nouvelles configurations sportives, en même temps qu'à saisir les indices de reformulation de l'action publique urbaine dans le domaine du sport.

Ces constats font ainsi apparaître deux séries de faits révélatrices
de déclinaisons renouvelées de l'institutionnalisation du sport:

– La maîtrise et la gestion locales de ces nouveaux sports de rue
s'est opérée au travers de processus et de dynamiques qui ont

---

3. D. Malatesta, «Sport, nouveaux opérateurs sportifs et lien social: la boxe thaï dans une
cité genevoise», in C. Jaccoud, L. Tissot, Y. Pedrazzini (dir.), *Sports en Suisse. Traditions, transitions et transformations*, Lausanne: Antipodes, 2000, pp. 201-214; D. Malatesta et D. Joye,
«Les services de proximité comme mode de légitimation et de coordination de l'action
publique», in J.-Ph. Leresche (dir.), *Gouvernance territoriale et citoyenneté: de la coordination à la
légitimation*, Paris: Pedone, 2000; C. Jaccoud, *Action publique et nouvelles pratiques sportives:
roller et skate dans deux villes suisses*, Neuchâtel: Éditions du CIES, 1998.

conduit à les instituer en une chose publique, en un problème public ressortissant à la sollicitation et à la collaboration d'un large front d'acteurs, donc également en un objet de politique communale. Et ceci au travers d'une dialectique reconnaissance/contrôle qui semble centrale pour saisir les rapports qui lient et unissent pouvoirs publics et associations sportives, quelles qu'elles soient.

– L'institutionnalisation, par la puissance publique, de telles nouvelles pratiques, révèle des formes et des modalités d'institutionnalisation spécifiques, en particulier des institutionnalisations transversales qui relient des politiques à vocation sportive avec d'autres secteurs des politiques locales urbaines (jeunesse, insertion, prévention, mais aussi marketing urbain et promotion d'image). De ce point de vue, une telle structuration d'un problème en apparence sportif débouche sur et divulgue de nouvelles conjonctures de la démocratie urbaine et de l'action publique. Et plus particulièrement des phénomènes de «gouvernance», c'est-à-dire un mode de production et de régulation de l'autorité empruntant au registre du partenariat, de la négociation, de l'adaptation des parties, du pragmatisme et de l'efficacité gestionnaire[4].

C'est plus précisément sur ce dernier point que nous mettrons l'accent, en essayant de révéler des institutionnalisations publiques renouvelées du sport, tout au moins quand il semble présenter des aspects dissolvants et, dans un premier temps, une identification et une lisibilité complexes.

Les villes de Lausanne et Bienne: les balises et les repères d'une nouvelle théorie sportive

Les villes de Bienne et de Lausanne voient déferler, dès le début des années 90, une vague néo-sportive, en particulier constituée d'adeptes du roller *inline* et du skateboard qui, en quelques semaines, affirment leur visibilité et leur différence dans l'espace public. Cette déferlante, on le sait sans doute mieux aujourd'hui que le phénomène est largement documenté par les sociologues et

---

4. Sur le thème, cf. P. Le Galès, «Du gouvernement des villes à la gouvernance urbaine», *Revue française de science politique*, 45-1, février 1995, pp. 57-95; B. Jobert, P. Muller, *L'État en action*, Paris: PUF, 1987; J. Kooiman, *Modern governance*, London: Sage, 1993.

les journalistes, peut être décrite comme s'inscrivant au cœur de ce que A. Loret désigne et décrit comme «une mutation récente du système de valeurs sportif»[5], ou encore de ce que C. Pociello nomme «la sécularisation du sport»[6]. Autrement dit, ces sports de glisse urbaine constituent la fine pointe d'une énonciation sociale et sportive renouvelée qui peut être ramenée à trois grands courants porteurs.

– La sportivisation de la société d'abord, qui recouvre la réalité d'une société de plus en plus sportive, au sens d'une différenciation et d'une «babélisation» des acteurs sportifs qui a débouché sur un élargissement de la définition du sport et sur un élargissement des pratiques réputées sportives[7]. Cette inflexion, perceptible depuis la fin des années 70, a transformé considérablement le champ des activités physiques et sportives, en particulier en remettant en cause la suprématie du milieu sportif officiel et institutionnel à travers la multiplication des pratiques individuelles autonomes ou auto-organisées s'effectuant hors du système des clubs. Un des phénomènes marquants de cet état de fait réside dans un rejet ou indifférence à l'égard des organismes officiels et dans la recherche personnalisée d'un épanouissement individuel ou en groupes affinitaires ponctuels.

– L'urbanisation des pratiques sportives ensuite, et ceci dans un double sens. Au sens d'abord où bon nombre de ces activités sportives nouvelles ou recodifiées s'alimentent aux grands médias et aux grands réseaux de communication métropolitains, empruntant et manipulant des images, des valeurs et des mythologies issues de la culture urbaine (vitesse, forme, dynamisme, individualisme…). Au sens ensuite où, pour une large part d'entre elles, elles sont sorties des stades, des salles et des assignations à résidence pour tailler leurs propres espaces de pratiques. Partant, parce qu'elles se déroulent désormais souvent dans l'espace public, ou alors qu'elles imposent des inscriptions territoriales qui leur sont propres, ces pratiques ont introduit de nouvelles exigences en termes d'aménagement de l'espace et de gestion des équipements sportifs urbains.

---

5. A. Loret, «La relation ville et sport: un futur non programmé», in *Lire et Savoir*, mars 1999, pp. 1-9.
6. C. Pociello, *Les cultures sportives*, Paris: PUF, 1995.
7. C. Pociello, *op. cit.*

– La sécularisation des pratiques et activité sportives enfin, miroir d'une plus vaste «sécularisation du monde», qui accompagne l'évolution des sociétés contemporaines, caractérisée par la circulation de nouvelles éthiques de l'émancipation individualiste, l'affranchissement et la défiance vis-à-vis des engagements collectifs et des grandes instances de médiation, le tarissement des appartenances non strictement affinitaires[8]. Autant de lames de fond socioculturelles qui trouvent à s'exprimer dans un spectre de nouvelles attitudes personnalisées et auto-compétitives qui, en pondérant les notions de compétition et d'inculcation pédagogique, disqualifient l'expression de la pulsion sportive dans le cadre traditionnel et contraignant du club.

Acteurs, contextes locaux et constitution de la cause

Cette déferlante, si elle doit à l'acclimatation de faits macrosociologiques, en particulier à des reconfigurations et à des recodifications intervenues dans l'écosystème sportif, doit sans doute aussi à des contextes locaux particuliers. On peut relever ainsi, aux premiers temps de la *rollermania*, la présence et l'influence, dans les deux villes, de populations jeunes qui ont été rapidement séduites par et actives au sein d'un militantisme roller et skater qui a attiré un nombre croissant de pratiquants. Hors toute socio-démographie de ces patineurs, qui reste encore à établir, on peut identifier une nébuleuse de jeunes gens inscrits dans une marginalité socioculturelle, ayant des repères et des racines dans ce que l'on pourrait décrire comme des sous-cultures urbaines[9]. Les groupes qu'ils ont constitué évoquent davantage des collectifs que des clubs ou des organisations dûment formalisés. On relèvera d'ailleurs que les skaters biennois ont entretenu des contacts nourris avec la mouvance hip-hop de cette ville.

Au-delà de ce premier repère, et ceci dans une ville comme dans l'autre, on peut constater que c'est au fond un même facteur déclenchant qui a précipité le mécanisme de *constitution de la cause*: en l'occurrence, la revendication d'équipements destinés à

---

8. M. Maffesoli, *La contemplation du monde. Figures du style communautaire*, Paris: Plon, 1993.
9. Sous-cultures plus explicitement «à risques» (toxicomanie, désaffiliation scolaire et professionnelle) à Bienne qu'à Lausanne.

ces pratiques, en particulier des rampes. Une revendication soit dit en passant qui n'a pas concerné la création *ex nihilo* d'équipements introuvables, puisqu'ils existaient dès le début des années 90 (encore que démontés à Bienne pour faire place à une extension de la zone portuaire), mais plutôt l'adaptation de modules de loisirs à des pratiques définies comme authentiquement sportives, et qui plus est érigés en centre-ville plutôt qu'en des lieux périphériques.

Un pouvoir dissolvant

Dans un premier temps, il est manifeste que l'irruption de cette nouvelle famille sportive s'est imposée et a été identifiée comme «contre» les pouvoirs et les corps constitués urbains, ne cumulant en première instance ni ancienneté, ni logique sportive fédérale, ni même «efficacité» à servir les objectifs de la politique municipale. On peut sans doute même parler d'une mise à l'épreuve frontale, tout à la fois réelle et supposée eu égard aux catégories d'entendement de la sphère politico-administrative, des modes de gestion traditionnels et routiniers de la demande sportive, que l'on évoque des problèmes de lisibilité (est-ce là un véritable sport?); des problèmes d'ordre public (la pratique de la glisse urbaine se déroule dans l'espace public, y compris au sens de l'espace des voiries); des problèmes de justice distributive et de polyarchie sportives enfin, dans la mesure où ces nouveaux acteurs, outre qu'ils se sont présentés comme des multiplicateurs de l'offre sportive locale, ont fait valoir des revendications précises, en particulier l'attribution d'une halle de patinage.

À y regarder de plus près, il est manifeste que l'émergence de cet activisme a désigné au moins une double réalité. En premier lieu, l'apparition d'un projet socio-sportif assez largement hétérodoxe, fuyant les modèles reconnus et légitimes; en second lieu, le pouvoir dissolvant de ces nouvelles pratiques et de ces nouveaux pratiquants: dissolution des équilibres, des permanences et des stabilités, des construits et des acquis du régime socio-sportif urbain. En un mot, on peut avancer qu'elles ont interrogé la pertinence des pactes fondés jusqu'ici, dans l'espace administratif de ces villes, sur l'alliance des convergences et des intérêts de certains acteurs politiques, administratifs et sportifs.

Schématiquement exprimé, ce pouvoir dissolvant a tenu à l'une des propriétés fortes de ces nouveaux particularismes sportifs, propriétés et attributs fortement revendiqués par leurs adeptes, et d'ailleurs relevés par d'autres aussi, et cela sur différents terrains de recherche[10]. En l'occurrence, la revendication d'une autonomie du champ de la pratique, mettant au jour une éthique contestataire à forte tonalité émancipatoire. Mélange composite de regard critique sur le monde et son fonctionnement, de résistance déclarée encore qu'ambiguë à l'encontre de la société de consommation, d'affirmation «jeuniste» enfin, pour finir par tramer une culture de l'alternative socio-sportive en même temps que la revendication d'un droit de cité autant sportif que sociopolitique.

Un premier moment: sociologie négative et référentiel introuvable

La déferlante nouveaux sports de glisse urbaine a donc posé d'importants problèmes de lecture et de gestion aux autorités et à leurs organes administratifs dès le moment où, au début des années 90, ces derniers ont été sollicités. En particulier les Services des sports municipaux, répondants en quelque sorte «naturels», en tous les cas en première ligne quand des groupes de patineurs et de skaters les ont désignés comme interlocuteurs en vue de discussions portant sur l'octroi de halles de patinage.

Le contact s'était déjà opéré entre les patineurs et les services publics, et cela sur un mode plutôt tendu et conflictuel, à Lausanne en particulier. À la faveur notamment de la verbalisation régulière de patineurs sauvages enfreignant l'article 50 de l'Ordonnance fédérale sur la circulation routière. Le contact s'était opéré également, avec d'autres acteurs urbains centraux, en particulier la régie des Transports publics, celle-ci interdisant les bus et le métro aux jeunes patineurs.

---

10. C. Dubois, M. Guex, *Le mouvement des rollers et la commune de Lausanne*, mémoire réalisé dans le cadre du séminaire de politiques publiques du professeur I. Papadopoulos, Université de Lausanne, Faculté des sciences sociales et politiques, Lausanne, 1997; M. Cipriani-Crauste, «Être ensemble dans les espaces publics: l'exemple du skateboard», in C. Jaccoud, Y. Pedrazzini (dir.), *Glisser dans la ville: les politiques sportives à l'épreuve des sports de rue*, Neuchâtel: Éditions du CIES, 1998, pp. 45-57; C. Calogirou, «Les skaters et la rue: processus de conquête des espaces publics», in C. Jaccoud, Y. Pedrazzini, *op. cit.*, pp. 17-28; M. Touché, «Les rapports sonores des skaters aux espaces urbains ou le skate à sons'», in C. Jaccoud, Y. Pedrazzini, *op. cit.*, pp. 29-43.

On peut remarquer d'emblée que cette identification négative du phénomène, au sens d'une *sociologie négative* de la pratique et de ses tenants, pointant systématiquement ses manques, ses défauts et son non-être (organisationnel, représentatif, sportif...), s'est imposée au fond comme la première appréhension et comme la première réponse délivrée par les premiers interlocuteurs publics, dans le cas présent les Services des sports municipaux. Dans les deux villes, les administrations ont tantôt opposé des fins de non-recevoir, tantôt fixé des exigences procédurales jugées exorbitantes par les acteurs, en particulier la conversion des groupes informels en associations strictement constituées.

On peut relever de même que cette défiance première s'est incarnée et structurée au sein d'un référentiel d'action[11] faiblement informé, empruntant aux registres de l'incompréhension (que penser de jeunes gens qui semblent avancer dans le sens opposé de la rotation de la terre sportive?) et de la mise à distance autoritaire. Partant, c'est-à-dire sur la base de mêmes diagnostics et de mêmes résistances, les deux villes, au travers de l'action de leurs Services des sports respectifs, ont produit tout à la fois de mêmes stratégies, de mêmes réserves et de mêmes dissuasions[12]. En déployant d'abord, comme évoqué, une sociologie négative ou encore une appréhension largement partiale du phénomène; en décrétant une situation de basse gouvernabilité ensuite, rendant problématique la construction d'un espace d'interlocution entre les parties en présence; en refusant d'institutionnaliser ces nouvelles pratiques aussi, au nom d'une identification sociale et sportive du patinage, l'assimilant en quelque sorte à une activité dévoyée et plus encore à une «création incréée», opérant selon un ordre propre que nul ne lui dicterait; en se «débarrassant» du dossier enfin, au profit d'autres instances ou polarités administratives (jeunesse, animation), moins captives de procédures de production et de reproduction institutionnelles strictes.

On peut avancer qu'un abcès de fixation semble s'être d'emblée construit sur la conviction qu'il ne saurait y avoir de pratique spor-

---

11. La notion de référentiel est issue de la littérature relative aux politiques publiques. On peut renvoyer le lecteur à la formalisation qui en a été faite par Jobert et Muller, *op. cit.*, pour qui un référentiel consiste en l'ensemble des éléments discursifs décrivant, visibilisant et légitimant une politique publique.

12. Encore qu'on ne peut tout à fait exclure, sur la base d'entretiens réalisés, que les services aient relayé et amplifié des inquiétudes en provenance du milieu sportif lui-même.

tive jeune hors d'un environnement organisationnel structuré, faire du sport devant signifier nécessairement appartenir à un club et à en adopter les pratiques et les éthiques. Sur la base de telles perceptions et de telles prescriptions, les pratiques sportives «sauvages» ont dès lors été évaluées sur un registre a priori négatif, suspectant une concurrence fâcheuse à la règle sportive, oscillant au mieux entre une propédeutique à l'adhésion au club et le complément infantile, quoique récréatif, à la pratique sportive ordinaire. Le chemin a dès lors été court et l'enchaînement mécanique pour construire une phénoménologie disqualifiante, réduisant l'exhibition des habiletés à une longue litanie de nuisances, d'incivilités et, *in fine*, d'accrocs prémédités au contrat urbain (nuisances sonores, dommages à la propriété, irrespect des limites, insécurité généralisée). Pour solde de tout compte, ces pratiques s'en sont trouvées alors réduites à des modèles illicites et donc dangereux aux yeux de cette catégorie de gestionnaires de l'action publique.

Un constat de basse gouvernabilité

Au-delà des perturbations intervenues dans le travail de lecture, de décryptage et d'appréhension de ces nouveaux particularismes sportifs, on peut constater que les Services des sports communaux ont été heurtés aussi par l'augmentation du niveau de complexité désormais attaché à la résolution de problèmes, d'attentes et de revendications issus d'une nouvelle «mise en ordre sportive»[13]. Dans un tel contexte, et plus encore en face du nombre et de la *qualité* des acteurs impliqués et de la nécessaire résolution de problèmes de coopération inédits jusqu'ici, il n'est guère étonnant que les Services des sports biennois et lausannois aient communément décrété un état de basse gouvernabilité[14] se déduisant d'une grande instabilité et labilité du phénomène à traiter, son aspect peu structuré, et, par voie de conséquence, l'impertinence des procédures habituelles de régulation et d'ajustement pour cause d'absence de ressources cognitives et organisationnelles propres et de défaut de légitimité réciproque.

13. P. Parlebas, «La dissipation sportive», *Culture technique*, N° 13, 1985, pp. 19-39; P. Parlebas, *Éléments de sociologie du sport*, Paris: PUF, 1986.
14. Selon l'expression de E. Soja, «Aménager dans/pour la postmodernité», *Espaces et Sociétés*, N° 74-75, 1994, pp. 203-215.

Un refus d'institutionnaliser

La perception et la représentation de pratiques décrites surtout comme des univers réticulaires et relationnels, tramés par des rapports de grégarité et d'individuation socio-sportive, sans relation clairement établie avec la Loi, a conduit également, dans ce premier moment, à un refus ou à une incapacité d'institutionnaliser un mouvement dont les conduites semblaient, selon l'expression de F. Bourricaud, «pécher contre la condition de légitimité»[15]. Autrement dit, et dans cette phase de défiance croisée, on peut dire que le mouvement de glisse urbaine est clairement apparu «comme [le symbole d'] une mise en échec persistante et délibérée des directives de la maîtrise [...], mettant en évidence des hiérarchies parallèles, une véritable contre-société, construite pour ainsi dire à l'envers»[16]. Dialectiquement, et sur fond d'institutionnalisation toujours, un autre point de conflit a résidé dans le fait que les jeunes ne se sont évidemment pas reconnus au travers des attributs et des identités décrites et représentées par les acteurs publics, et singulièrement au travers d'une sociologie des *status* négative. Ainsi, et pour remonter à une source sociologique de la théorie des institutions, en l'occurrence les travaux de G. Lenski, on peut dire que la prévalence administrative de modèles de représentation rigides, dégagés du jeu de l'ambivalence entre la culture sportive légitime et un modèle de diversité culturelle autorisant la confrontation et la négociation, aura rendu impossible toute cristallisation des status des jeunes[17], renvoyant dos à dos des protagonistes en panne d'inter-légitimations.

Un renvoi du dossier

Si le modèle général d'autorité et de gestion auquel les instances administratives sportives ont recouru, dans le cours de cette première phase, s'affirme encore assez largement régalien et nomo-

---

15. F. Bourricaud, article «Institutions», in *Encyclopedia Universalis*, 1985, pp. 1218-1221.
16. R. Boudon, F. Bourricaud, article «Institutions», in *Dictionnaire critique de la sociologie*, Paris: PUF, 1982, p. 310.
17. G. Lenski, «Status Crystallization: a non-vertical dimensions of social status», *American Sociological Review*, volume XIX, N° 4, 1954, pp. 405-413.

thète, «peu ouvert», il ne peut dissimuler toutefois que d'autres secteurs de l'administration ou d'autres services municipaux ont pu faire valoir des points de vue et des lectures différenciés du phénomène, entraînant, dans des délais réduits, le passage du dossier «glisse urbaine» vers d'autres mains, mais surtout vers d'autres compréhensions, d'autres pratiques, d'autres filières de régulations et de médiations. En particulier celles inscrites dans des modèles et des références d'ingénierie publique alimentées aux registres de la «pluridisciplinarité» et de l'«interinstitutionnel», armées pour intégrer la gestion du fait néo-sportif dans des projets et des visées *connexionnistes* à la fois politiques, sociaux et urbains, et attachées aussi à instrumenter les capacités d'initiative et de rassemblement de ces nouveaux sportifs.

Une telle «diffusion des préoccupations»[18], si elle se déduit plus largement d'une reconfiguration désormais bien connue d'un certain nombre de problèmes publics et d'appréhensions renouvelées du «gouvernement urbain», se déduit sans doute aussi d'un ensemble de faits tels que l'inscription progressive de la glisse urbaine dans l'espace public depuis le début des années 90, les certitudes relatives aux vertus du sport comme facteur d'entretien du corps physique et du corps social, sans oublier la socialisation et l'instrumentation politico-administrative des thèmes de la «culture jeune», désormais inscrits à l'agenda politique. Autrement dit, si, dans un premier temps, la demande d'une halle de patinage, et, plus largement, la reconnaissance d'un droit de cité sportif a posé de considérables problèmes, déstabilisant pouvoirs et services administratifs, on peut observer que cette même requête a permis, dans un second temps cette fois, de formaliser et de stabiliser des réseaux d'acteurs en même temps que de redéfinir des modes d'approche et de gestion des politiques socio-sportives.

Davantage, on peut admettre que le passage du dossier «roller» d'un service à un autre a participé d'une manière de «blanchiment» de cette pratique et de ses adeptes, et cela à travers une double labélisation. En premier lieu, une labélisation «animation culturelle et sportive» consécutive à la reprise du dossier par le Service loisirs et jeunesse à Lausanne. En second lieu, une labélisation «intégration des jeunes en difficulté» consécutive cette fois à l'intervention d'un

18. Selon l'expression de J. Donzelot, «À quoi sert le travail social?», *Esprit*, mars-avril, 1988, pp. 7-27.

réseau d'acteurs au sein duquel le Drop-In[19] de la ville de Bienne a joué les premiers rôles. On peut dès lors dire que ce passage d'un secteur administratif à un autre a incarné aussi le passage d'une politique sportive municipale à une politique sportive territorialisée: la première se construisant sur des référentiels agrégeant des préoccupations d'encadrement et de développement sportifs, d'animation globale sollicitant fortement les clubs à la fois acteurs désignés et courroies de transmission privilégiées de ces politiques[20]; la seconde, plus nettement orientée *politique urbaine*, visant au travers de la gestion sportive l'intégration des jeunes, et sollicitant pour cela un élargissement des partenariats et l'incorporation de tous les acteurs topiques issus du territoire, perdant alors en teneur et en ressources proprement sportives ce qu'elle gagne en «métissage» des protagonistes et en hybridation des compétences, des objectifs, des références culturelles et normatives.

Un second moment: la réponse des pouvoirs publics

Si les deux villes, et malgré des contextes locaux différents, ont construit, en un premier temps, un référentiel d'action, tissé des mêmes hésitations, elles ont, de même, recouru à un commun travail de recodage pratique et symbolique de la perception et de l'expérience du phénomène, à une semblable *reconstruction de l'objet* «glisse urbaine». Tout se passant comme s'il s'était désormais agi de prendre en compte et de dépasser, par l'esprit comme par la procédure, la caducité des instrumentations par trop normatives et substantialistes. Dans le détail, il se sera donc agi, et simultanément, de construire un ordre, une gouvernabilité et un *concernement*.

Construire un ordre

Construire un ordre, ou plus exactement «mettre en ordre et mettre de l'ordre», aura ainsi signifié construire politiquement et

---

19. Institution spécialisée dans la prise en charge des toxicomanies, dans la prévention secondaire et dans le travail de rue.
20. L. Arnaud, «La politique socio-sportive de la ville de Grenoble de 1983 à 1993: animation et/ou prévention?», *Spirales*, N° 10, 1996, pp. 71-76; P. Arnaud, «Sport et intégration: un modèle français», *Spirales*, N° 10, 1996, pp. 7-21.

stratégiquement un nouveau système de règles et de normes relatives à l'instrumentation et à la mise en régie du phénomène roller par les autorités. On peut ainsi constater que ces dernières se sont attachées à construire une politique publique *des* et *autour* de ces nouveaux sports de rue. Dans les contextes urbains retenus, cette notion de «politique publique» désigne une double acception du terme. En premier lieu, une formulation qu'on pourrait qualifier de classique, au sens de production d'un ensemble de pratiques et de normes émanant d'un ou de plusieurs acteurs publics, caractérisée par un contenu, un programme, une orientation normative et un ressort social[21]. En second lieu, une formulation qui ressort d'une légère dérivation de sens et au terme de laquelle «une politique publique est un processus de médiation sociale visant la transformation de l'existant à travers les instruments de l'action publique, et en fonction des représentations que se font les acteurs concernés du problème posé»[22].

À partir de cette reconsidération et de cette nouvelle définition de la convergence des intérêts publics et des intérêts privés, et tout cela sur fond de consistance sociologique et d'inscription urbaine, les autorités et les secteurs administratifs concernés se sont prioritairement employés à quitter la logique du rapport de forces pour créer plutôt un champ de forces, c'est-à-dire un espace permettant la mise en contact de dimensions et de grandeurs hétérogènes, tout à la fois sociales, politiques, culturelles et sportives. De là se déduisent la création d'un mode d'action publique sociologisé[23], l'augmentation du nombre des acteurs concernés au sein d'un collectif d'énonciation du problème roller et skate, la création systématique de rapports de pouvoir latéraux et peu hiérarchisés, etc. Autrement dit, l'avènement de ces nouvelles formes de régulation peut être décrit par le souci de mettre en œuvre des ensembles pluralistes tissés d'interlocution, de balance des pouvoirs, et sans doute plus

---

21. Y. Meny, J.-C. Thoenig, *Politiques publiques*, Paris: PUF, 1989.
22. E. Macé, «Sociologie permanente et référentiels de l'action publique: le cas de la politique de sécurité de la RATP», in E. Heurgon, N. Stathopoulos (dir.), *Les métiers de la ville*, Actes du colloque de Cerisy, La Tour-D'Aigue: L'Aube, 1999, pp. 105-110.
23. Par «mode d'action sociologisé», on peut entendre à la fois le travail de transmutation qui vise à positiver les caractéristiques sociologiques des sports de rue et de leurs pratiquants; l'instauration de procédures de négociation ouvertes qui, en dévoilant les attentes des partenaires créent un quantum ou un minimum de sociologie réciproque nécessaire pour s'orienter les uns par rapport aux autres, *sociologie positive* et *sociologie réciproque* s'agrégeant finalement dans le cours d'un processus ouvert et continu qu'on peut décrire comme un processus de «sociologie permanente» (Macé, *art.cit.*, p. 109).

encore par l'instauration d'un modèle du contrat et de la délibération; l'enjeu, autant que l'horizon de la procédure visant, en dernière instance, à *remettre un ordre* à travers la désidéologisation de la question du roller. Pour la ramener à un problème de régulation administrative dépolitisée, en l'espèce un problème de coordination entre des acteurs hétérogènes.

Produire une gouvernabilité

Pour l'essentiel, produire ou re-produire de la gouvernabilité aura d'abord consisté à «retourner» un contexte et une conjoncture d'échange politique et social a priori incertains et peu systématisables. Et ceci dans la mesure où cet échange a confronté des systèmes politico-administratifs locaux avec de nouveaux acteurs affranchis des traditionnels usages et codifications sportifs et qui plus est inscrits dans une culture de l'alternative sociale et sportive. Dans ces conditions, la construction d'une gouvernabilité s'est confondue avec la mise en œuvre d'une machine d'influence politico-administrative attachée à produire, en matière de décision, une double validation à la fois pragmatique et concertatoire, vigilante à prendre en compte des définitions et des désignations *individuelles* du fait sportif, et, plus encore, ce que J.-P. Gaudin désigne comme «la spécificité des sphères d'usage dans la reconnaissance des aspirations particulières»[24].

À partir de là, les autorités lausannoises et biennoises ont initié deux dynamiques principales. La première, qu'on pourrait qualifier de dynamique diagnostique, a visé à reconfigurer le problème posé, à en dégager les enjeux majeurs, démarche de laquelle s'est imposée la nécessité, pour rendre la glisse urbaine «compatible», de rompre avec des normes d'action par trop positives et unifiantes. La seconde, qu'on pourrait qualifier cette fois de dynamique pragmatique, a conduit à produire et promouvoir des politiques contextualisées et territorialisées, non-patrimoniales et non-subtantialistes, aptes à sauvegarder une traditionnelle logique domaniale (sauvegarde des clubs, gestion des équipements sportifs traditionnels...) en même temps qu'à produire de la nouveauté politico-administrative, via le recours à des principes ouverts et

---

24. J.-P. Gaudin, *Technopolis*, Paris: PUF, 1989, p. 130.

intersectoriels, convocant systématiquement des médiateurs et des intermédiaires.

Produire un concernement

En regard des terrains retenus et des observations recueillies, on peut relever que l'opération de production d'un *concernement* s'est développée à partir de la nécessité de socialiser un problème urbain. Ce processus s'est traduit par l'élargissement de la problématique «glisse urbaine» au rang et au statut de phénomène global touchant, de fait, bien d'autres sphères ou secteurs de la vie urbaine. L'enjeu, dès lors, aura été de construire un «patrimoine commun, au sens d'un ensemble d'objets et de produits [...] auxquels une collectivité attache de la valeur»[25], ainsi qu'«une base publique de justification»[26] permettant «de parvenir à des consensus politiques par recoupement»[27]. Autrement dit, il aura fallu produire une manière d'accord autour d'une pratique sportive dont on sait qu'elle aura polarisé des mécontentements dans la population d'abord, dans la classe politique ensuite, au sein d'un certain nombre de corps constitués urbains enfin, au rang desquels le corps de police et les régies de Transports publics. Dans ces conditions, il n'est guère étonnant que la question des nouveaux sports urbains se soit rapidement imposée comme point d'appui à des politiques sociales localisées, telles la prévention de la délinquance et des «conduites dangereuses» (en particulier les toxicomanies), ainsi que l'insertion des jeunes et des chômeurs.

La mise en scène de la socialisation de ce problème aura débouché sur le déploiement de pragmatiques d'action et de gestion urbaines nées, dans la mesure du possible et du politiquement souhaité, d'une co-construction des problèmes et de leurs solutions. Cette manière d'instauration d'une *gouvernance sportive*, marquée par la multiplication des acteurs et le décloisonnement des compétences, s'est incarnée à son tour au travers d'une double production.

---

25. E. Torres, «Contrats et conventions de développement patrimonial: la régulation locale des rapports environnement-économie», *Revue d'Économie Régionale et Urbaine*, N° 1, 1995, pp. 103-124.
26. P. Pharo, «Les limites de l'accord social. À propos du débat Habermas-Rawls sur la justice politique», *Revue française de sociologie*, vol. XXXIX, juillet-septembre 1998, p. 595.
27. *Ibid.*

Au travers d'abord d'un processus de légitimation d'acteurs tantôt·
nouveaux et inédits (les jeunes activistes du mouvement roller) ou
tantôt replacés/repositionnés dans un dispositif original (certains
collaborateurs de l'aide sociale à Bienne, les fonctionnaires du Service loisirs et jeunesse à Lausanne); les premiers d'entre eux ayant
été rapidement installés dans une posture de partenaires reconnus,
se voyant à la fois confortés dans leur capacité d'initiative et associés
aux différentes procédures de consultation et de mise en œuvre.

Par la suite, la *construction de l'accord* se sera opérée sur une base
de complémentarités fonctionnelles (la problématique roller et
skate étant en quelque sorte fragmentée en autant de problématiques restreintes mais néanmoins mitoyennes pouvant être réap-
propriées par les différents partenaires publics) et de partage de
représentations, d'attitudes et d'attentes compatibles sinon similaires, propres à dépasser des antagonismes et des conflits d'appartenance. À cet égard, c'est la promotion d'un même catalogue
d'intérêts vis-à-vis d'un skatepark – offrir un espace pour vider la
rue des patineurs «sauvages», régler un problème d'équipement
sportif, prévenir par le sport les problèmes d'intégration et de
socialisation des jeunes, prévenir la consommation de drogue et
d'alcool, contenir la délinquance juvénile... – qui aura fonc-
tionné comme ciment collectif et comme concernement partagé.

On ne perdra pas de vue que ces instrumentations lausannoises
et biennoises d'un phénomène socio-sportif, si elles paraissent être
des réponses symétriques à des *stimuli* peu ou prou identiques, sont
néanmoins indissociables d'interprétations locales et contextualisées, les actions entreprises par les deux villes témoignant de la permanence de quelque chose comme un «effet localité», qui résulte à
son tour de la conjonction de différents facteurs et variables.

Lausanne:
une institutionnalisation par requalification sportive

On a évoqué le fait que le mouvement roller avait, dès le début
des années 90, troublé les pouvoirs publics, et cela finalement
moins dans son incarnation de phénomène sportif que dans sa
dynamique de projet et de contestation/revendication. On a dit
aussi que, malgré des doctrines divergentes (en particulier entre
certains représentants du Service des sports et du Service loisirs et

jeunesse), les autorités municipales, Service loisirs et jeunesse en tête, avaient su manifester une capacité d'initiative et d'instrumentation du phénomène roller.

La création d'une telle dynamique, si elle s'est incarnée au travers d'un important cortège de mesures (consultations, projets réalisés en commun, valorisation de la prévention tous azimuts) n'en a pas moins été dictée surtout par une contrainte d'ordre public; en l'occurrence «vider la rue» ou à tout le moins la pacifier.

Première contrainte: «vider la rue», c'est-à-dire contenir la prolifération incontrôlée des patineurs dans la ville. À cet égard, il est raisonnable de penser que la cession d'une halle a témoigné d'un constant souci de fixer les pratiques de glisse dans un lieu circonscrit. Une telle domiciliation assurant du même coup une reconnaissance par sédentarisation pratique et symbolique des acteurs. C'est probablement le même type d'intérêts qui a donné sens à la «rollerisation» de nombreux espaces publics urbains, dont les aménagements de base – les bancs en particulier – intègrent explicitement la pratique d'un roller pacifié et acceptable[28]. Enfin, on peut penser que le soutien et les prestations accordés par différents services municipaux à l'occasion de la tenue, annuelle depuis 1994, de L'International Roller Contest Lausanne (Service des sports, corps de police notamment) participent d'une «festivalisation» du patinage *outdoor*, sa spectacularisation compétitive, en accentuant habilement la dangerosité et son caractère exceptionnel et festif, bien éloigné du patinage quotidien.

La résolution de ce double problème proprement urbain aura permis de déployer deux types de démarche publique, assez largement évocateurs d'une philosophie gestionnaire, qu'on peut identifier comme autant de tentations de l'action publique.

Ouvrir et fermer

La première tentation aura été une tentation d'ouverture, concrétisée au travers d'une mise en réseau de la problématique roller en ville de Lausanne. Ainsi, à travers l'action médiatrice du

---

28. Sur ce point, cf. C. Jaccoud, M. Zepf, J.-Ph. Leresche, *Gérer l'espace public. Dynamiques urbaines et dynamiques institutionnelles à Lausanne*, Lausanne: EPFL-IREC, Rapport de recherche N° 143, juin 1999.

Service loisirs et jeunesse, et singulièrement au travers de l'engagement de l'un de ses adjoints administratifs, on aura tout à la fois réticulé et socialisé un problème, en y associant, sur la base de leurs compétences, ressources et identités, les représentants de l'association de rollers La Fièvre, le Corps de police via un important travail de prévention auprès des jeunes patineurs, le Service des automobiles — éditeur d'un petit fascicule à l'usage des automobilistes et les incitant à la prudence dans les possibles interactions avec des pratiquants — les Transports publics, le Service des sports, sans oublier certains représentants de la Municipalité.

La seconde tentation évoque plutôt la fermeture, la circonscription du débat au réseau précédemment évoqué, la dévolution et l'exercice des choix et de la décision à des «spécialistes» regroupés dans un dispositif caractérisé par sa forte communication interne, sa convergence de vues et ses interactions régulières. On peut relever à ce propos que la plupart des décisions prises l'auront été hors toute consultation des citoyens, de manière tantôt discrète, tantôt informelle, ou encore selon une logique du fait accompli. Et cela quand bien même la présence de patineurs dans l'espace public a pu nourrir bien des craintes, des inquiétudes et des incompréhensions. À cet égard, et d'ailleurs comme pointé par d'autres[29], il est significatif de constater que la Ville aura largement «forcé les choses», affichant rapidement une position pro-roller, au demeurant décriée par certains acteurs politiques.

Au final, et en terme de pragmatique d'action d'une «politique publique roller», on peut constater que la Ville aura déployé une mise en œuvre autour de trois logiques fortes: une logique de médiation, une logique de légitimation et une logique de requalification sportive.

Une logique de médiation

Cette première logique aura sollicité tout à la fois le Service loisirs et jeunesse, et plus encore les capacités d'entremise de l'adjoint du service. Dans les faits, il faut bien convenir que c'est cet engagement qui a permis d'établir rapidement un *contrat urbain*, satisfaisant pour toutes les parties concernées. C'est dans cet environne-

29. En particulier Dubois et Guex, *op. cit.*

ment et par ces relations croisées que s'est inscrit et développé le projet, lui accordant des ressources et des relais tant financiers que politiques, et c'est depuis cet environnement encore que se sont créés des réseaux et un système de cautions.

On peut mentionner qu'à Lausanne, l'engagement d'un tel secteur administratif était en soi cohérent, ce dernier administrant un héritage ancien lié à la politique de la jeunesse essentiellement incarnée par la gestion des centres de loisirs, mais aussi au fil du temps par la gestion des locaux et des subventions pour des projets émanant de jeunes. Ce faisant, l'activité de ce service s'est, au fur et à mesure des sollicitations des jeunes, mais aussi d'autres secteurs de l'administration locale, approprié la tâche de résoudre le problème du développement d'associations culturelles issues de la mise en œuvre de projets spécifiques ainsi que de leurs intégrations urbaines respectives.

Dès lors, cette position a priori «située» et médiatrice s'est trouvée renforcée par l'engagement de l'adjoint du service, personnage rentabilisant en quelque sorte de longues années de familiarité et d'immersion dans le secteur de l'associatif jeunes. Une connaissance du terrain qui aura sans nul doute joué un rôle essentiel en termes de reconnaissance réciproque et de légitimations croisées. Et plus encore par l'attachement de ce fonctionnaire à la construction d'une politique «jeuniste», tissé de connivences, d'affinités et de bienveillances, et attentive au travers d'un *modus operandi* d'essence culturaliste, à valoriser les initiatives du fait même de leur origine jeune.

En fin de compte, la mécanique médiatrice construite par cet acteur de première ligne aura poursuivi un double objectif. En premier lieu, créer du lien. En second lieu, et à la lettre, créer de la médiation, soit nouer les fils du dialogue socio-sportif, mobiliser et agréger les différents partenaires, et cela tout en rappelant la norme.

Une logique de légitimation

La deuxième logique actualisée, dans un contexte de légitimation des compétences et des expertises des acteurs impliqués, a visé à installer l'état-major de l'association La Fièvre dans une posture de partenaire reconnu. Cette tension vers une «parlementarisation» de l'action publique aura inscrit une population socio-sportive aux marges dans un dispositif institutionnel, considérablement allégé des «dispositions cérémonielles du pouvoir»[30], en même temps que soucieux de ne pas imposer mécaniquement la raison du plus fort. Elle aura permis ensuite d'apporter les réponses appropriées à une situation singulière au travers d'une espèce de *just in time* politico-administratif reposant sur un double impératif: codébattre, dès le début de la démarche et par les actions croisées d'un réseau d'acteurs publics et privés, des projets et des revendications; décloisonner des logiques d'action et des logiques d'acteurs le plus souvent compartimentées.

Du roller contesté au «Roller Contest»

La troisième logique peut être désignée comme ressortissant d'une logique de «resportivisation» de la dynamique roller, d'une requalification d'une pratique sportive peu ou prou décalée aboutissant *in fine* à l'inscrire en quelque sorte officiellement à l'actif de l'attractivité métropolitaine lausannoise[31]. Et cela au travers d'un processus en trois moments qui a révélé autant de lectures différentielles d'un même phénomène sportif par les différents secteurs et services de la puissance publique, qu'un mode d'institutionnalisation/récupération d'une insularité sportive désormais prise dans les filets d'une politique socio-sportive locale.

Premier moment: le Service des sports a semblé devoir exprimer une pulsion «orthodoxe», rejetant le mouvement vers une marge sportive au nom d'un légitimisme comme arc-bouté sur ses canons traditionnels tels que l'affiliation fédérative, la recherche de compétitivité, la stabilisation et la représentativité des porte-parole, la viabilité temporelle de l'activité.

Deuxième moment: l'intervention du Service loisirs et jeunesse, en mettant en exergue la plus-value de sens du roller (en termes d'animation, de prévention, de culture de projet...) et en le réinté-

---

30. C. Geertz, *Ici et là-bas. L'anthropologue comme auteur*, Paris: Métailié, 1996, p. 311. Cf. aussi: J. Steed, *My boots, my hat*, Londres: BBC, 1967.

31. On mentionnera ici que, depuis le mois de février 1997, le mémento mensuel édité par l'Office du tourisme et des congrès de la Ville affiche clairement, sur sa couverture, et dans un rapprochement qui vaut bien des longs discours, l'image d'un patineur (en l'occurrence un compétiteur de L'International Roller Contest Lausanne) et un violoncelle photographié en gros plan...

grant, via son insertion consentie, dans le fonctionnement général de la machinerie urbaine, l'a fortement légitimé au nom d'un nécessaire traitement socioculturel d'une différence sportive.

Troisième moment: au terme d'un processus dialectique, et au terme encore d'une pacification désormais acquise, la Ville s'est vue fondée à réinscrire positivement la dynamique roller et son haut-lieu d'exercice – le skatepark – dans une identification proprement sportive à forte valeur d'appel et à bon rendement symbolique. Et cela tout particulièrement au travers de la valorisation et du soutien accordé à deux réalités. l'International Roller Contest Lausanne d'abord, manifestation de retentissement international et fortement médiatisée, accueillant jusqu'à 150 000 personnes, née de l'imagination des membres de La Fièvre, et qui réconcilie la pratique du patinage avec le droit commun sportif (compétition, affrontement, classements et hiérarchie); la halle de Sévelin ou skatepark HS36 ensuite, qui a fait passer les pratiques de glisse urbaine d'une dynamique de rue à une logique d'équipement collectif, dont on sait désormais l'importance dans l'acquisition d'un statut métropolitain[32].

On peut penser qu'un tel processus de reconformation et d'appropriation d'un phénomène sportif et culturel a priori dissident, ainsi que son inscription au patrimoine programmatique d'une ville autoproclamée «culturelle et sportive» et sportivement proactive – et dont la pérennisation volontariste constitue sans doute l'un des *topos* de la politique municipale – aura renoué avec et exprimé une manière de tradition historique, culturelle et politique. Et ceci tant il est vrai que Lausanne est connue pour avoir vu émerger, dès le début du siècle, et au travers de nombreuses et influentes personnalités inspirées par l'olympisme et l'hygiénisme, un important pouvoir sportif, rapidement constitué en partenaire des autorités en matière de dialogue sportif et de production sportive. Demeure toutefois que ce travail de production et de reproduction sportives contrôlé, s'il a manifesté un incontestable savoir-faire en matière de politique sportive, paraît néanmoins fortement dépendant de préoccupations à la fois plus larges et plus actuelles, en particulier celles qui se réfèrent à la production d'une action publique urbaine attachée à *produire de la ville*, soit une série de

---

32. D. Rowe, P. Mc Guirk, «Drunk for three weeks. Sporting Success and City Image», *International Review for the Sociology of Sport*, vol. 34, N° 2, juin 1999, pp. 125-141.

consensus, d'accords et de légitimations, de neutralisation des désaccords, de pacification des interactions et des échanges civico-politiques.

Bienne: institutionnaliser par la reconnaissance d'un milieu alternatif

L'expérience biennoise, à l'instar de l'expérience lausannoise, fait apparaître que l'existence même du skatepark a été subordonnée d'abord au respect de règles et de principes d'actions, et plus encore à un souci de «mise en ordre» et de formatage urbain prescrits par les pouvoirs publics. Dans les faits, on peut dire que cette dynamique de régulation s'est construite dans ce cas sur une double logique: une logique d'ordre public proprement dite – contenir des pratiques jugées perturbantes de l'ordre urbain et leurs effets collatéraux tels que tapage nocturne, dommages à la propriété… – et une logique entremêlant des préoccupations de santé publique, de prévention et de contrôle social.

Du point de vue des préoccupations de santé publique et de prévention, il faut relever que l'acceptabilité et la compatibilité de la halle a passé par la soumission à et le respect d'un pacte que l'on peut qualifier de «pacte de prohibition». Il apparaît ainsi que l'association Loud Minority, association promotrice du projet de halle, a dû s'engager quant aux problèmes liés à la consommation de drogue et d'alcool dans le skatepark, mandat impératif lui étant confié de veiller à la mise à l'écart de telles attitudes et comportements, et de contenir d'éventuels mauvais engrenages rendus possibles tout à la fois par une population identifiée comme «*assez fragile*» et par l'insularité géographique du lieu, propice aux trafics et aux douteux négoces.

On voit dès lors poindre au moins trois des principaux traits structurants de cette expérience. En premier lieu, et on peut évoquer ici un axiome général qui aura guidé les pas de la puissance publique et de ses courroies de transmission (Secrétariat à la jeunesse de la ville, Drop-in, travailleurs sociaux), le souci d'inscrire ou de réinscrire les jeunes skaters et leur association dans un fonctionnement relationnel et civique, eu égard à une identification qu'on pourrait dire «locale» ou encore «située» de cette population sociale et sportive (jeunes «à risques», de cas en cas désinsérés; poids d'une culture alternative).

En second lieu, le rôle considérable joué par un opérateur de prévention respecté (le Drop-in) dans le montage, le portage et la légitimation d'un projet, inspirés par un référentiel de politique sociale, et singulièrement de ralentissement et d'évitement des marginalisations. Une opération de surcroît fortement travaillée par des professionnalités qui doivent beaucoup à l'instrumentation des pratiques sportives comme outils de travail au service de la réalisation d'objectifs éducatifs. En troisième lieu, l'attachement et la fidélité à des principes d'arrangement, privilégiant le «bricolage» circonstanciel plutôt que la transaction durable, la modestie affichée en matière de recherche de visibilité comme en matière de pression exercée par les autorités, la prédilection pour les circuits courts et la proximité plutôt qu'une maîtrise et une gestion de l'expérience dans les cadres de l'officialité politico-administrative.

Une gestion située pour une population située

Une dimension essentielle du contrat de fonctionnement de la halle biennoise a résidé dans le fait que le skatepark, au titre des exigences que la puissance publique pouvait être fondée à poser en termes de police administrative (sécurité, hygiène…), est demeuré un *espace de non-droit*, une zone franche laissée en quelque sorte à ses habitants et à une manière d'usage coutumier faiblement légalisé. Un tel état de fait, s'il consacre d'abord le statut d'espace privé de la halle, géré par une association souveraine en ses murs, ne découle de toute évidence pas d'un retrait de la norme publique, mais d'une volonté partagée par l'ensemble des acteurs engagés dans la gestion du projet.

Du point de vue des jeunes eux-mêmes, il est apparu que la privatisation du skatepark la mettait en adéquation avec le souci d'y construire un lieu à forte résonance identitaire, espace du repli sur l'entre-soi et de l'affirmation alternative[33], local de jeunes à fortes

---

33. La ville de Bienne peut être décrite comme une ville marquée par une forte et ancienne culture alternative, laquelle est venue dans les années 70 composer avec une autre spécificité locale, en l'occurrence une dynamique culturelle ouvrière, fortement ancrée à gauche, diffusant notamment depuis la «Maison du peuple». La ville possède un centre culturel, «La Coupole», en activité depuis plus de trente ans, généralement considéré comme le plus ancien centre autonome de Suisse. Bienne, en outre, est l'une des premières villes suisses à avoir été confrontée à des réalités urbaines telles que les squats et les tags, ainsi qu'à des phénomènes de violence qui sont inséparables d'une brutale crise économique qui, au détour des années 80, a vu passer la cité du statut rayonnant de «*Stadt der Zukunft*» à une situation que certains experts n'ont pas hésité à qualifier de «*New Jerseyisation*».

affinités électives plutôt qu'équipement sportif urbain, fut-il recalibré à l'aune des nouveaux sports et des nouveaux sportifs.

Du point de vue des acteurs issus du champ du travail social, la valorisation de la dimension associative du lieu et de son fonctionnement a paru propre à stimuler une dimension pédagogique, en valorisant des compétences spécifiquement et comme «naturellement» liées à une marginalité, en même temps qu'à dissuader d'éventuelles dérives liées à un développement incontrôlé.

Du point de vue des acteurs politico-administratifs, le refus d'une banalisation du site, quand bien même elle a contraint de cas en cas à certains arrangements dérogatoires du droit commun, a évoqué tout à la fois la préoccupation de contrôler une situation à certains égards expérimentale, d'en fixer une taille raisonnable et de ne pas laisser se transformer le skatepark en une sorte de vaste scène *off*. On peut dire encore que l'Office des sports municipal a vu dans ce dimensionnement réduit de l'opération une manière de contre-feu à une possible explosion des revendications en matière d'équipements sportifs, autant qu'à l'entrée redoutée dans une spirale de subventionnements.

Instances de médiation, logique et réseau d'intercession

L'étude du cas biennois fait apparaître combien et surtout comment le poids d'une démarche médiatrice, via la mise sur pied d'un véritable réseau d'action coordonné, aura contribué à configurer la mise en œuvre d'une «politique publique glisse urbaine», celle-ci se substituant en quelque sorte (alors qu'à Lausanne elle l'a complété) à la faible visibilité du corps politico-administratif. Et ceci à travers des opérations plutôt sectorielles (le Drop-in et le Secrétariat à la jeunesse); à travers le recours à une logique d'intervention issue du registre de la politique sociale, de la prévention et de l'animation; à travers enfin la délégation du suivi et de la compatibilité de l'expérience à des professionnels de la jeunesse et de son encadrement.

Ce réseau était composé d'acteurs publics et parapublics, à la fois clairement identifiables et relativement discrets, sédimentant et rentabilisant de longues années de relations professionnelles et personnelles dans le périmètre étroit de l'espace local, une telle densité relationnelle assurant sans doute l'unité de la doctrine, la maîtrise de l'entropie et l'élaboration de circuits courts et pragmatiques.

Schématiquement parlant, un tel réseau peut être décrit comme tricéphale, structuré autour de trois pôles qui sont autant des pôles institutionnels que des pôles incarnés par des personnalités et des engagements actifs. Hors toute hiérarchie, encore que la première institution nommée a sans doute assuré un certain *leadership*, on peut identifier le Drop-in[34], le Secrétariat à la jeunesse et le rôle mi-officiel mi-officieux exercé par une personnalité locale, Madame G., éducatrice sportive auprès d'établissements de cure pour toxicomanes, croisant par-là les domaines du sport et du «social sportif», particulièrement bien intégrée dans le milieu des jeunes néo-sportifs, et cela au titre d'un travail de terrain directement inspiré par son statut d'«agent traitant» de l'Office fédéral de la santé publique et de l'Office fédéral des sports (Macolin), pour le compte desquels elle a mis en œuvre des programmes de prévention par le sport.

Le cas biennois a révélé aussi, par-delà les prestations et les prescriptions médiatrices exercées par ces intervenants, la mise en œuvre d'une logique d'intercession qui désigne un ensemble de significations puis de postures telles que «se placer entre», «s'entremettre», «intervenir en faveur de», «user de son influence pour», «se faire l'avocat de»… En d'autres termes, un positionnement *intermédiaire* systématique qui a pris ici valeur de méthodologie d'action.

D'un point de vue comparatif, on peut dire que si l'action exercée à Lausanne par le Service loisirs et jeunesse a pu être décrite comme large, visant à créer tout à la fois une coalition d'intérêts entre les secteurs administratifs de la ville, à pacifier aussi le terrain d'échanges entre la Municipalité et les jeunes, en bref à créer un *espace d'interactions*, l'action médiatrice exercée par ce réseau biennois a visé plutôt la création d'un *espace d'intercession*. Dans les faits, une telle logique a recoupé une activité déployée par un comité de pilotage attaché à tracer un cadre de fonctionnement à

---

34. Sous l'angle d'une identification plus précise, on peut décrire le Drop-in comme une institution biennoise de lutte contre la toxicomanie à forte légitimité locale, régionale, voire nationale, véritable institution de référence en Suisse en ce qui concerne les volets de la politique de la drogue et de la prévention primaire. Du point de vue de son statut, son caractère d'association privée subventionnée par le canton de Berne lui confère une stabilité par rapport aux aléas financiers et aux alternances politiques que connaît la ville. On relèvera encore qu'au moment de l'enquête, le directeur du Drop-in était élu — conseiller législatif – de la ville de Bienne.

l'association de jeunes patineurs, à plaider sa cause au nom d'objectifs difficilement contestables (le «bien» de jeunes guettés par la marginalisation et la désaffiliation), enfin à veiller à ce qu'elle obtienne un minimum fonctionnel vital, susceptible d'assurer sa survie en même temps qu'une attention de la part des pouvoirs publics.

En termes de logique d'action, on peut dire alors que l'action du réseau décrit s'est construite pour l'essentiel sur une double logique de prévention/insertion et d'animation. Et plus spécifiquement encore sur une maîtrise d'œuvre sociale, sportive et urbaine, directement issue du travail social en même temps que sur une sensibilité «territorialisée», eu égard à une actualité spécifique sur le front des problèmes sociaux (chômage des jeunes, confrontations violentes entre jeunes et forces de l'ordre notamment).

Au final, et en considérant modalités d'intercession et de relais, force est de constater que les acquis dont aura bénéficié l'association-gérante (certains subventionnements de fonctionnement, la salarisation du principal animateur du skatepark dans le cadre d'un programme d'occupation…) auront été largement redevables de ce positionnement intermédiaire et de cette production conséquente d'*advocacy*. De ce point de vue, alors même que la Ville et ses pouvoirs auront semblé garder une bonne distance avec la halle, on est tenté de penser que c'est la halle qui est venue à la ville, et cela à travers certaines proximités bienvenues, telles l'intégration du Secrétariat à la jeunesse dans l'organigramme officiel de l'administration, la présence de Madame G. dans la Commission des sports de la ville ou encore la position éminente occupée par le Drop-in pour tout ce qui relève de la politique de prévention.

Espace d'arrangement et faible visibilité

L'un des traits marquants de l'institutionnalisation du phénomène skate-roller à Bienne, en particulier pour ce qui concerne l'intervention des autorités, a donc consisté dans l'appui apporté à la halle de skate, pour autant qu'elle demeure dans les limites discrètes d'un *espace de faible visibilité*. Il faut entendre par-là que si la Ville a tenu à ne pas donner une publicité particulière au skatepark, elle n'a pas tenu non plus à publiciser les quelques interventions consenties, l'entretien de la dynamique du processus étant laissé aux jeunes eux-mêmes, ou encore au Drop-in et à la nébuleuse de travailleurs et d'intervenants sociaux. Une telle introversion, évidemment à mille lieues du «chœur» lausannois, semble devoir évoquer des éléments contextuels ayant empêché la constitution d'un collectif d'énonciation d'une problématique sociosportive. De ce point de vue, il est certain qu'une situation locale de plus grande conflictualité politique a pu jouer un rôle, un engagement plus extraverti de la Municipalité en faveur, ou même en défaveur, du skatepark, en d'autres termes la *politisation* d'un engagement, ayant été en mesure d'entraîner des conflits : les représentations du phénomène skate-roller à Bienne n'étant de toute évidence pas stabilisées.

On ne s'étonnera pas, dans un environnement vierge de toute emphase rhétorique pro-sports urbains, et dans lequel de surcroît un tel appui aurait été de faible rentabilité politique, que les pouvoirs publics aient déployé une systématique d'action en relation avec ces effets contextuels. L'instrumentation – paradoxale – de cette discrétion aura ainsi revêtu la forme de la création d'un *espace d'arrangement*[35], se distinguant autant d'un espace de débat commun marqué par l'agrégation politico-administrative autour d'un intérêt reconnu comme collectif (Lausanne) que d'un espace de transaction, défini et borné par des normes et des références explicitement partagées (Lausanne).

Par espace d'arrangement, il convient d'entendre alors un contexte autant qu'un type de situation dans lequel «les partenaires se satisfont d'une solution qui les *arrange*»[36] et dans laquelle le principe ou le critère supérieur de légitimité (l'ordre de référence partagé) peut être flou et indicible, relativement peu formalisé et partagé. Exprimé autrement, on peut avancer que l'observation de la manière dont les autorités publiques ont géré le montage de la salle et de son suivi dévoile la formalisation d'un *principe de précarité partagée* – assumée d'ailleurs par les deux protagonistes principaux – consistant à peu donner pour peu exiger, et réciproquement ; les aides et les appuis consentis relevant alors davantage de conventions circonstancielles que d'une action véritablement inscrite dans la pérennité.

35. M. Blanc (dir.), *Pour une sociologie de la transaction sociale*, Paris : L'Harmattan, 1992.
36. *Op. cit.*, p. 120.

L'administration vigilante d'un tel principe a paru avoir obéi ou s'être conformée à un double objectif. En premier lieu, conserver à la halle de patinage une dimension d'espace alternatif et quelque peu marginal, faiblement codifié, en phase avec une culture, une tradition et une dynamique socioculturelles locales, et à ce titre inscrites dans un registre a priori peu exigeant en matière de soutien et de reconnaissance publics, et par là-même peu disposé à provoquer des débats et des polémiques partisans. En second lieu, confier sa gestion non à des acteurs politiques, lesquels auraient dû affirmer une position de soutien à une marginalité sociale et sportive susceptible d'être contredite dans le contexte politique local, mais plutôt à une phalange d'acteurs issus de la sphère de l'animation et de la prévention, un tel engagement neutralisant en quelque sorte l'expérience dans son caractère de nouveauté et sans doute aussi d'interpellation de l'écosystème sportif local.

Le cas biennois conduit ainsi à mettre en lumière un jeu d'interactions à forte valeur structurante entre une approche *régulatrice* des autorités publiques, *médiatrice* des instances parapubliques (le Drop-in en particulier) et des mécanismes *autorégulateurs*, fortement ancrés dans une culture du lieu, émanant du groupe des patineurs, au principe d'une dynamique d'échanges croisés visant à rendre acceptable une expérience qui a éveillé les préventions et les méfiances: méfiance à l'encontre de pratiques socio-sportives parées d'attributs peu lisibles, méfiance à l'encontre d'un développement sportif dont on anticipait mal la profondeur et l'étendue; crainte d'entrer dans une spirale des aides financières; crainte enfin de bouleverser un ordre sportif local: ici moins un système de clubs et d'associations, comme à Lausanne par exemple, qu'une politique municipale de large ouverture des équipements sportifs scolaires, *«à des fins de rentabilisation et d'amortissement»*, selon la formule des édiles.

Cette vision restrictive d'un service public sportif, mais aussi d'autres traits distinctifs comme le recours à une pragmatique de l'arrangement faisant alterner conventions d'acier et conventions de velours, la globalisation de l'action sectorielle, la sollicitation d'intermédiaires au plus près du terrain, dévoile un mode propre d'institutionnalisation d'une dissidence urbaine avant que d'être sportive, en même temps qu'un avatar bien identifiable d'une politique sportive territorialisée, impulsant des changements sociaux et institutionnels, en même temps qu'elle est impulsée par eux. C'est dans ces termes que le soutien accordé à l'association Loud Minority et à son projet de halle de skate a sans doute relevé d'un croisement renouvelé des politiques sportives et des politiques sociales : via le souci de créer du *contrat urbain* apportant des solutions appropriées à des solutions spécifiques ; via la forte et incontournable présence de réseaux *tiers-intervenant* appelés à réguler le jeu social par leur capacité d'entremise ; via enfin un déploiement instrumental ayant largement convoqué les ressources et les coutumes du lieu. Et tout particulièrement en inscrivant d'emblée le projet dans une perspective articulant des objectifs éducatifs (prévention et animation) et le développement de systèmes d'animation autogérés.

Une double institutionnalisation

L'analyse permet d'établir le fait que la rencontre entre des sportifs «fin de siècle» et des autorités locales les a conduits à établir des liens de reconnaissance et de dépendance réciproques. Dans ce contexte, et sur la base de la reconnaissance communément admise par les gouvernants qu'il importait de circonscrire un *écart à la norme* (les patineurs, y compris du point de vue de leur auto-définition, ne sont pas des sportifs «classiques», la discipline qu'ils pratiquent s'exerce dans l'espace public, contestant nombre de conventions urbaines), les municipalités ont «institutionnalisé» le mouvement skate-roller, dans le même temps que les associations représentant les patineurs évoluaient vers de formes et des agencements davantage captifs des règles et sens sociaux.

On peut distinguer ainsi plusieurs dynamiques d'institutionnalisation de la glisse urbaine dans ces deux villes, qui restituent à la fois le jeu d'acteurs, d'instances et de pouvoirs (les phénomènes d'institutionnalisation ne ressortissant pas à une logique linéaire et monovalente) et des déclinaisons distinctes les unes des autres.

Deux modes d'institutionnalisation peuvent ainsi être repérés et décrits. En un premier sens, il y aura eu institutionnalisation du skate-roller au travers d'une manière d'instrumentalisation du mouvement, de policisation, de conformation et de formatage à des normes d'ordre urbain, de police urbaine et de police sportive. Pour paraphraser F. Bourricaud[37], il se sera bel et bien agi de faire passer

---

37. R. Boudon, F. Bourricaud, *op. cit.*, p. 307.

«une collection d'individus mus par des passions qui les isolent ou les opposent, d'un état de nature à l'état social où ils reconnaissent une autorité extérieure à leurs intérêts et à leurs préférences». Et cela moins par le recours au pur rapport de forces qu'à l'emprunt de procédures de négociation et de balance des pouvoirs.

En un deuxième sens, il y aura eu institutionnalisation au sens d'une production politique et administrative d'un mouvement par la puissance publique à travers toute une série d'interventions, qui a mobilisé un important travail politique sur les représentations et sur les procédures. On comprend dès lors mieux qu'à partir du moment où un mouvement socio-sportif fait valoir une revendication de visibilité dans l'espace public, et plus encore sur la voie publique, il ne peut plus demeurer la simple création d'un décret volontaire.

Dans ce contexte, et à la lettre, le mouvement skate-roller s'est dès lors institutionnalisé. D'abord parce que son évolution, sous la pression des attentes et des servitudes issues des pouvoirs politico-administratifs, et à travers des atténuations consenties à ses attributs dérangeants et revendicateurs (valorisation de la prévention, disqualification progressive du patinage «sauvage»)[33], atteste de l'adhésion à un système de sanctions garantissant la conformité à des prescriptions des autorités: incarnation durkheimienne de l'institution comme système de contraintes[39]. Ensuite, parce que pour assurer leur pérennité et leur caractère d'«œuvre», les associations lausannoise et biennoise de patineurs ont organisé, plus ou moins systématiquement, leur pouvoir, passant d'une agrégation originelle spontanée et peu codifiée, pour l'essentiel affinitaire et élective, à un organisme complexe marqué par la division des tâches et la complexification de ses articulations, au principe d'une densification des échanges et des procédures de contact avec l'environnement social et politique: incarnation durkheimienne encore

---

38. La rigueur des «contrats d'institutionnalisation», on l'a précédemment dit, a considérablement varié d'une ville à l'autre. L'association lausannoise, dans un contexte plus contraignant, a ainsi rapidement collaboré avec la police quant à la mise sur pied d'animations communes de prévention routière. Davantage, l'association a fait paraître un petit *vade-mecum* intitulé *Skate cool*, édictant un certain nombre de règles de savoir-vivre urbain à l'intention des skaters, mais aussi de leurs parents et des «simples passants». De manière plus large, et la remarque concerne alors aussi Bienne, les autorités ont su imposer des «pactes de sécurité» transversaux, réglant les comportements des jeunes patineurs, autant en matière de patinage qu'en matière de «bonnes» et de «mauvaises» attitudes, le terme se rapportant ici au domaine de la santé et de la prévention des dépendances (tabac, alcool, drogues...).

39. E. Durkheim, *Les règles de la méthode sociologique*, Paris: PUF, 1973; mais aussi T. Parsons, *The social system*, New York: The Free Press, 1951.

de l'institution comme produit de l'évolution d'un système *organiquement solidaire* à un système *mécaniquement solidaire* fondé sur la dépendance fonctionnelle et la division du travail[40]. Incarnation «constructionniste» aussi, l'institutionnalisation du processus à travers la typification et la routinisation des procédures de fonctionnement garantissant en quelque sorte l'historicité du mouvement, c'est-à-dire son ancrage dans le présent, en même temps que son statut en quelque sorte objectif[41] et sa projection vers l'avenir.

Vers un régime de politiques socio-sportives

Les mises en scène et les mises en œuvre de l'autorité sont multiples et largement différenciées. Ce sont ces déploiements, et plus encore les efforts développés par deux municipalités pour assurer le courant de leur propre mission, que nous avons voulu restituer, menacées qu'elles ont été, au début des années 1990, par l'émergence d'un phénomène socio-sportif inattendu. Les modes d'instrumentation et d'institutionnalisation de cette dissidence évoquent d'abord les difficultés et les hésitations de la puissance publique en face d'acteurs et de pratiques en première appréhension irréductibles au cadre de la Loi. De tels préjugés ont ainsi donné lieu à des interprétations contradictoires relevant les ambiguïtés de la raison politico-administrative lorsqu'elle est confrontée à des phénomènes qui n'entrent pas immédiatement dans ses concepts et dans ses routines. Mais ils ont donné lieu aussi à des formes de régulation qui ont partie liée avec des modélisations renouvelées de l'action publique l'inscrivant de plain-pied dans de modernes *Aufklärungen*[42] d'abord, dans des politiques publiques contractualisées et surtout «ajustées» ensuite. En une formule, à l'intérieur de dispositifs de «pensée faible»[43] marqués par la

---

40. E. Durkheim, *De la division du travail social*, Paris: PUF, 1973.
41. P. Berger, Th. Luckmann, *The social construction of reality*, Harmondsworth: Penguin Books, 1975.
42. Au sens proprement kantien de sortie, d'issue, et plus encore de modification du rapport entre la volonté, l'autorité et l'usage de la raison. Cf. M. Foucault, «Qu'est-ce que les Lumières?», *Magazine littéraire*, N° 309, avril 1993, pp. 61-75.
43. «Que faut-il entendre par pensée faible? C'est le contraire d'une pensée simple, d'une pensée pétrie de certitudes et orientée vers des perspectives d'avenir clairement tracées [...]. La légitimité faible correspond à un situation où à un espace dans lequel advient une légitimité différente du pouvoir déjà acquis», Y. Chalas, «L'urbanisme comme pensée pratique», *Annales de la recherche urbaine*, N° 80-81, 1999, pp. 205-214.

médiation, «la mise en scène des consensus» [44] et la multiplication des acteurs.

Les politiques socio-sportives élaborées et mises en œuvre à Lausanne et à Bienne, à la faveur de l'irruption de pratiques de loisirs «à fort arbitraire culturel» [45], paraissent *in fine* avoir participé du souci de créer un régime de politiques socio-sportives urbaines. Et tout particulièrement par le recours à deux grands principes d'action.

En premier lieu, la dilatation et la globalisation de la politique sports de glisse urbaine, ces dernières pratiques, cataloguées sujet global, impulsant une politique élargie: une politique des problèmes urbains à résoudre, une politique sportive, une politique de correction, de réconciliation et de jonction. Voire, comme à Lausanne, une politique des symboles et de l'attractivité, au vu de l'inclusion progressive du roller dans des énoncés et des objectifs programmatiques, la question de la glisse urbaine devenant dès lors un objet de traduction d'une politique urbaine de plein exercice.

En second lieu, la sollicitation constante d'*agents de proximité* «qui puissent lier plus étroitement l'État et les citoyens, le mandat politique et l'expression particulière d'habitants» [46], tantôt choisis au titre de leur expérience médiatrice professionnelle tantôt installés par l'expérimentation même en position d'expertise et d'expert.

Du sport à la sportivisation: les enjeux d'une nouvelle institutionnalisation

Il est hors de doute que la gestion et l'instrumentation de la rencontre entre acteurs publics et communautés de patineurs dans les deux villes décrites, rend compte de références partagées et de convergences fortes, et cela en dépit de contextes politiques et urbains tramés par des traditions et des particularismes locaux. Il est hors de doute également que l'avènement du mouvement roller dans l'espace urbain a joué un rôle de stimulus, entraînant une manière de crise du système politico-administratif. Le terme de

44. J.-P. Gaudin, «Villes nouvelles du XXᵉ siècle», *Métropolis*, N° 88-89, 1992, pp. 6-9.
45. G. Loirand, *Une difficile affaire publique. Une sociologie du contrôle de l'État sur les activités physiques et sportives et sur leur encadrement professionnel*, Thèse de doctorat, Université de Nantes, 1996, p. 174.
46. J.-P. Gaudin, *op. cit.*, 1989, p. 14.

«Krisis» étant convoqué dans sa dimension étymologique et philosophique de «moment de choix décisif»: choix de nouveaux modes d'action publique, choix d'une pluralité de procédures, choix de nouvelles médiations entre pouvoir central et projets locaux, choix de politiques socio-sportives mobilisant dans un même élan des valeurs sportives, des valeurs d'intégration/prévention, des valeurs culturelles et des valeurs urbaines, d'engagements singuliers.

Mais on retiendra surtout la fragilisation paradoxale des politiques sportives classiques – et le nécessaire *aggiornamento* qu'elles ont à produire – quand elles sont confrontées à l'érosion du modèle compétitif, à la massification de la culture sportive et à la spectralisation des pratiques et des engagements sportifs. C'est-à-dire moins au sport comme matière et manière qu'à une *sportivisation* de la société, caractérisée tout à la fois par la diversification des usages et des activités sportives, et sans doute plus encore par un «radicalisme anti-sport»[47] ardent à éliminer les valeurs de rivalité et de compétition[48], et dont les racines sont à chercher dans l'influence croissante des bio-politiques et dans les politiques du bien commun, en particulier quand elles veulent mettre le sport au service de l'exercice physique socialement salutaire.

À cet égard, les réalités rapportées ici, et singulièrement la reformulation, par les pouvoirs publics, de nouveaux modes d'action constitutifs de nouvelles institutionnalisations et d'une nouvelle gouvernance sportive, attestent sans doute de la reconnaissance, désormais acquise, d'une vraisemblable éclipse des engagements sportifs traditionnels, entendus comme se déduisant précisément d'un *engagement*, d'une volonté d'appartenance, d'une expérience sociale consentie. Et ceci au profit de ce que l'on peut décrire, après d'autres[49], comme un «présentéisme» (être présent au monde, être présent à la mode, être présent au *trend*) et un «mouvementisme» (soit faire du mouvement et être dans le mouvement) dont l'espace urbain est sans doute l'incubateur privilégié.

---

47. Ch. Lasch, *La culture du narcissisme*, Castelnau-le-Lez: Climats, 2000.
48. Avec plus d'énergie encore quand cette ardeur se fait, comme dans les deux villes, de «victimes» ou de déçus du sport, ici des ex-sportifs licenciés (BMX, équitation, football…), parfois même du niveau de l'élite.
49. P.–A. Taguieff, *L'effacement de l'avenir*, Paris: Galilée, 2000.

Les modes d'institutionnalisation des sports comme révélateurs de transformations sociales

Anne-Marie Waser

L ES SPORTS RÉGLEMENTÉS et institués au XXe siècle se transforment et les organisations sportives s'adaptent plus ou moins rapidement aux nouveaux publics en faisant évoluer les règles du jeu et les usages. L'histoire des sports révèle que certaines pratiques sportives ont connu des schismes: les partisans du rugby à XIII n'ont pu accepter les conditions de jeu offertes par ceux qui défendent le rugby à XV et ont créé un nouveau sport[1]; plus récemment les coureurs hors stade ne pouvant pas développer leur mouvement au sein de la Fédération française d'athlétisme ont inventé les courses sur routes[2] et les adeptes du skateboard et du roller ont investi les lieux publics et développé leurs pratiques sans se soucier de l'existence de la Fédération de roller-skating.

Les pratiques qui s'inventent ou se réinventent dans les années 80-90 se caractérisent par des formes d'organisation très souples. Elles définissent peu de règles ou de normes et ne nécessitent pas la mise en place d'associations et de fédérations. Elles se pratiquent en des lieux qui sont très ouverts: les pratiquants entrent et sortent sans condition, sans avoir à décliner leur identité, sans avoir à payer, sans avoir à respecter des horaires, etc. Dans la plupart de ces cas, les pratiquants se retrouvent sur un lieu particulièrement

---

1. E. Dunning, K. Sheard, «The bifurcation of Rugby Union and Rugby League: a case study of organisational conflict and change», *International Review of sport sociology*, vol. 2, 11, 1976, repris en français in *Actes de la recherche en sciences sociales*, N° 79, sept. 1989 sous le titre «La séparation des deux rugbys»; ainsi que *Barbarian, gentlemen and players*, Oxford: Martin Robertson, 1979.
2. J. Defrance, «La course libre ou le monde athlétique renversé. Sociologie des représentations collectives de deux variantes de la course à pied», *Travaux et recherches en EPS*, 8, 1985; M. Segalen, *Les enfants d'Achille et de Nike. Une ethnologie de la course à pied ordinaire*, Paris: Métailié, 1994; A.-M. Waser, «Du stade à la ville: réinvention de la course à pied», *Les Annales de la recherche urbaine*, N° 79, juin 1998, pp. 59-68.

adapté, un *spot*, qui fédère les rencontres : les usagers s'y retrouvent et n'éprouvent pas le besoin d'adhérer à une instance ; ils coexistent, se partagent l'espace et respectent leurs différentes façons de pratiquer (escalade, surf, planche à voile, course à pied, VTT, skateboard, roller in line, street hockey, football de rue, basket de rue, etc.). La définition du bien commun dans ces nouveaux sports est très floue : l'absence de leader rend difficile l'imposition d'une définition stricte de l'activité et il n'y a pas de demande de la part des pratiquants d'instituer des règles et de définir le « bien pratiqué » du « mal ». Le système de consécration est également flou et extrêmement variable d'un *spot* à l'autre et ne permet pas de produire des résultats qui ont un caractère officiel. La plupart des sports n'ont pas (encore) d'instance centrale reconnue par une majorité de pratiquants. Lorsque certaines pratiques mettent en place des compétitions, les *« contests »*, le système de consécration ressemble davantage à ceux des milieux artistiques qu'à ceux traditionnellement mis en place dans le sport. Les critères d'objectivation de l'excellence sont subjectifs et les épreuves sont rarement définies à l'avance. Pourquoi ces nouvelles activités ou ces façons nouvelles de pratiquer d'anciens sports (les pratiquants refusent souvent la dénomination de sport) connaissent-elles un véritable succès aujourd'hui ?

Quelles sont les conditions sociales qui ont permis l'émergence de ces nouveaux « sports »[3] ou la transformation d'anciens sports ? Comment le changement est-il possible ? Comment qualifier ce qui se joue dans ces changements ?

Des modes d'institutionnalisation contrastés

La comparaison des processus d'institutionnalisation des sports permet de comprendre les transformations sociales et les crises ; les changements morphologiques, les révolutions symboliques donnent l'occasion d'interpréter les transformations institutionnelles. Les deux mouvements sont nécessaires pour saisir ce qui se joue. L'étude de trois pratiques, inventées à des périodes différentes et qui se transforment ou se réinventent à la fin du XXᵉ siècle – le tennis, la course à pied et roller in-line – fournit un matériel

---

3. J'utilise le terme « sport » par commodité.

suffisamment riche pour avancer des hypothèses sur ce qui est en jeu dans le développement des nouveaux sports.

Dans cet article, il s'agit de décrire et d'interpréter des changements observés dans trois pratiques. Comment le tennis, qui est un sport très institué, très technique, s'est-il adapté aux nouvelles demandes? Quelles ont été les débats autour de la simplification des règles, des évolutions techniques et pédagogiques visant à faciliter l'acquisition technique (balle sous pression, raquette grand tamis)? Comment la Fédération française de tennis, l'organe officiel, a t-elle pu maintenir son monopole sur les affaires de ce sport alors que les façons de pratiquer sont de plus en plus hétérogènes? La course à pied de fond, considérée comme une discipline de l'athlétisme, a connu un schisme dans les années 70 qui se traduit d'abord par la perte du monopole de la Fédération française d'athlétisme sur les courses de fond, puis par l'établissement d'un monopole négocié entre les représentants de la course «hors stade» et l'autorité fédérale. Pourquoi les coureurs hors stade ont-ils cherché à se rapprocher de la Fédération? Pourquoi n'ont-ils pas créé un sport autonome? Le développement récent du roller in line, dans ses modalités de randonnées urbaines, mais également de compétition avec la mise en place de *contests*, se fait de façon autonome par rapport à la Fédération de roller-skating. Des associations existent, mais pour le moment, aucune autorité centrale ne se dessine, comme si le monopole du système de consécration et la légitimité des juges étaient des questions sans objet.

La comparaison des conflits autour de l'institutionnalisation des sports et de leur mode de reproduction permet d'avancer des hypothèses sur les transformations sociales: l'évolution du système des préférences donne des indications sur la valeur, le sens du sport (qu'est-ce qui vaut la peine?), mais aussi sur les principes de justice: si un jeu vaut la peine d'être joué, il y a des choses «justes» et «injustes» (égalité des chances au départ) et des choses «bien» et «mal» (système de consécration). L'institutionnalisation se traduit par l'établissement de définition des épreuves qui prennent la forme de concours avec des règles. La rareté des titres fait leur valeur. Il y a eu une volonté de fermer le jeu de la part de l'élite sportive comme en témoigne l'invention des catégories «d'amateurs» et de «professionnels» au début du siècle afin de maintenir des chances de succès (en contournant le principe de l'égalité des chances) de l'aristocratie et de la bourgeoisie à l'origine de la plupart des sports. Les crises, les schismes, sont des moments privilégiés car ils donnent une visibilité aux valeurs liées aux biens symboliques. L'invention de nouveaux sports est l'occasion de comprendre la mise en place du dispositif qui produit une nouvelle valeur et celui qui permet aux individus de se reconnaître dans cette nouvelle valeur. Elle permet aussi de saisir comment une ancienne valeur se déprécie (la course sur piste mais aussi le tennis).

Il est nécessaire de s'interroger sur le fait que le sport «non institué», c'est-à-dire qui se développe en dehors des clubs et des fédérations sportives, pose problème aux autorités du sport et aux gouvernants des villes. Le fait que le sport «informel» ou encore «sauvage» puisse être considéré comme quelque chose de mal, de non légitime du point de vue des autorités et de la loi pose également problème au sociologue. Les usagers d'un *spot* (places publiques, rues, trottoirs, chemins, etc.) ne comprennent souvent pas en quoi leur pratique gêne et sont amenés à justifier leurs actions considérées comme illicites par les pouvoirs publics mais aussi par les dirigeants sportifs. Les autorités répondent aux pratiquants qu'ils ne peuvent se rassembler sans avoir déclaré de structure (une association) ou sans autorisation préfectorale. Et, puisque les sites publics qu'ils fréquentent ne sont pas destinés à leur pratique, ils sont invités à quitter les lieux.

Les discours sur le plaisir immédiat recherché dans ces activités et sur le danger du développement de pratiques peu contraignantes, considérées parfois comme une décadence, interpellent le sociologue. Quelle est la signification de ces discours alarmistes sur la montée de l'individualisme, de l'égoïsme, le non respect des règles, le désengagement pour les causes touchant aux biens communs? Ces discours qui portent sur les modes de retransmission des valeurs sociales proviennent des défenseurs de la reproduction sociale, du maintien de l'ordre.

Après la conquête du pouvoir par les républicains, les élites de la Troisième République sont parvenues en une vingtaine d'années à occuper les positions les plus élevées de l'État[4] et du secteur privé en s'appuyant, pour les uns, sur le système d'enseignement et, pour les autres, sur les modes de retransmission du patrimoine familial[5].

---

4. C. Charle, *Les élites de la République, 1880-1900*, Paris: Fayard, 1987.
5. P. Bourdieu et M. de Saint Martin, «Le patronat», *Actes de la recherche en sciences sociales*, N° 20/21, 1978, pp. 3-82; - «Agrégation et ségrégation. Le champ des grandes écoles et le champ du pouvoir», *Actes de la recherche en sciences sociales*, N° 69, 1987, pp. 2-50.

La reconnaissance de qualifications certifiées par le système scolaire opère une rupture forte avec les pratiques des élites traditionnelles et le monde des notables. L'adoption et le partage des valeurs et des principes démocratiques ont été une des conditions permettant l'émergence, au tournant des XIXᵉ et XXᵉ siècles, des élites de la République. Ces dernières ont rendu possible la construction d'institutions fonctionnant selon des logiques de corps, d'ordre, d'appareils ou de champs[6] et la structuration d'une société organisée en classes sociales relativement autonomes et hiérarchisées en fonction des ressources détenues par leurs membres et d'autant plus valorisées qu'elles sont ou ont été rares.

L'idéal républicain s'est voulu porteur, sous la Troisième République, d'une nouvelle justice sociale mise en œuvre dans des institutions et des catégories censées construire des espaces de liberté dans lesquels chacun devait pouvoir réussir[7]. Pour garantir l'égalité des chances de réussite dans le sport de compétition, les dirigeants sont amenés à concevoir la catégorie du sportif «amateur». Les différends entre les principaux représentants du sport international se cristallisent autour du statut de l'amateur qui pose la question du sens des jeux sportifs. Les uns prônent un sport désintéressé où l'honneur de la victoire récompense tous les efforts, les autres défendent un sport de spécialistes capable de fournir du spectacle aux publics les plus larges. L'histoire de l'institutionnalisation des sports c'est aussi l'histoire des accords et compromis qu'ont fait les différents protagonistes au niveau de la définition de règles du jeu communes, du système de consécration, des modes de reproduction, du principe de justice et du monopole du contrôle des biens symboliques afin que la question de l'égalité des chances soit crédible.

Les institutions sportives imposent la forme compétitive et protègent le principe de l'égalité des chances

En Europe, au XIXᵉ et XXᵉ siècles, le sport a été inventé par la noblesse et la bourgeoisie pour leurs loisirs. La finalité en était

---

6. Cf. l'ensemble des travaux de Pierre Bourdieu et Monique de Saint Martin sur le patronat, l'école, l'épiscopat, la famille, le pouvoir, la noblesse.
7. P. Nord, «Les origines de la Troisième République en France (1860-1885)», *Actes de la recherche en sciences sociales*, N° 116-117, mars 1997, pp. 53-68; C. Charle, *op. cit.*

alors l'amusement et le divertissement. C'était une activité prétexte à la sociabilité où les pratiquants cherchaient à se mesurer pour le plaisir du jeu et non pour produire des hiérarchies. Les codes et usages en vigueur étaient ceux de leurs classes sociales. Le développement des nouvelles activités (*street-ball*, randonnées ou *roller in line*, etc.), suit cette logique à la différence qu'elles se pratiquent sur des sites publics et non dans les parcs des châteaux.

La nécessité de réglementer les sports inventés par une élite sociale n'est venue qu'une fois que la valeur de l'épreuve a été reconnue plus largement sur le plan social. Le travail des journalistes a été déterminant dans le changement de légitimité de cette activité: d'un passe-temps réservé à une élite sociale, le tennis devint un sport dans lequel les meilleurs joueurs du moment sont de véritables ambassadeurs de la France à l'étranger. Le développement des rencontres internationales amène les dirigeants des premiers clubs à définir les règles, ou plutôt à unifier celles qui existaient sous forme de normes dans les clubs.

Dès 1920, le gouvernement français crée un Service de l'éducation physique et du sport rattaché au ministère de l'Instruction publique[8] qui «répond au désir de promouvoir le sport de haut niveau afin de restaurer l'image de la France dans le monde»[9]. Assurer le prestige de la France devient alors un objectif prioritaire et le sport peut y contribuer, d'où l'idée que c'est «au ministère des Affaires étrangères qu'incombe la charge et la responsabilité des relations extérieures de la France et que, par conséquent, aucune action politique, économique ou intellectuelle ne peut être ni provoquée, ni poursuivie à l'étranger sans l'intervention de ce ministère et en dehors du contrôle de nos agents diplomatiques [...]»[10].

Une section de tourisme et de sport est créée afin de véhiculer une bonne image de la France et d'attirer les étrangers et leurs devises. En 1920, elle est attachée au Service des œuvres françaises à l'étranger (SOFE) qui a pour mission de réorganiser la propagande française en direction de l'étranger et témoigne de l'intérêt croissant du sport chez les hommes politiques. En effet, au

---

8. Décret du 20 janvier 1920.

9. P. Arnaud, A. Wahl, *Sports et relations internationales*, Centre de recherche histoire et civilisation, Université de Metz, 1993; P. Arnaud, J. Riordan, *Sport et relations internationales (1900-1941)*, Paris: L'Harmattan, 1998, pp. 280-286; F. Auger, *Une histoire du mouvement olympique: l'exemple de l'Entre-deux-guerres*, Thèse de doctorat d'histoire, Paris X, 1998, 539 p.

10. Rapport à la Chambre des députés du budget du ministère des affaires étrangères, exercice 1920, JORF, N° 820 du 28 avril 1920, cité par P. Arnaud, J. Riordan, *op. cit.*, p. 281.

moment où la délégation française part aux Jeux d'Anvers en 1920, Gaston Vidal, directeur du Service de l'éducation physique confirme que «nos champions d'athlétisme donneront le meilleur d'eux-mêmes pour doter la France sportive d'un prestige aussi grand que celui de la France intellectuelle et artistique [...]. Le sport n'est plus, en effet, une simple affaire de particuliers, une modeste initiative privée: le sport est devenu une affaire d'État: il a un caractère officiel»[11]. L'État offre un crédit de 200000 francs pris sur le budget du ministère des Affaires étrangères et réparti sur les différentes fédérations pour que la France soit dignement représentée à Anvers. Ainsi la France est, selon G. Vidal, le seul État au monde à aider ses athlètes pour qu'ils figurent dans les grandes compétitions internationales[12].

L'accroissement de la reconnaissance de la valeur symbolique de l'activité sportive a plusieurs effets: l'augmentation du nombre de personnes intéressées par le jeu et le renforcement de la croyance que le jeu en vaut la peine. La multiplication des lieux de pratique et des pratiquants d'origines sociales différentes pose la question de l'unification. Pourquoi y a-t-il eu des instances, des règles uniformes et orientées vers la compétition alors que l'aristocratie anglaise pratiquait les sports sous forme de loisir? Pourquoi la modalité compétitive s'est-elle imposée?

L'invention de catégories universelles pour accréditer le principe d'égalité des chances

L'histoire sociale de la plupart des sports traditionnels (football, tennis, athlétisme, cyclisme, etc.) montre que les instances de contrôle, les clubs, le système de consécration mais aussi les méthodes d'apprentissage se sont construites autour de l'objectif de production de l'excellence sportive. En Angleterre, le sport est pratiqué dans les *public schools* afin de parfaire la formation des jeunes élites. Il permet l'apprentissage du courage, de la prise de risque, de la résistance, du *fair play*, du respect de l'adversaire, etc. L'apprentissage des sports a servi l'idéal républicain pensé par certains aristocrates et qui se diffuse ensuite dans les écoles publiques.

---

11. *Le Miroir des sports*, 29 juillet 1920, cité par P. Arnaud, J. Riordan, *op. cit.*, p. 282.
12. P. Arnaud, J. Riordan, *op. cit.*, p. 282.

Il illustre en pratique un principe de justice-clé de la République : l'égalité des chances. Dans des courses d'athlétisme ou de cyclisme, les ouvriers qui côtoyaient la grande bourgeoisie parvenaient à remporter des épreuves. Le sport permet de redéfinir la notion d'élite. Elle n'est plus fondée sur la retransmission familiale mais passe, comme dans le système scolaire, par des apprentissages visant l'acquisition de compétences certifiées : les qualifications. Les notions de travail et de mérite remplacent celle de l'héritage familial. On retrouve en sport ces idées qui se traduisent dans les règles et les institutions. Devenir champion ne s'hérite pas, il faut travailler, acquérir des savoir-faire, se battre, accepter d'être battu par quelqu'un d'une autre condition sociale, etc.

Comment se sont harmonisées les règles du jeu alors que les conceptions de la pratique étaient manifestement très différentes ? Comment s'est fait l'accord sur la mise en place d'une instance centrale internationale ? L'historien Christophe Charle montre dans un ouvrage consacré à trois empires [13] comment, avec le développement des relations internationales, la crainte de l'inconnu, de l'étranger sert les intérêts nationaux au niveau de la construction de l'unité nationale. La présence de rivaux potentiels ou imaginaires accélère le processus d'unification au-delà du fait qu'il puisse subsister à l'intérieur des frontières nationales une diversité des conceptions et des pratiques. Les archives du Comité international olympique montrent clairement que les négociations relatives à l'harmonisation des règles du sport ont pu se faire sans accord sur le sens à donner au sport. S'il coexiste au même moment plusieurs façons de pratiquer et de concevoir l'activité sportive, un accord sur des règles a pu se faire. Cet accord semble être un consensus dans la différence. Ce consensus a permis l'adoption de règles uniformes dans différents pays ce qui a suffit pour parler «d'universalisation». Cette universalisation donne de la valeur et de la légitimité aux pratiques.

La notion d'égalité des chances dans le sport amène la construction de catégories. Les catégories de sexe, d'âge, de poids s'imposent sans qu'il y ait de véritable débat, celle du joueur «amateur» a posé et pose aujourd'hui encore toujours problème. Ces catégories éclairent la signification de l'excellence sportive. Il y aurait des combats non équitables : un homme contre une femme ; un lutteur de 120 kg contre un autre de 60 kg ; un professionnel contre un amateur. Pour

---

13. C. Charle, *Les trois empires*, Paris : Fayard, 2001.

que l'égalité des chances puisse être acceptée dans le sport, les responsables ont dû construire des catégories rassemblant des individus dont les chances de victoire ont été jugées équivalentes. L'ouverture des sports à d'autres catégories sociales a généré des tensions. La difficulté de coexistence dans des lieux comme les clubs, l'humiliation d'une défaite face à un concurrent d'origine sociale plus basse ont incité les dirigeants de clubs «bourgeois» à contrôler les entrées et les responsables nationaux à édicter des règles afin que ceux qui pratiquaient le sport pour le sport ne rencontrent pas ceux qui le pratiquaient pour remporter des victoires et des prix en espèces. L'invention de la catégorie «d'amateur» permet de comprendre que les institutions sont utilisées comme des outils visant la régulation des pratiques et la pérennité des modes de reproduction dominants.

Les effets de la diffusion du modèle compétitif: l'exemple de la crise du tennis

En quintuplant ses effectifs de 1970 à 1980 et en dépassant le million de licenciés dès le début des années 80, la Fédération française de tennis (FFT) est devenue l'une des plus puissantes fédérations sportives par le nombre de licenciés. À la fin des années 80, les retransmissions télévisées de tournois de tennis arrivent en tête de la hiérarchie des événements sportifs retransmis, selon le nombre d'heures d'antenne, toutes chaînes confondues, et figure devant le football[14]. Lorsque la demande de tennis était supérieure à la capacité d'accueil des clubs, le recrutement des adhérents se faisait presque exclusivement par la cooptation. L'homogénéité sociale des membres facilitait la gestion des clubs et garantissait de nombreux échanges. Le club était perçu en quelque sorte comme une «seconde famille».

L'étude du développement des clubs de Strasbourg par l'auteur[15], mais aussi celle de Charles Suaud à Nantes[16], montrent

---

14. En 1989, 425 heures 40 minutes de tennis ont été diffusées sur les chaînes de télévision françaises, contre 193 heures 29 minutes de football. Sources: Conseil Supérieur de l'Audiovisuel, Canal +, *La Lettre de l'Économie du Sport*, N° 93, 10 octobre 1990.

15. Après la Seconde Guerre mondiale, quatre grands clubs se partagent des clientèles bien distinctes de la petite et de la grande bourgeoisies. Dans les années 80, vingt clubs coexistent.

16. Ch. Suaud, «Système des sports, espace social et effets d'âge: la diffusion du tennis, du squash et du golf dans l'agglomération nantaise», *Actes de la recherche en sciences sociales*, N° 79, sept. 1989, pp. 2-20.

que l'on passe en l'espace de quelques années d'un état où l'offre de tennis était complémentaire — chaque club se caractérisant par un esprit de club, une façon de faire et d'organiser la pratique — à une situation où les lieux de pratique deviennent concurrents.

À Strasbourg, comme un peu partout en France, la multiplication des clubs[17] permet dans un premier temps de satisfaire les demandes et d'absorber les listes d'attente des clubs les plus sollicités car les plus prestigieux. Pour assurer l'équilibre des budgets toujours croissants en raison des exigences de la compétition et de l'amélioration de la qualité des prestations, les dirigeants sont contraints de faire le «plein de membres» afin de garantir des rentrées financières quitte à instaurer un climat de rivalités et de conflits entre «anciens» et «nouveaux» adhérents plus exigeants sur les prestations de service.

Dès lors que l'offre de tennis a été supérieure à la demande, la plupart des dirigeants de club, y compris les plus prestigieux, ont mis en œuvre un ensemble de mesures afin de conserver leur public, d'attirer de nouveaux joueurs et de débaucher des membres inscrits dans d'autres clubs. Ils ont notamment baissé le tarif des cotisations, supprimé les droits d'entrée, cessé la pratique du parrainage et proposé de nouveaux produits (sauna, squash, etc.) ou de nouveaux concepts («tennis à l'heure», réservation de court par téléphone ou Minitel, etc.) pour satisfaire les nouvelles demandes.

Afin de donner aux clubs les plus récents une visibilité au niveau local, la plupart des dirigeants ont organisé et développé leur association autour de la compétition, en recrutant des athlètes de haut niveau qui devaient rapidement apporter une notoriété sportive au club, sans tenir compte des attentes des membres qui auraient souhaité un club de quartier, convivial, et non une «usine à classement» où les joueurs des équipes ont la priorité pour s'entraîner en soirée et pour disputer leurs matches les fins de semaine. Mais y avait-il d'autres alternatives pour les dirigeants? Seule la conformité à la définition légitime ou fédérale du tennis devait permettre au club d'exister dans un contexte de saturation de l'offre: il fallait développer la compétition pour être reconnu et pour bénéficier des aides — des collectivités ou de la FFT — ou mourir.

---

17. De 1000 clubs en France au milieu des années 60 à plus de 10 000 à la fin des années 80.

La fin des années 80 se caractérise par l'accroissement spectaculaire du renouvellement des membres d'année en année. Ce phénomène inattendu était pourtant prévisible : en supprimant les droits d'entrée, les dirigeants favorisent la circulation des membres. Dans certains clubs, près de la moitié des membres ne reprend pas d'abonnement l'année suivante. Parmi les joueurs qui quittent le club, une moitié change de club et l'autre arrête le tennis [18]. Les clubs perdent peu à peu leur identité et l'on voit apparaître des tensions entre différentes catégories de membres qui ne partagent pas les mêmes opinions en matière de sport ou de loisir, qui ne conçoivent pas la relation de partenaire de la même façon ou encore qui ont des attentes différentes concernant le jeu, le tennis ou le club. Les règles de bienséance observées dans les années 60 dans les clubs subsistent mais ne sont respectées que par une partie seulement des membres alors qu'auparavant, lorsque le public était sévèrement sélectionné, elles étaient connues et appliquées par tous.

La «crise» traversée par les clubs dans les années 90 n'est pas seulement due à la transformation du public du tennis mais aussi à l'uniformisation des techniques corporelles favorisée par l'apparition de manuels comme *La méthode française d'apprentissage du tennis* et de moniteurs spécialement formés à diffuser cette méthode conçue par les cadres de la Fédération française de tennis. La modalité compétitive s'impose et le match remplace la partie de tennis [19].

L'uniformisation du jeu, qui semble être une spécificité française, dans laquelle la Fédération française de tennis a sa part de responsabilité, mais aussi les médias qui ont fini par convaincre les pratiquants, qu'ils soient joueurs de compétition ou non, que la façon légitime de taper dans une balle était celle de Borg, de Noah

18. La plupart des clubs, exception faite des grands clubs de terre battue parisiens tel que le Racing-Club de France, sont touchés par cette «crise». Certains ont perdu plus de la moitié de leurs membres, comme le Tennis-Club de Villemomble qui bénéficiait pourtant d'une grande renommée sportive en Seine-Saint-Denis et dont l'effectif chute de 670 membres en 1982 à 320 en 1994. Le renouvellement des membres s'élève en 1991 à 42 % et les raisons évoquées par les joueurs qui ont quitté sont : le manque de partenaires (25,6 %) ; le rapport prix/disponibilité des courts (20,9 %) ; le système de réservation des courts mal adapté (14 %) ; la perte de motivation pour le jeu (11 %). Cf. G. Loudier, *La crise du tennis. La désaffection des adhérents du Tennis-Club de Villemomble (1990-1993)*, Mémoire de Maîtrise, UFR STAPS de Caen, 1995.

19. A.-M. Waser, «La genèse d'une politique sportive», *Actes de la recherche en sciences sociales*, N° 91-92, mars 1992, pp.38-48 ; A.-M. Waser, «Tennis in France, 1880-1930», *International Journal of the History of Sport*, 2, vol. 13, aug. 1996, pp. 166-176.

ou de Sampras, constitue un obstacle pour l'invention de nouvelles modalités de pratique et restreint l'univers de ce jeu à une production de classement et de hiérarchie. Autant l'attrait de la compétition de tennis a été grand, comparé au ski, et déterminant dans le développement du tennis de haut niveau, autant cette «carotte» que constitue le classement est à l'origine de la «crise» dans les clubs fédéraux et plus largement dans le mouvement sportif qui s'est entièrement structuré autour de la compétition, la réussite sportive étant l'objectif principal. Il semble que plus l'activité peut se décliner en diverses modalités, plus elle a des chances de perdurer[20]. L'exemple le plus caractéristique de cette capacité à produire des modalités de pratique est sans doute le ski qui a connu en trente ans près d'une dizaine de variantes : ski de piste, ski hors-piste, randonnée sur glacier, monoski, *snowboard*, *snow-blade*, *jump*, ski acrobatique, *freestyle*, ski artistique, télémark, etc. Si ces modalités sont apparues les unes après les autres, elles coexistent aujourd'hui et séduisent des publics différents selon le niveau et l'ancienneté de pratique et distincts selon l'âge, les origines sociales et culturelles. Si les possibilités du tennis de se décliner en de multiples variantes tel que le jeu en double semblent bien plus restreintes qu'elles ne le sont pour le ski, les formes de sociabilité que peuvent proposer les clubs sont par contre très nombreuses et modulables à l'infini comme en témoigne la période où les clubs étaient complémentaires les uns des autres, car ils incarnaient chacun une ambiance, un style de vie, un état d'esprit.

Le système d'attribution de subventions aux clubs et aux fédérations de la part des collectivités territoriales et de l'État repose quasi exclusivement sur la production d'une élite sportive. Le club qui n'a pas réussi à recruter un nombre important de jeunes, à faire une sélection des «meilleures» potentialités, à former une élite qui puisse rivaliser avec les clubs les plus renommés du département ou de la région, n'a que peu de chance de recevoir des subventions. En effet, les grilles de répartition des aides aux clubs (des régions, des départements, des communes) et les critères d'attribution de créneaux dans les gymnases et les stades gérés par les municipalités

---

20. En mettant en évidence les différentes manières dont les groupes sociaux s'approprient les œuvres culturelles, Pierre Bourdieu, par analogie avec la peinture ou la musique, a énoncé la notion «d'élasticité sémantique» des produits culturels comme capacité d'une pratique à se décliner en différentes modalités. P. Bourdieu, «Programme pour une sociologie du sport», in *Choses dites*, Paris: Minuit, 1987, pp. 203-216.

tiennent presque tous compte du niveau sportif des athlètes et des équipes et des résultats sportifs [21].

Les interprétations de la «crise» du tennis, et du sport institué en général, donnent lieu à un ensemble d'interrogations portant sur la genèse du pouvoir sportif fédéral et sur les fondements de la légitimité de cette autorité. Les sports «modernes» [22] ont été conçus par des Anglais comme des activités privées, pratiquées de façon confidentielle, dans le cadre de leurs loisirs. Les règles coutumières ont servi de base réglementaire. Par la suite, la massification des sports a contraint les dirigeants à importer dans le sport les règles et les principes de justice mis en place sous la Troisième République: la production d'une élite et la compétition sont les modèles légitimes, et l'établissement de catégories (âge, sexe, amateur, etc.) renforce la croyance dans le principe d'égalité des chances. Cette base a semblé suffisante pour justifier la notion d'autonomie du droit sportif qui permet de sortir le sport du champ d'application des principes généraux de la régulation juridique en vigueur dans les autres domaines de la vie sociale.

La (ré)apparition du principe de plaisir

Alors que la plupart des fédérations sportives françaises enregistrent au cours des années 90 une stagnation, voire une régression de leurs effectifs [23] depuis plusieurs années et que les taux de

21. Villes et subventions: Comment donnent-elles aux clubs?», Enquête par questionnaire auprès des 500 plus grandes collectivités françaises, *La Lettre de l'Économie du Sport*, N° 416, 26 novembre 1997; E. Cadon, *Comparaison des politiques sportives locales. Les inégalités des citoyens face à la pratique sportive*, Mémoire de Maîtrise, UFR STAPS de Caen, 1994; A.-M. Waser (dir.), *Le sport en Seine Maritime. États des lieux*, Conseil Général de la Seine Maritime, Université de Rouen, Centre d'Études des Transformations des Activités Physiques et Sportives, 1998, 178 p.

22. Nobert Elias définit la spécificité des sports modernes par le degré de violence légitime qui les distingue radicalement des jeux de compétition de l'Antiquité classique. N. Elias, «Sport et violence», *Actes de la recherche en sciences sociales*, N° 6, 1976, pp. 2-21.

23. Au tennis comme au football, les dirigeants fédéraux tentent de masquer la stagnation des effectifs en créant de nouvelles catégories de licenciés. Mais les études longitudinales portant sur la structure par âge des licenciés du football montrent que ce sont les catégories les plus jeunes, filles et garçons, qui sont les plus concernées par l'abandon précoce. Dans ces catégories les effectifs baissent même si le nombre total de licenciés est stable en raison de la création de deux catégories: «football-loisir» et «débutant». Cf. L. Guillot, *Le football en danger, Analyse quantitative de l'évolution du nombre de licenciés de la Ligue de Football de Basse-Normandie (1980/81 à 1994/95)*, DESS, Université de Caen, 1995.

renouvellement des licences augmentent[24], d'autres activités sportives, comme les courses sur routes, le vélo-tout-terrain, le roller in line, le basket de rue, attirent au contraire des populations de plus en plus nombreuses et relativement hétérogènes selon l'âge et l'origine sociale.

Dans les années 70-80, les activités de «pleine nature» (VTT, randonnée, courses hors stades, escalade) ont connu un essor important chez les sportifs qui pratiquaient déjà d'autres activités régulièrement. Le rapport à la nature était mis en avant par les pratiquants qui disaient vouloir ainsi échapper quelque temps à ce qui était perçu comme des méfaits de la ville: pollution, bruit, stress, etc.

Qu'est-ce qui distingue ces activités de celles pratiquées dans les clubs fédéraux? Pourquoi sont-elles plébiscitées aujourd'hui comme une alternative aux clubs traditionnels?

Une partie des anciens licenciés de clubs fédéraux sont allés vers des institutions qu'ils décrivent comme étant plus «souples» et mieux ajustées à leurs demandes. Beaucoup ne veulent plus s'engager sur une longue période en payant une cotisation à l'année. Le paiement pour le service consommé[25] connaît un grand succès. Dans les années 80, de nouvelles structures sportives, communales ou privées, comme les salles de remise en forme, se sont mises en place en prenant en compte les demandes des jeunes et moins jeunes: formalités administratives réduites, horaires souples, accueil chaleureux, cadre convivial, pas d'entraîneur pour dire ce qu'il faut faire ou ne pas faire, du personnel professionnel et un service de qualité. Ces nouveaux consommateurs de prestations

---

24. Selon une enquête réalisée et publiée par la *Lettre de l'Économie du Sport*, N° 290, 22 février 1995, les taux de renouvellement des licences se situent entre 30% et 50% selon les fédérations. L'établissement de telles statistiques doit être affiné et complété. En effet, les fédérations sportives qui fournissent les données ne distinguent pas les «revenants» qui sont comptés comme des «primo-arrivants», par exemple. Seules de rares études fournissent des éléments sur l'abandon dans le sport: V. Chevalier, *Démographie sportive. Itinéraires et abandons dans les pratiques de l'équitation*, thèse de l'Université de Paris VII, 1994, Paris.

25. Certains équipements sportifs, comme les piscines, offrent de nouveaux systèmes de paiement. Ils recueillent une grande approbation des clients qui achètent une carte non nominative créditée d'un nombre de minutes valables sur une longue durée. Le client ne paie que pour le temps passé à l'intérieur de la piscine. La cotisation des clubs est souvent décriée par certains sportifs qui disent ne pas vouloir se créer des obligations: «Il faut que je puisse venir quand j'en ai envie. Mais se forcer de venir pour amortir sa cotisation est absurde». La plupart des stations de ski renoncent au forfait quotidien et proposent des formules plus souples aux skieurs qui peuvent, en cas de mauvais temps, s'arrêter de skier sans avoir à se reprocher de ne pas «amortir» le forfait. La plupart des clubs de golf proposent également des *green fees* pour des 9 ou des 18 trous sans obligation pour le joueur d'adhérer au club.

sportives se perçoivent davantage comme des clients que comme des membres d'un club et attendent des services de qualité qu'ils sont d'accord de payer à un «juste» prix, mais refusent d'écouter les discours sur le bien commun, jugés moralisateurs et ringards, de certains dirigeants bénévoles. Le succès des activités de «loisir», qui s'opposent en tout point à la pratique de la compétition sportive officielle, pose un certain nombre d'interrogations.

Ces pratiques dites de «loisir» supposent parfois un niveau d'auto-contrainte au moins aussi important que celui nécessaire à la pratique compétitive. Il semble que la notion de «loisir» ne signifie, dans ce cas, ni le «défoulement», ni la «détente». Le temps laissé par les contraintes familiales ou professionnelles est utilisé pour travailler son corps afin de le rendre conforme et de l'adapter aux nouvelles exigences du monde des entreprises et notamment aux nouvelles formes de compétition dans le travail avec la généralisation des contrats à durée déterminée, l'accroissement des compétences et de la disponibilité. Le terrain du sport est aussi un lieu d'observation des transformations récentes des modes d'évaluation de la performance dans les milieux professionnels qu'ont montré Robert Castel[26], Eve Chiappello et Luc Boltanski[27], Stéphane Beaud et Michel Pialoux[28] ou encore Gabrielle Balazs et Jean-Pierre Faguer[29]. L'observation des activités et des mises en condition dans les salles de remise en forme et l'analyse des termes, des images mentales et rythmes musicaux assénés à ces publics, qu'il faudra socialement identifier, permettent de comprendre comment le monde des «loisirs» est défini par de nouvelles exigences du travail et comment les techniques et la terminologie du sport de compétition pénètrent dans l'entreprise. Les expériences acquises en entreprise, certifiées par des titres, tendent à être disqualifiées. Dans l'ouvrage *Retour sur la condition ouvrière*, les auteurs montrent avec force comment la compétence se substitue à la qualification. Les compétences demandées sont l'adaptation rapide aux changements et la docilité.

Pour faire face à l'inconnu, pour supporter les humiliations, pour accepter de travailler des heures qui ne seront pas payées, il

---

26. R. Castel, *Les métamorphoses de la question sociale. Une chronique du salariat*, Paris: Fayard, 1995.
27. L. Boltanski, E. Chiappello, *Le nouvel esprit du capitalisme*, Paris: Gallimard, 1999.
28. S. Beaud, M. Pialoux, *Retour sur la condition ouvrière*, Paris: Fayard, 1999.
29. G. Balazs, J.-P. Faguer, «Une nouvelle forme de management. L'évaluation», *Actes de la recherche en sciences sociales*, N° 114, sept. 1996, pp. 68-78.

faut un corps fort capable de surmonter toutes les épreuves. Le saut à l'élastique, la chute libre, le canyoning, bref, toutes les pratiques «extrêmes» visent la maîtrise de soi ou le *self-control* dans des situations où l'objectif est de «dépasser» ses propres limites afin d'acquérir une expérience de cet «au-delà». La conquête de cet «au-delà» produit une énergie, une puissance et un sentiment d'invincibilité mais aussi une dépendance analogue à celle montrée par Luc Besson dans *Le Grand Bleu* ou à celle, certes moins romantique, des toxicomanes. Les coureurs de grand fond et les marathoniens connaissent tous cet «appel» qui fait qu'ils chaussent leurs chaussures par devoir pour accomplir, quelles que soient les conditions, quelque chose qui est perçu comme inhumain par les non-marathoniens [30]. Cette recherche de l'au-delà est une recherche de l'état de grâce. Dans les activités d'endurance, c'est un travail sur les limites d'acceptation de la souffrance auquel se livrent les adeptes, souvent solitaires, qui organisent leur vie autour de cette passion. La pratique quotidienne permet de repousser le seuil de sensibilité à la douleur et donc d'accroître les charges d'entraînement conduisant à une forme de salut-délivrance mise en évidence par Max Weber [31]. Dans les activités à risque (ski, moto, vol libre, escalade libre, etc.) le jeu consiste à diminuer progressivement les marges de sécurité. La sanction peut entraîner des blessures mortelles. Il semble que les salles de remises en forme soient une variante, organisée sous la forme de communautés de héros, où se produit le travail de conversion d'homme en surhomme.

Vers le milieu des années 80, les villes grandes et moyennes ont créé, sur le modèle des salles de sport privées, des clubs municipaux qui proposent aux jeunes des plages horaires dans des gymnases ou sur des stades dans lesquels ils peuvent librement (souvent sans inscription et sans frais) pratiquer des activités choisies avec un éducateur. Ces clubs connaissent un succès relativement grand et sont souvent dénoncés par les dirigeants du mouvement sportif qui voient là une concurrence au niveau local.

L'effritement du mouvement sportif semble provenir d'une remise en cause, on l'a vu, par les jeunes, mais aussi par des adultes, des principes d'égalité des chances sur lesquels repose le

---

30. La production d'endorphine lors des efforts intenses de longue durée est un facteur biologique explicatif du «plaisir» ressenti par les marathoniens (la morphine ayant pour effet de rendre la douleur plus supportable), mais elle n'est qu'un des facteurs.

31. M. Weber, *Sociologie des religions*, Paris: Gallimard, 1996.

système de consécration et sur la légitimité de la compétition sportive. Les clubs fédéraux sont la plupart du temps structurés et organisés pour recevoir des publics segmentés selon des catégories que dénoncent les publics des nouveaux sports : sexe, âge, niveau de jeu, amateurs, professionnels, etc. Les grands rassemblements de motards, de coureurs, de randonneurs sont des recompositions des formes traditionnelles (les clubs) vécues comme autant d'occasions de se trouver parmi une foule où femmes, hommes, jeunes, vieux, débutants, professionnels sont mélangés. Le sentiment de «liberté» qu'expriment les adeptes de ces manifestations provient de l'affranchissement des catégories sportives traditionnelles.

Courir pour le plaisir

La course «hors stade», mais également les disciplines qui s'institutionnalisent permettent de formuler des hypothèses pertinentes sur les nouvelles structures se mettant en place. Le cas des nouvelles courses à pied montre que les adeptes ne sont pas unanimes sur ce que doit être leur pratique. Seule l'étude sociologique des premières générations de coureurs (l'avant-garde) et des suivantes fournira des interprétations de ce mouvement.

«La course à pied n'est pas de l'athlétisme», affirme Noël Tamini, un des pionniers de la course hors stade, qui a contribué dans les années 70 et 80 à faire en sorte que ce qu'il a dénommé les «courses hors stade» soient socialement acceptées et considérées comme un «loisir». «Courir pour le plaisir» est la devise du mouvement Spiridon[32], du même nom que la revue qu'il lance, en 1972, avec un groupe de coureurs. Elle a été une des premières formes de lien entre les coureurs. Des milliers, puis des dizaines de milliers de coureurs se sont reconnus dans ce mouvement bien décrit de l'intérieur par Martine Segalen[33].

Ce mouvement, qui est dans un premier temps contestataire, surprend par la nouveauté que beaucoup ne pensaient pas trouver dans une pratique aussi ancienne. Les premières courses «hors stade» proviennent d'initiatives d'adeptes révoltés par le monopole fédéral qui se traduit par des interdictions, des définitions de

---

32. Prénom du vainqueur du marathon des premiers Jeux Olympiques, en 1896.
33. M. Segalen, *op. cit.*

minima très relevés[34], des non-sélections d'athlètes susceptibles de décrocher des titres ou des performances, des radiations de coureurs, etc. Spiridon naît de cette incompréhension. L'avant-garde de ce mouvement lance, au début des années 70, des épreuves populaires de ville à ville (Marvejols-Mende) en dépit des menaces de sanctions promises par les autorités de tutelle de l'athlétisme. Ces pionniers braveront les interdits et seront parfois radiés à vie de la Fédération française d'athlétisme (FFA) comme le fut Serge Cottereau, le créateur de la course des 100 km de Millau en 1972.

La nouveauté du mouvement des courses hors stade est le refus des «routards» de tourner en rond sur une piste (les «pistards») et de séparer les concurrents lors de courses : les débutants, de l'élite ; les femmes, des hommes ; les jeunes, des moins jeunes, etc. Il s'agissait ici de réunir dans une seule épreuve tous les concurrents en «renouant d'ailleurs avec ce qui s'était fait au tout début de l'athlétisme en France, à la fin du XIXᵉ siècle»[35].

Si le mouvement Spiridon dénonce d'abord largement le modèle compétitif, il ne condamne pas pour autant tous ceux qui s'orientent vers les formes classiques de la compétition. Un grand nombre de «routards» souhaitent se mesurer sur des parcours étalonnés, mais pour le «plaisir». Très rapidement, le chronométrage et l'étalonnage des courses hors stade (10 km, semi marathon, marathon) sont devenus nécessaires. Pour assurer l'exactitude de la mesure du parcours, les organisateurs de courses sur route ont sollicité les juges officiels de la FFA, car certains organisateurs proposaient des parcours en descente ou plus courts que la distance affichée afin de favoriser de «bons chronomètres». Il fallait donc trouver une autorité légitime. Si l'avant-garde du mouvement a refusé tout compromis avec la FFA, les secondes et troisièmes générations de coureurs ont demandé l'officialisation de leur pratique. Cette reconnaissance fédérale ne se traduit pas par une adhésion massive de ces nouveaux coureurs au système fédéral, mais plutôt par une affiliation instrumentale[36].

---

34. Pour participer à une compétition noble comme les championnats de France, les dirigeants imposent des *minima* : un temps minimum sur une distance donnée pour être autorisé à concourir.

35. J. Defrance, *op. cit.*, p. 39.

36. A.-M. Waser, E. Passavant, S. Garcia, *Vers un usage instrumental du système fédéral. Les pratiques sportives auto-organisées dans les sports équestres et la course à pied sur route*, CNRS/GDR 1094, Centre d'étude sur le management et l'innovation sportive, Université de Caen ; UFR STAPS de Valenciennes ; Équipe de recherche en sociologie, Université de Savoie, 1998, 102 p.

Ces éléments permettent de formuler une hypothèse sur les conditions du développement et de la pérennisation des «nouveaux» sports. L'invention d'une hiérarchie et la mise en place d'un système de consécration contrôlé par les fédérations sont-elles des conditions du développement et de la pérennisation des nouveaux sports? Peuvent-ils se développer en l'absence de système de consécration?

Vers une révolution symbolique en douceur: des compétitions aux *contests*

Les années 90 sont marquées par l'invention de multiples formes de pratiques qui mettent différemment en jeu le corps. Contrairement aux sports «de glisse» qui ont fait leur apparition au cours des années 70-80 et qui utilisent de grands espaces et les forces naturelles (vagues, vent, neige), les sports «alternatifs» des années 90 se caractérisent par le fait qu'ils utilisent les espaces contraints de la cité (rues, trottoirs, murs, escaliers, bancs, rampes, mains courantes, mobiliers urbains, etc.). Les grands espaces, la nature, le silence, l'air pur ne sont plus évoqués. Les adeptes des nouvelles pratiques ont investi la ville: les lieux publics les plus fréquentés notamment. Ils ne dénoncent ni le bruit, ni la pollution, ils écoutent du rap, du punk *hardcore*, du *trash metal* et de la techno en se faufilant dans les rues, se jouant des obstacles et des piétons. Ils sont habillés de vêtements très larges (le *baggy*), aux couleurs du béton et du goudron, montrant ainsi comment on peut s'échapper même à l'intérieur d'une ville. Comme les coureurs à pied ou les surfeurs, ils ont aussi leur au-delà.

L'hypothèse que l'on peut poser est que les «sports de rues» font davantage partie d'une «culture» et moins d'une pratique sportive dont un des objectifs est de produire des hiérarchies. L'étude de «l'avant-garde» de ce mouvement constitué de *freeriders* refusant de participer aux compétitions officielles (Jeux olympiques, Coupes du monde, etc.) et les sportifs qui choisissent la norme fédérale est l'occasion de comprendre comment, au snowboard, en planche à voile ou en course à pied, les deux mouvements parallèles coexistent et se complètent. Dans ces sports, on trouve, d'un côté, les athlètes «libres» qui considèrent leur pratique comme une création (les «artistes», «l'avant-garde») et, de l'autre, les athlètes «officiels» qui reproduisent des modèles de jeu, tout en les faisant évoluer, dans un but compétitif et lucratif pour les athlètes professionnels.

Les randonnées urbaines à roller, qui rassemblent plusieurs dizaines de milliers de jeunes et d'adultes à Paris, constituent un phénomène nouveau dans le sens où, contrairement aux rassemblements de motards ou de cyclistes sur la Place de la Bastille à Paris ou dans les grandes villes, il n'y a pas de revendications explicites de la part des randonneurs. Comme les technoparades, les deux randonnées parisiennes les plus importantes [37] sont encadrées par la préfecture de police. Il ne s'agit pourtant pas de manifestations, mais de démonstrations prenant des formes de randonnées urbaines. Les deux randonnées parisiennes à roller sont hebdomadaires et démarrent toujours des mêmes lieux aux mêmes jours et heures. Durant trois heures, les randonneurs parcourent une trentaine de kilomètres sur les ponts et chaussées parisiens. Jeunes, vieux, hommes, femmes, employés de bureaux, cadres, étudiants de grandes écoles, blancs, noirs, bons patineurs et patineurs débutants se mélangent, se perdent dans la foule, tombent, s'entraident, s'amusent. Vécue comme une fête populaire, la bonne humeur est le mot d'ordre. Les seuls comportements agressifs sont les sifflets adressés aux automobilistes mécontents, car bloqués trente ou quarante minutes aux carrefours.

Si les randonneurs ne revendiquent rien explicitement, ils disent vouloir profiter de l'instant qu'ils partagent avec cette «foule heureuse et bon enfant qui coule devant les plus beaux bâtiments de Paris», ainsi que l'exprime l'un d'entre eux. Les animations spontanées offertes par des habitués qui font le spectacle dans le spectacle amusent et, lorsqu'ils sollicitent la foule, elle répond en chœur. Ce bonheur qu'expriment les randonneurs est proche de celui que l'on retrouve dans grand nombre de manifestations sportives de masse: les courses populaires, le marathon du

---

37. La *Friday Night Fever*, organisée par Pari-Roller, démarre tous les vendredis à 22 heures à la place d'Italie. Elle propose à chaque fois un autre parcours de 30 kilomètres dans les rues de Paris. Rollers et Coquillages propose une randonnée plus «familiale», le dimanche, qui démarre à 14h30 de la place de la Bastille. Le rythme est moins soutenu que le vendredi et le kilométrage est moins important. Ces randonnées sont encadrées par des motards et un escadron de police à roller. D'autres randonnées «sauvages» existent à Paris et dans d'autres grandes villes françaises et étrangères mais elles empruntent souvent les trottoirs, les pistes cyclables ou des pistes spécialement conçues à cet effet et non la chaussée.

Médoc[38]. La *Friday Night Fever* interpelle le sociologue par sa taille (elle rassemble 20 000 randonneurs en été et 10 000 en hiver) et par sa constance. Elle apparaît non seulement comme une pratique alternative, mais aussi et surtout comme une forme de lien alternatif. La poursuite des entretiens et des observations devrait apporter des réponses à l'interprétation de ce phénomène certes spectaculaire, mais surtout nouveau.

Si certaines pratiques sportives ont développé des modalités non compétitives, perdurent et recueillent un grand nombre d'adeptes (VTT, planche à voile, randonnée à roller, à ski de fond), d'autres sports ont développé des modalités compétitives, de surcroît olympiques (surf des neiges, planche à voile). L'étude et les observations réalisées sur quelques-uns de ces sports permet de dégager quelques caractéristiques des nouvelles formes de pratique. Il s'agit de montrer en quoi les *contests* de roller, de skateboard ou de BMX se distinguent de l'organisation des compétitions sportives traditionnelles. Le *contest* de Lausanne, le plus important en Europe, est révélateur de changements profonds.

Il apparaît clairement que dans ces épreuves, que nous appelons provisoirement épreuves ou sports de «démonstration»[39], la notion d'égalité des chances n'a plus vraiment de sens. Il semble que les critères de jugement de l'excellence sont maintenus volontairement flous afin de permettre une désignation du champion qui reposerait sur un plébiscite de ceux qui sont le plus investis dans l'activité: le marché restreint constitué des spécialistes, professionnels et organisateurs d'événements et de spectateurs pratiquants.

Le roller agressif (*street*, rampe) et la descente urbaine sont aujourd'hui en train de s'institutionnaliser. Un certain nombre de *contests* sont organisés annuellement et rassemblent une élite pro-

---

38. Cette course est une parodie des marathons agréés par la Fédération française d'athlétisme: les coureurs viennent déguisés, le parcours passe par les grands châteaux et les stands de ravitaillement offrent des verres remplis de vins de grand cru et non de boissons énergétiques prisées des sportifs compétiteurs. Puisque les organisateurs n'ont jamais demandé l'agrément de la FFA, aucun record ne pourra être enregistré et validé. Ceci ne nuit en rien à cette course qui est un succès populaire.

39. «Sports de démonstration» n'est pas une expression indigène. L'expression consacrée par le milieu du roller pour indiquer une épreuve de compétition est *contest*, et «démos» pour les performances réalisées hors compétitions. Le terme «*show*» peut être aussi utilisé lorsqu'il n'y a pas de production de classement. Les fabricants organisent souvent des *shows* où les *riders* qu'ils ont sous contrat montrent leur savoir-faire.

fessionnelle. La fin des années 90 est particulièrement intéressante à étudier car les questions d'uniformisation des règles se posent alors qu'aucune organisation faîtière ne rassemble les différents organisateurs. Le travail d'objectivation des critères de l'excellence devra être mené sur plusieurs *contests* car au roller, comme dans le surf ou le *free style*, les noms des figures changent, les tailles et les formes des modules ne sont pas définies, les critères d'évaluation de l'excellence sont variables d'un lieu à un autre, etc. [40]

Quels sont ceux qui sont favorables à une uniformisation des critères d'excellence? Qui sont les dirigeants qui cherchent à ce que ces sports soient inscrits au programme des Jeux olympiques? Qui sont leurs opposants? Quels sont les arguments mis en avant?

Quels sont les effets de la production de hiérarchie à partir de critères subjectifs?

Une élite professionnelle de *riders* s'est constituée grâce au soutien des fabricants de patins et des médias spécialisés (magazines de roller et de skate). Les *contests* livrent des images qu'achètent la presse et la télévision. L'invention de nouvelles figures par les *riders* garantit l'originalité du spectacle qui semble ressembler davantage à une démonstration qu'à une compétition sportive traditionnelle.

En effet, si l'on compare l'épreuve de *street* [41] du roller agressif avec une épreuve de patin à glace artistique, on note que, d'un côté, les patineurs se livrent à une épreuve imposée, puis à un programme libre et sont évalués par des critères précis définis dans un code de pointage où toutes les figures sont répertoriées et hiérarchisées. Un corps d'arbitres spécialement formés au travail d'arbitrage est désigné selon des règles précises de représentation internationale. De l'autre côté, dans les épreuves de *street*, les figures évoluent en fonction des modules proposés par les organisateurs qui sont libres d'en créer de nouveaux. Les juges sont tous d'anciens *riders*, choisis par affinités par les organisateurs, et n'ont reçu aucune formation pour ce travail d'évaluation. Il n'y a pas de code de pointage, les critères d'évaluation ne sont pas explicités et

---

40. A. Loret, *Génération glisse*, Paris: Autrement, 1995.
41. Le *street* est, avec le *half pipe*, l'une des deux principales disciplines du *stunt* ou roller agressif. Cette épreuve se déroule sur une aire délimitée par les spectateurs et sur laquelle les *riders* ont un temps limité – le *run*, le plus souvent de soixante secondes – pour passer et repasser sur les modules (tremplins, rampes d'escaliers, murs, etc.), en faisant un maximum de figures complexes (sauts, rotations, passage sur les mains), notées par un jury.

les juges n'ont pas à rendre compte des principes de leur jugement. Le plébiscite du public est parfois pris en compte et mesuré par un applaudimètre : le nombre de décibels est alors ajouté à la moyenne des notes des juges. Le mode de reconnaissance se fait par ce que ces derniers représentent auprès des jeunes *riders* (ils sont les inventeurs des figures qui portent toujours leur nom), par leur attitude et leur apparence : ils viennent à la table des juges revêtant des habits de nouvelles marques de vêtements (Quicksilver, Oxbow, Etnies, Südleï, Senate, Hypno, etc.) qui ne sont pas les marques sportives traditionnelles (Nike[42], Reebok, Adidas) et ont pour seuls outils d'évaluation visible une canette de bière dans une main et un joint dans l'autre. Certains juges sont liés par des contrats à des marques de fabriquants sans que cela ne semble poser de problème de favoritisme, ni aux organisateurs, ni aux *riders* qui ne représenteraient pas la même maison que les juges. La représentation internationale de ces derniers n'est pas non plus un critère de choix des organisateurs. Contrairement à la marque que les *riders* représentent et qui figure sur les palmarès, leur nationalité n'y figure pas toujours.

L'excellence semble reposer davantage sur l'expression et la création d'un style permettant à une génération de se reconnaître que sur la réalisation d'une prestation mesurable, objectivable définissant une hiérarchie entre les concurrents. Si les formes compétitives perdurent en planche à voile ou en VTT, la place de la création et du sens artistique est centrale dans les démonstrations de skateboard, de roller agressif ou de BMX. Il semble que l'évaluation de l'excellence dans ces nouveaux sports soit plus proche des systèmes de nomination et de consécration à l'œuvre dans le cinéma, la musique, la peinture ou la littérature que du système en vigueur dans les sports traditionnels. Les observations qu'il faudra prolonger sur les terrains des nouveaux sports pourraient apporter une confirmation de ces premières observations.

---

42. Le développement de ces nouveaux sports a obligé Nike, jusque-là positionné sur le sport officiel, à se repositionner par rapport à ses concurrents. La réponse du département de marketing a été le lancement de vastes campagnes de publicité dans lesquelles le thème fédérateur était : « *Break the rules* ». Les images présentaient des sportifs consacrés par le système officiel en train de jouer dans la rue (Sampras, Agassi) ou dans un aéroport (l'équipe nationale de *futebol* du Brésil), afin de montrer qu'on pouvait toujours pratiquer son sport, même en en « cassant » les structures (gymnase, club, fédération)...

Conclusion : modes d'institutionnalisation, critères d'excellence et principes de justice

En s'institutionnalisant, la plupart de ces sports mettent en place un système de reconnaissance des jeunes par les anciens, où les intérêts des partenaires financiers et des médias sont pris en compte ainsi que l'approbation du public. Ce système est radicalement opposé au système de consécration des sports traditionnels où l'excellence est définie par des critères précis, objectivables. Qui plus est, cette excellence est mesurée par un corps d'arbitres spécialement formés aux tâches d'évaluation et dont les dirigeants sportifs garantissent l'impartialité et l'indépendance. Pourquoi le mouvement sportif a-t-il cherché à objectiver les critères de mesure de l'excellence ? Est-ce parce que le sport, comme l'école républicaine, devait garantir l'égalité des chances de réussite ? Un travail sociologique sur la genèse des règles et des catégories sportives devrait permettre d'y répondre.

L'intérêt d'une analyse comparative est de permettre de s'interroger sur le lien entre la construction de la valeur symbolique et les principes de justice à l'œuvre dans les pratiques. Les sports traditionnels, qui se sont structurés autour d'associations et de fédérations sportives défendant le monopole sur les règles, s'inscrivent dans une logique de champ ou de corps, qui se caractérise par le contrôle des entrées et des sorties définies par des règles (numerus clausus), la définition explicite, lisible et permanente de l'objet de l'association (le bien commun), par l'évaluation des activités et la protection des membres. Les institutions sportives traditionnelles adoptent un principe de justice et des valeurs définies à l'avance. Elles ont une volonté de conservation de la tradition, des usages et se chargent de leur transmission par l'éducation. Elles s'opposent assez largement aux rassemblements d'individus sur des lieux ouverts se caractérisant par une organisation en réseau : il n'y a pas de contrôle des entrées, pas de trace des usagers qui ne sont répertoriés nulle part, pas de définition du bien commun, peu de règles, pas de hiérarchie, pas de leader charismatique.

L'organisation en réseau permet aux individus une relative autonomie dans leur pratique, une souplesse dans les rapports interpersonnels, un épanouissement personnel dans le sens où leur activité consiste davantage à réaliser un objectif ou à finaliser un projet qu'à se conformer à une pratique socialement légitime. La nouveauté semble être de pouvoir faire des activités physiques sans avoir à suivre des contraintes précises liées au sport de compétition.

Une institutionnalisation « ouverte » : le cas du tourisme sportif de nature dans le Vercors

Malek Bouhaouala

E N COMPARAISON AVEC l'offre sportive traditionnelle (gymnastique, sports collectifs, etc.) le sport de loisir en nature (et en montagne), désigné ici par le terme de sport *outdoor*, est organisé autrement que sur la base du système sportif fédéral traditionnel. En effet, à l'instar des sports de nature, de glisse (aériens, aquatiques) et d'aventure qui la composent, l'offre de sport *outdoor* est peu institutionnalisée. En effet, cette dernière n'est que faiblement contrôlée par le mouvement sportif fédéral et partiellement par l'État. Les actions de ces deux acteurs se limitent respectivement à l'organisation de compétitions, de formations (brevets fédéraux et d'État) et de législation en matière de sécurité (dont les brevets d'État en font théoriquement partie; cf. lois sur le sport 1984 et 1992). Du fait de son caractère ludique, aventurier, de liberté et écologique[1], le sport *outdoor* s'inscrit dans la forte croissance d'une demande de loisirs orientée davantage vers la diversité, la liberté et le plaisir dans la pratique[2]. Ce qui constitue une dynamique favorable à l'industrie du tourisme pour s'accaparer une nouvelle forme de vacances et de loisir et, par là même, pour se renouveler. Cela a représenté au début des années 80 une occasion propice à l'émergence d'une nouvelle offre de services de tourisme et de loisir liée directement ou indirectement au sport *outdoor*, ce que nous désignerons par le terme de «tourisme actif». En d'autres termes, le sport *outdoor*, par son poids économique non négligeable dans les zones montagnardes de France, suscite l'intérêt du

---

1. C. Pociello, *Sports et société, approche socio-culturelle des pratiques*, Paris: Vigot, 1981; C. Pociello, *Les cultures sportives*, Paris: PUF, 1995; G. Ruiz, «Les évolutions des pratiques sportives depuis dix ans, les grandes tendances actuelles», *Les Cahier Espaces* N° 52, 1997, pp. 8-14.
2. D. Giard, «Les enjeux du tourisme sportif de nature en montagne», *Les Cahiers Espaces*, N° 52, 1997, pp. 48-57.

secteur marchand et des collectivités locales, les communes se comportant comme des entreprises marchandes. Dans le cas du seul département de l'Isère (Rhône-Alpes), le tourisme actif pour l'année 1997 représente un chiffre d'affaires de 4 milliards de francs français (cf. *Fiches de l'Isère*, Chambre de commerce de Grenoble, 1997).

S'inscrivant dans cette tendance générale, le massif du Vercors (Isère) a centré sa politique de développement sur les activités économiques et professionnelles liées au sport *outdoor* et au tourisme actif. Ces orientations économiques et les capacités naturelles du Vercors à rendre possible une multiactivité sportive (et touristique) riche ont contribué à attirer les consommateurs. Ce qui a permis le développement d'un marché local dont le chiffre d'affaires peut être estimé aux alentours de 100 millions[3] de francs pour l'année 1997. Cette situation a également favorisé l'installation et la création de petites entreprises de services sportifs et touristiques constituant une offre diversifiée sur le territoire du Vercors. Cependant, bien que cette dernière s'inscrive dans ce nouveau contexte d'évolution évoqué, les questions de son organisation, de son fonctionnement et de sa régulation ont été peu, pour ne pas dire pas du tout, abordées. Il convient donc de les étudier de plus près, ce à quoi s'attache cet article en plaçant les entrepreneurs et leurs logiques d'action au centre de l'analyse.

Le tourisme actif: un véritable marché local

Le tourisme actif du Vercors relevant davantage, dans son fonctionnement économique, de l'industrie du tourisme local et du secteur marchand, il serait tentant de rejoindre le point de vue de l'économie néo-classique concernant la régulation de l'offre locale[4]. Toutefois, au vu de ce marché particulier et si l'on se réfère

---

3 Cette estimation, hors chiffre d'affaires des remontées mécaniques et hors forfaits de ski de fond, est basée sur le chiffre d'affaires des PE-TPE du Vercors pour les saisons d'hivers et d'été de l'année 1997. Cf. M. Bouhaouala, *Micro-mentalités et logiques d'action des dirigeants des petites entreprises du Tourisme Sportif, contribution à une sociologie économique du sport*, Thèse de doctorat non publiée, Université Joseph Fourier, Grenoble 1, 1999.

4. En effet, de ce point de vue l'offre de sport de loisir et d'*outdoor* serait régulée par la « main invisible » selon le mécanisme de la concurrence pure et parfaite. L'entreprise et l'entrepreneur sont en quelque sorte soumis au marché et à la théorie des prix. Leurs actions se résument à un ajustement aux fluctuations du marché et à la pression concurrentielle des organisations marchandes plus fortes et mieux structurées.

à la théorie de la régulation, il faut aller au-delà des modèles néo-classiques, en considérant le marché comme enchâssé dans la société[5]. Cette conception du marché et de l'action économique rejoint celle de Polanyi (1974) reprise par Granovetter (1985) définissant les phénomènes économiques comme étant encastrés (*«embedded»*)[6] dans des réseaux sociaux. Cependant, l'acceptation théorique de l'idée d'encastrement du marché dans une dynamique sociale comme condition pour pouvoir lui appliquer des variables ou des approches sociologiques laisse sous-entendre que l'activité économique n'est pas un phénomène social en soi[7]. Pour les adeptes de l'économie institutionnaliste, sans véritablement remettre en cause le programme de recherche néo-classique[8], la prise en compte du rôle des institutions (l'État, l'entreprise, etc.) dans l'analyse de la régulation des marchés représenterait l'alternative au modèle de la concurrence pure et parfaite. De ce point de vue, le marché comme l'entreprise sont également considérés comme des institutions[9] jouant un rôle dans la régulation. En effet, pour les néo-institutionnalistes, le marché et la firme sont dotés de fonctions complémentaires. Le premier présentant des imperfections produit des normes et des conventions visant la réduction des coûts de la recherche du prix. La firme représenterait alors une réponse organisationnelle palliant les insuffisances du marché à réduire d'une manière efficiente les coûts de transaction[10]. De ce fait, l'entreprise et l'entrepreneur, au lieu de réagir aux paramètres du marché parfait, se plieraient aux règles et contraintes dictées par les institutions. Dans les deux cas (économie néo-classique ou institutionnaliste), les comportements des agents obéissent au modèle de l'*homo oeconomicus* ou bien aux

5. R. Boyer et Y. Saillard, *Théorie de la régulation. L'état des savoirs*, Paris: La Découverte, 1995.

6. K. Polanyi, *Les systèmes économiques dans l'histoire et dans la théorie*, Paris: Larousse, 1974; M. Granovetter, «Economic action and social structure: the problem of embeddedness», *American journal of sociology*, XCI, 1985, pp. 481-510.

7. R. Swedberg, «Vers une nouvelle sociologie économique», *Revue du Mauss*, N° 9, 1990, pp. 33-70; R. Swedberg, *Une histoire de la sociologie économique*, Paris: Desclée de Brouwer, 1994.

8. V. Dutraive, «La firme entre transaction et contrat: Williamson, épigone ou dissident de la pensée institutionnelle?», *Revue d'économie politique*, N° 103, janvier-février 1993, pp. 83-105.

9. L'institution est définie comme un ensemble de règles formant système dans la mesure où il est doté d'une certaine cohérence. Une entreprise, une association, un marché concret, une branche professionnelle sont des institutions (cf. M. Béreaud, G. Lefèvre. N. Sidhoune, *Le recours des entreprises au chômage partiel*, Paris: La Documentation française, 1994).

10. V. Dutraive, *art. cit.*

règles des institutions, mais l'explication finale revient toujours au calcul des coûts et des avantages visant systématiquement la maximisation des profits. Pour ce travail, il est plutôt question de conceptualiser l'action économique comme étant fondamentalement sociale[11] et pouvant, à ce titre, être expliquée par des variables non économiques. Le marché est alors analysé comme un espace social d'échanges[12] et l'action économique comme émanant de logiques pratiques diversifiées dépassant la rationalisation abstraite de l'*homo oeconomicus*. Il s'agit donc de rechercher une alternative aux explications de l'économie néo-classique ou institutionnaliste, qui soit capable de rendre compte du rôle des variables sociales inhérentes aux entrepreneurs dans le fonctionnement et la régulation des marchés.

À partir de ce point de vue théorique, et sans remettre en cause complètement le rôle des paramètres économiques, on s'oriente vers une approche socialisée de l'offre locale du tourisme actif. De ce fait, la rationalité utilitaire, la loi des prix, les principes théoriques de la concurrence sectorielle[13] ou les institutions économiques semblent être insuffisants pour dévoiler la dimension sociale de la régulation de l'offre en question. Cette dernière est constituée sur le massif du Vercors exclusivement d'entreprises commercialisant des services à base de loisirs sportifs *outdoor* (escalade, spéléologie, équitation, etc.), avec ou sans hébergement. Ces entreprises emploient moins de 50 salariés et sont désignées par les termes de petites et très petites entreprises (PE-TPE)[14].

L'objectif de ce travail est de mettre en évidence le rôle des logiques d'action des entrepreneurs, d'une part, dans l'analyse de phénomènes économiques, et, d'autre part, dans la compréhension de l'organisation du tourisme actif sur le massif du Vercors. En d'autres termes, cela revient à s'intéresser à leur rôle dans l'institutionnalisation de l'offre du sport de plein air. En effet, les objectifs et les conceptions des dirigeants, notamment de leur activité économique et professionnelle, de la montagne et du sport *outdoor*,

---

11. J. Freund, *Sociologie de Max Weber*, Paris: PUF, 1966; M. Weber, *Économie et société*, Paris: Plon, 1995 (première édition 1922); M. Weber, *L'éthique protestante et l'esprit du capitalisme*, Paris: Plon, 1964 (première édition 1905).

12. V. Zelizer, «Repenser le marché: la construction sociale du marché des bébés aux États-Unis» (1870-1930), *Actes de la recherche en sciences sociales*, N° 94, septembre 1992, pp. 19-46.

13. M. Porter, *Choix stratégiques et concurrence*, Paris: Economica, 1980.

14. Selon la norme française, les entreprises composées d'effectifs inférieurs à cinquante salariés font partie de la catégorie des PE et celles de moins de dix salariés des TPE.

permettent de mieux comprendre l'interaction de variables sociales dans: a) le fonctionnement des petites entreprises; b) la régulation et l'organisation de l'offre locale du sport *outdoor*. Trois aspects problématiques seront alors approchés dans les lignes qui suivent. Dans un premier temps, le but sera de présenter le modèle d'analyse fondé sur la prise en compte des entrepreneurs et de leurs mentalités dans la compréhension de l'organisation de l'offre locale du loisir sportif. Dans un second temps, et à partir de résultats empiriques, une typologie des PE-TPE et des dirigeants sera reconstruite. Il s'agira alors de mettre en exergue les dimensions structurantes et la logique d'action de chaque type. Une dernière partie mettra en évidence, à travers une approche dynamique de la typologie, les dimensions identitaires des micro-mentalités des entrepreneurs et leur rôle dans la régulation du marché local.

Entrepreneurs, entreprises et logiques d'action dans le tourisme de pleine nature

Compte tenu de la multiplicité des objectifs des dirigeants, il apparaît que leurs décisions ne sont pas «naturellement» et uniquement fondées sur les lois économiques du marché. Ils sont capables d'adopter des attitudes parfois éloignées, voire contraires à la logique du marché et à la rationalité économique[15]. Ils peuvent même se présenter comme étant engagés dans une activité largement désintéressée[16] qui fait toute la noblesse de leur rapport aux choses.

Plusieurs travaux, appartenant à des champs théoriques différents, se sont attachés à mettre en exergue les spécificités de la PE-TPE et notamment le rôle de son dirigeant. En effet, selon la nature des objectifs des dirigeants les orientations stratégiques des PE-TPE peuvent prendre des directions déviantes vis-à-vis des principes utilitaires de l'économie (qui renvoient à la maximisation systématique des profits). La recherche d'indépendance[17],

---

15. P. Callot, «Un marché trop émietté pour être international», *Espaces* N° 157, 1999, 37-41; F. Gresle, «L'indépendance professionnelle, actualité et portée de concept dans le cas français», *Revue française de sociologie*, XXII-4, 1981, 483-501; B. Zarca, *L'artisanat français, du métier traditionnel au groupe social*, Paris: Economica, 1986.

16. A. Herscovici, *Économie de la culture et de la communication*, Paris: L'Harmattan, 1994.

17. M. Collins, L. Randolph L. (1991), «Business or hobby? Small firms in sport and recreation», in A. J. Veal et P. Jonson (éds), *Leisure and tourism: social and economic change*, Sidney: University of Technology, 1991, pp. 433-438; F. Gresle, *art. cit.*; B. Zarca, *op. cit.*

d'accomplissement de soi [18], la possibilité de vivre de sa passion [19] et le rapport au territoire [20] constituent des facteurs explicatifs de poids. Ainsi, l'éventualité de l'existence de déterminants non-économiques dans le fonctionnement des PE-TPE et dans la régulation de l'offre touristique locale est à prendre en compte dans l'analyse. Fort de ce constat, ce travail se base sur l'idée que la petite entreprise est avant tout l'affaire de son dirigeant (souvent son créateur) et qu'elle échappe aux modèles concurrentiels classiques [21]. Contrairement à la grande entreprise, son fonctionnement peut être mis en relation avec la vision du monde du dirigeant, ses objectifs sociaux, le sens qu'il accorde à son action et la logique d'action qui en découle. Les dirigeants des PE-TPE peuvent aspirer à réaliser leurs projets conformément à leur propre logique.

À partir de la notion de mentalité s'appliquant à des échelles d'analyse macro-sociologiques [22], le concept de micro-mentalités peut être construit. Ce dernier permet de comprendre les logiques d'action des dirigeants et leurs fondements sociaux. Les micro-mentalités renvoient à une vision du monde pragmatique et à une échelle sociale locale plus réduite. Elles sont ainsi définies comme un concept synthétique introduisant dans l'analyse du fonctionnement économique des PE-TPE la subjectivité des dirigeants, leur rapport à l'économie, à la profession et au sport *outdoor*. Ce qui permet de comprendre les logiques d'action relatives à des groupes restreints d'acteurs. En s'appuyant sur les micro-mentalités des dirigeants, il s'agit de montrer comment ces derniers déterminent les orientations stratégiques de leurs entreprises et quels sont les éléments qu'ils prennent en compte dans l'identification des autres entreprises. Par conséquent, le fonctionnement des PE-TPE et leurs relations de concurrence ou de coopération peuvent être liées aux conceptions ainsi qu'aux objectifs des dirigeants (cf. schéma 1).

18. M. Marchesnay, «Confiances et logiques entrepreneuriales», *Économies et Sociétés*, Série S.G., N° 8-9, 1998, pp. 36-52.

19. M. Bouhaouala, «Passion et profit dans le marché de l'offre des services sportifs», *Revue STAPS*, N° 40, 1996, pp. 89-92; S. Lahlou et al., *Régulation des marchés culturels, le rôle de la passion*, Rapport du CRÉDOC, 1991.

20. M. Marchesnay, *art. cit.*

21. P.-A. Julien, M. Marchesnay, *L'Entrepreneuriat*, Paris: Economica, 1996; M. Marchesnay, *art. cit.*

22. J.-J. Gislain et P. Steiner, *La sociologie économique 1890-1920*, Paris: PUF, 1995; G.E.R. Lloyd, *Pour en finir avec les mentalités*, Paris: La Découverte, 1996.

En fonction du type de micro-mentalité qu'ils partagent et des dimensions identitaires de cette dernière, les décideurs des PE-TPE sont susceptibles d'accorder une importance différenciée à la concurrence. Ce qui peut jouer un rôle central dans la détermination des relations inter-entreprises et par conséquent dans la régulation du marché local.

Une analyse thématique a été réalisée à partir d'entretiens conduits auprès de dirigeants de 28 entreprises réparties sur le massif du Vercors. L'analyse des résultats a rendu possible la reconstruction d'ensembles de significations partagées au sein de petits groupes d'entrepreneurs. Ce qui a permis, d'une part, l'élaboration d'une typologie des entreprises à partir des micro-mentalités et des comportements des dirigeants, et d'autre part, la compréhension des relations inter-entreprises.

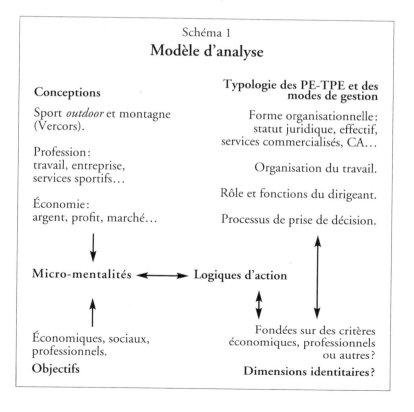

Schéma 1
Modèle d'analyse

Conceptions

Sport *outdoor* et montagne (Vercors).

Profession :
travail, entreprise, services sportifs...

Économie :
argent, profit, marché...

Typologie des PE-TPE et des modes de gestion

Forme organisationnelle :
statut juridique, effectif, services commercialisés, CA...

Organisation du travail.

Rôle et fonctions du dirigeant.

Processus de prise de décision.

Micro-mentalités ←——→ Logiques d'action

Économiques, sociaux, professionnels.
Objectifs

Fondées sur des critères économiques, professionnels ou autres ?
Dimensions identitaires ?

La construction de la typologie est fondée sur : a) le repérage de micro-mentalités spécifiques et partagées au sein de groupes restreints de dirigeants, qui sont reconstruites à partir de la combinaison de leurs conceptions et objectifs (buts) (cf. schéma 1) ; b) l'identification de modes de gestion et d'orientations stratégiques propres à chaque groupe.

L'analyse des résultats a mis en évidence quatre types d'entrepreneurs : 1) l'Indépendant passionné (IP), 2) l'Entrepreneur indépendant (EI), 3) le Manager gestionnaire (MG) et 4) le Conservateur patrimonial (CP). Chaque type se caractérise par un mode de gestion, un choix organisationnel et une orientation stratégique spécifiques. En d'autres termes, aux types de dirigeants correspondent des logiques d'action et des types d'entreprises.

La Micro-firme de l'Indépendant passionné

Ce qui prime pour l'Indépendant passionné, c'est la passion pour le sport de pleine nature et pour la montagne qui l'a conduit à venir s'installer sur le Vercors. En effet, avant de se mettre à son propre compte, l'Indépendant passionné est passé de la situation d'urbain salarié (hors secteur des services sportifs) à celui de travailleur saisonnier passionné, en passant par celui de pratiquant. Il est donc passé dans le même temps de la phase de consommateur à celle d'offreur de services sportifs passionné. La montagne est conçue comme un lieu de vie offrant une qualité de vie supérieure recherchée par ce type de dirigeant. Elle est en même temps un espace de pratique sportive et un espace de fusion avec la nature. Le Vercors représente l'anti-stress et l'anti-ville, il répond au besoin de liberté et à la recherche du plaisir dans le travail.

Le but idéal à atteindre par ce type d'entrepreneur est de vivre de sa passion, dans l'espace montagnard. Le territoire naturel du Vercors n'est pas «instrumentalisé» ou asservi pour rendre possible des gains financiers. L'activité sportive n'est pas non plus asservie ou transformée dans une optique économique pure. Le sport *outdoor* rend possible la relation fusionnelle avec la passion et l'espace naturel, il ne se déroule pas n'importe comment sous le prétexte de la rentabilité économique.

De ce fait, le recours à des formes organisationnelles simples (cf. encadré 1) n'est pas révélateur d'un manque de maîtrise de technique de gestion de la part du dirigeant et/ou comme un indicateur d'une faiblesse de compétitivité de la part de la micro-firme. Ceci est à mettre en relation avec l'objectif du dirigeant qui refuse la croissance économique de son affaire. En effet, la croissance le conduirait à des contraintes non-voulues (augmentation du temps de travail, investissement, endettement, embauche, etc.) et à une «instrumentalisation» de son rapport au sport et à l'espace naturel. Rester petit (CA, effectif, volume d'activité, etc.), n'est donc pas un signe d'isolement économique ou d'une situation imposée par le marché. L'option d'une forme organisationnelle de très petite taille est donc un choix allant dans le sens du dirigeant (indépendance, travail ludique et qualité de vie).

L'orientation stratégique de l'Indépendant passionné est centrée sur soi, sur sa passion du sport et son désir de vivre sur le Vercors. Ce qui se traduit par un fonctionnement organique et des stratégies de maintien de l'activité professionnelle au niveau des besoins financiers du dirigeant et de sa famille. La micro-firme permettant une indépendance totale du marché (des capitaux, du travail et des services) devient donc respectivement une voie et une garantie qui

---

Encadré 1
Synthèse multicritères de l'Indépendant passionné

La micro-forme unipersonnelle: TPE de l'Indépendant passionné
- Sport: une passion.
- Vercors: un lieu de pratique sportive et de vie de qualité supérieure.
- Objectif: vivre sa passion sur le Vercors.
- Travailleur indépendant, statut juridique (EURL)
- CA < 0,5 MF. Effectif: 0 à 1 salarié.
- Activité première: un service sportif unique.
- Rôle du dirigeant: organique.
- Mode de prise de décision centré sur le projet du dirigeant.
- Stratégie de l'entreprise: centrée sur soi et orientée par la passion personnelle du sport et du Vercors. L'objectif économique se traduit par le maintien de l'activité professionnelle et le refus de s'agrandir.
- Logique d'action hédoniste.

permet au dirigeant de vivre un rapport: fusionnel avec le territoire naturel et passionnel avec la pratique sportive. L'activité économique et professionnelle n'est pas conçue par l'Indépendant
passionné comme un acte économique pur. Elle est une action
sociale qui marque le rapprochement du dirigeant de sa «passion
personnelle». Bien qu'il exerce son activité dans un univers marchand, l'Indépendant passionné adopte une *logique d'action hédoniste* détachée de l'intérêt économique «à tout prix».

L'Agence outdoor de l'Entrepreneur indépendant

L'entrepreneur est passé par le salariat ou par le statut de travailleur indépendant dans le secteur de l'*outdoor* sur le Vercors. Il a
occupé auparavant des fonctions de responsabilité ou d'organisation (directeur de station, responsable d'équipe, chargé de mission,
etc.). Il connaît par conséquent le marché et ses rouages. On peut
dire qu'il a bien préparé son opération et a bénéficié d'un transfert
positif de compétences (gestion, organisation), de «connaissances»
(réseaux) et d'expérience sportive. Son passage vers le statut
d'entrepreneur s'est fait par la création, le plus souvent avec des
amis, d'une agence de sports de nature. Cette forme «d'entrepreneuriat socialisé» est fondée sur un partage de vision du monde
professionnel, mais aussi sur un partage des risques et un élargissement du réseau de «connaissances utiles» (clientèles, sous-traitants, partenaires, etc.). Bien qu'il puisse apparaître comme un
entrepreneur capitaliste[23], en tant qu'il recherche la rentabilité
économique de son affaire, l'objectif principal de l'Entrepreneur
indépendant est avant tout la réalisation de soi à travers l'action
entrepreneuriale. La rentabilité des produits, la croissance de
l'entreprise ne représentent, à ses yeux, que des signes de réussite.
Son but idéal est de s'accomplir individuellement en comptant sur
ses propres ressources de créativité et sa capacité d'innovation.

Le Vercors est conçu et appréhendé comme un espace présentant
des ressources externes à l'entreprise et des potentialités positives au
service de l'action entrepreneuriale. Par ses qualités naturelles favorables à la multi-activité sportive (d'hivers et d'été; terrestres,
aériennes et aquatiques; verticales et horizontales, etc.), le Vercors

---

23. B. Zarca, *op. cit.*

constitue un champ idéal d'activité et de création pour les entrepreneurs. Le sport est le produit central et monnayable indissociable de l'espace naturel qui est en quelque sorte le support de production et d'innovation dont dispose l'entreprise. Contrairement à l'Indépendant passionné, la montagne est asservie à des fins individuelles (action entrepreneuriale, croissance) de l'entrepreneur. Ce dernier adopte donc un rapport instrumental à l'espace naturel. Le Vercors présente également la possibilité de construire un réseau local composé de partenaires (socio-économiques) et de sous-traitants. La volonté de contourner les contraintes matérielles conduit le dirigeant à tisser des liens sociaux et professionnels avec les acteurs locaux à différents degrés.

Le choix de l'organisation entrepreneuriale (cf. encadré 2) correspond à une volonté de disposer, sans perte de contrôle, d'une forme organisationnelle active permettant la réalisation d'objectifs individuels (création, innovation, réussite sociale, etc.). En effet, la crois-

---

Encadré 2
Synthèse multicritères de l'Entrepreneur indépendant

L'Agence de l'outdoor: PE-TPE de l'Entrepreneur indépendant
- Sport: un produit monnayable, une source de création.
- Vercors: un lieu de création avec des potentialités commerciales élevées.
- Objectif: Réalisation de soi.
- Organisation entrepreneuriale, statut juridique (EURL, SARL).
- CA 1 à 5 MF. Effectif: 3 à 14 salariés.
- Activité première: services multisportifs multiples et organisations d'événements.
- Rôle du dirigeant: innovation de service, trouver les marchés et suivi du travail sur le terrain.
- Mode de prise de décision centré sur le dirigeant avec une prise en compte de l'avis des associés (amis).
- Stratégie de l'entreprise: centrée sur le produit et orientée par le désir d'entreprendre (créer et innover). L'objectif économique est le succès, la rentabilité et l'indépendance de l'affaire.
- Logique d'action de l'entrepreneur individualiste.

sance de l'affaire au-delà d'un seuil critique relatif à chaque entrepreneur n'est pas envisageable. Certes, elle peut produire plus de profits financiers, mais peut également conduire à la dépendance, la bureaucratisation, l'ouverture du capital, enfin à la perte de pouvoir. Auquel cas le sentiment d'accomplissement tel qu'il est perçu par l'Entrepreneur indépendant sera remis en question. Effectivement, la croissance de l'affaire, le profit financier, etc. ne sont que des critères de réussite, d'accomplissement et ne doivent pas devenir des fins pouvant conduire à un fonctionnement managérial.

L'orientation stratégique imprimée à l'entreprise est centrée sur la production et l'innovation. En effet, la création et l'innovation de produits, ainsi de la découverte d'un nouveau marché suffit à l'entrepreneur pour avoir le sentiment de faire et d'entreprendre, donc de se réaliser. Du point de vue économique, l'objectif est traduit par la réussite des activités et la rentabilité de l'affaire à un degré qui permet de continuer l'action entrepreneuriale. En cela, la rentabilité est doublement perçue comme un moyen financier et comme un signe de réussite personnelle. En somme, bien que ses actions produisent des effets économiques sur le marché et sur l'environnement local, l'Entrepreneur indépendant agit selon une *logique entrepreneuriale individualiste*. Ce qui compte à ses yeux, ce sont: la valorisation, l'accomplissement de soi et l'atteinte de ses objectifs «personnels».

L'Organisation du Manager gestionnaire

Le Manager gestionnaire a accédé à la position de dirigeant (salarié) d'entreprise dans le secteur du tourisme actif par l'intermédiaire de la filière socio-éducative et de réseaux de connaissances professionnelles. En effet, la première lui a permis d'acquérir un profil et une expérience de gestionnaire et les seconds lui ont rendu possible le recrutement sur le Vercors. Il a déjà exercé des fonctions de gestion et d'organisation mais en dehors du secteur du tourisme sportif. Le transfert de compétences se situe donc au niveau du management et de l'organisation interne (gestion du budget, du personnel, marketing interne, etc.).

L'objectif du Manager gestionnaire se confond avec ceux de l'organisation qui l'emploie. Ces derniers se déclinent en deux types: économique (rentabilité, croissance des parts de marché) pour les organisations commerciales et/ou socio-économiques (stimulation de l'économie locale, relance de l'emploi) pour les organisations associatives ou semi-publiques. En d'autres termes, bien qu'il y ait une recherche d'efficacité, l'objectif premier du manager est celui de se sentir utile socialement à travers la réussite de projets socio-économiques collectifs. Il se traduit par la fidélité du dirigeant à l'employeur et par l'insertion de l'entreprise dans la vie socio-économique locale.

Pour le Manager gestionnaire, le Vercors représente la ressource de base constituant la force de vente et l'atout commercial de son entreprise. Les activités sportives ne sont que des produits d'appel qui attirent l'attention des clients, et ce qui infléchit leur décision d'achat du séjour se situe dans la qualité de l'environnement naturel et social du Vercors et de sa région. Ce dernier est perçu par le Manager gestionnaire comme un espace de travail et un espace social auquel il tente de rendre service en participant à son développement (attraction des séjournants et création ou maintien des emplois locaux). Cependant, contrairement aux autres types de dirigeants, il n'est ni sportif, ni passionné de l'espace naturel, son attachement est plus fort envers son travail, sa fonction sociale et son employeur.

Les choix organisationnels (cf. encadré 3) correspondent aux buts des employeurs et traduisent le souci d'efficacité du Manager gestionnaire. Le mode de prise de décision est du type *top down* hiérarchisé et stratifié. Le conseil d'administration, seul maître des grandes orientations de l'organisation, laisse au dirigeant une liberté de décision relative à l'organisation et la gestion des ressources internes, en vue de la meilleure efficience possible. Le dirigeant devient alors un exécutant habile qui doit tenir compte des balises imposées par l'employeur et des réalités socio-économiques locales. Il est responsable de projets collectifs locaux et est conduit à prendre davantage de précaution. Contrairement à l'Entrepreneur indépendant qui prend plus de risques, il opte pour une répartition des responsabilités et du travail selon les compétences et les postes avec un contrôle systématique et formalisé. La fonction du Manager gestionnaire comprend le contrôle interne (production, marketing interne, etc.), l'embauche de personnel qualifié, les relations avec les clients et l'environnement local.

La stratégie de l'entreprise est orientée par le projet socio-économique de l'organisation. Ce type d'orientation stratégique est fondé sur deux dimensions apparemment contradictoires: «sociale» et économique. La réalisation des buts sociaux devient alors tributaire de l'efficacité économique et l'existence économique de l'organisation se justifie par les effets sociaux recherchés localement. Le marché est alors considéré par le Manager gestionnaire comme un moyen indispensable pour la réalisation de leur mission. Cette dernière n'est pas la moindre, car il est souvent difficile de trouver «la logique alternative» au tout économique, lorsque la pérennité de l'organisation dépend du marché. L'objectif économique se traduit par une recherche de croissance et de développement économique. De ce fait, le Manager gestionnaire adopte une *logique d'action socio-managériale* qui tient compte des lois de la gestion managériale et des liens sociaux locaux. L'importance des enjeux sociaux justifie donc la rigueur managériale dont ce type de dirigeant fait habituellement preuve.

Encadré 3
Synthèse multicritères du Manager gestionnaire

L'organisation managériale: PE du manager

– Sport: un produit d'appel.

– Vercors: atout commercial, ressource de base.

– Objectif: Atteindre les objectifs socio-économiques de l'organisation.

– Centres de vacances, statut juridique (SA, SEM, Association 1901).

– CA 1,5 à 22 MF. Effectif: 3 à 50 salariés.

– Activité première: hébergement et accueil en centre de vacances.

– Rôle du dirigeant: gestion et organisation des ressources internes de l'entreprise.

– Mode de prise de décision hiérarchique, décision du dirigeant limitée à la gestion des problèmes courants.

– Stratégie de l'entreprise: centrée sur le marché et orientée par le projet social ou économique de l'organisation. L'objectif économique vise la croissance et le développement de l'organisation (CA, stimulation de l'économie et des emplois locaux).

– Logique socio-managériale.

L'Entreprise familiale du Conservateur patrimonial

Le Conservateur patrimonial est le plus souvent issu d'anciennes familles du Vercors. L'héritage de l'entreprise et du savoir-faire familial compose le cœur de son patrimoine et constitue la voie d'accès à la position de dirigeant. Le noyau dur de son activité est constitué par les métiers de l'accueil (hébergement, restauration), dont il a acquis les bases très jeune auprès des parents avec un rapide détour par les écoles hôtelières de la région. Les expériences professionnelles enregistrées se limitent à l'entreprise familiale. Le transfert de compétences s'est opéré par héritage et se situe au niveau de la production et de la gestion du patrimoine familial.

Le maintien de l'entreprise au sein de la famille constitue le but idéal à atteindre pour ce type de dirigeant. L'objectif de réaliser des bénéfices (à court et moyen terme), de garantir un revenu suffisant à toute la famille et si possible d'augmenter son capital rapproche le Conservateur patrimonial de l'entrepreneur artisanal capitaliste[24]. Le tiraillement entre le but idéal et les objectifs à court et moyen terme, le conduisent à adopter un comportement conservateur lui donnant le sentiment d'éviter la prise de risque. Effectivement, cela correspond, d'une part, à sa conception de l'entreprise et, d'autre part, représente ce qu'il connaît le mieux.

Aux yeux du Conservateur patrimonial, au même titre que le savoir-faire hérité, le Vercors est une ressource interne à l'entreprise familiale. Il est représenté comme le patrimoine collectif et une ressource de base, avec ce qu'il offre comme possibilités de séjours et de détente aux clients. Ces derniers se doivent donc lors de leur passage *« de laisser quelque chose »*. Les touristes de proximité ne séjournant pas ou ne dépensant pas dans les restaurants et les commerces locaux ne sont pas de *« bons clients »*. Le sport est considéré comme un produit secondaire ne faisant pas partie du métier du Conservateur patrimonial, donc laissé au néoruraux et autres sportifs passionnés. Le territoire du Vercors représente également un champ social où les familles des Conservateurs patrimoniaux détiennent un pouvoir certain, en termes foncier, politique et social. Ce pouvoir est exercé sur le marché au travers d'un réseau local. La pierre angulaire de ce dernier est constituée par des

24. B. Zarca, *op. cit.*

245

ententes héritées des parents, et simplement adaptées à l'air du temps. En cela, le Conservateur patrimonial se rapproche de l'Entrepreneur-notable décrit par Marchesnay en 1998.

Le Conservateur patrimonial opte pour le modèle de «l'entreprise familiale». Celle-ci se traduit par une implication de la famille dans le fonctionnement et le capital de l'entreprise. Par-là, le dirigeant garantit l'indépendance du marché du travail et des capitaux, évitant ainsi les risques de perte de pouvoir décisionnel et à terme d'une partie ou de la totalité du patrimoine. La répartition des responsabilités et des tâches de production est limitée au cercle familial ou aux très proches du dirigeant. Ce type d'organisation interne permet une prise de décision selon le mode paternaliste, mais conduit également à une externalisation des fonctions de commercialisation et d'encadrement sportif. Ces dernières sont respectivement sous-traitées par des agences de voyages et des entreprises de services sportifs locales.

Encadré 4

Synthèse multicritères du Conservateur patrimonial

L'entreprise familiale: PE-TPE du Conservateur patrimonial

- Sport: un produit secondaire (associé aux sports d'hiver).
- Vercors: prolongement du patrimoine familial, ressource de base locale.
- Objectif: maintien de l'entreprise dans le cercle familial.
- Centres d'hébergement (EURL, SARL, SA).
- CA 0,5 à 10 MF. Effectif: 1 à 25 salariés.
- Activité première: hôtellerie et accueil spécialisé avec activités sportives.
- Rôle du dirigeant: gestion et production.
- Implication de la famille dans le fonctionnement et dans le capital.
- Mode de prise de décision: paternaliste.
- Stratégie de l'entreprise: orientée par le souci de conservation du patrimoine familial. Elle est fondée sur le savoir-faire professionnel (traditionnel) et sur des situations de rente. L'objectif économique se résume dans la recherche de bénéfices à court et moyen terme.
- Logique de conservation patrimoniale.

L'axe principal stratégique de l'entreprise familiale est celui de la conservation de celle-ci dans le cercle familial ou à un niveau de capital acceptable. En effet, la possibilité de cession de cette dernière sur le marché des entreprises doit se faire à un prix «psychologique» relatif à la valeur estimée par le dirigeant. Cette conception de l'entreprise et des risques qu'elle peut encourir le conduit à mettre en place des stratégies fondées sur des accords locaux et sur l'ancienneté de la famille sur le marché local. Ces accords produisent des situations de rente[25] plus ou moins confortables garantissant au dirigeant des revenus à court ou moyen terme (une saison, une année).

Du fait de sa volonté de ne prendre aucun risque financier pouvant conduire l'entreprise en dehors du cercle familial et de sa recherche de profits économiques, le Conservateur patrimonial agit selon une *logique d'action de conservation patrimoniale*. Ce qui explique son manque d'ouverture aux marchés du travail et des capitaux, ainsi que son penchant pour un mode de fonctionnement traditionaliste.

Entre concurrence et coopération : la régulation de l'offre locale

La pluralité des objectifs, des choix organisationnels et des orientations stratégiques des PE-TPE, autrement dit des logiques d'action des dirigeants, conduit à s'intéresser à la force d'identification de la typologie. En effet, selon sa micro-mentalité, chaque dirigeant procède en quelque sorte à l'identification de soi et des autres. Les rapports à la profession, à l'entreprise, au sport et au territoire étant des éléments structurants de cette micro-mentalité, il est donc logique de les prendre en compte dans la lecture des relations inter-entreprises. Les relations de coopération ou de concurrence qui s'en déduisent jouent un rôle dans la régulation de l'offre locale et conduisent à pouvoir analyser le marché en terme de réseau local, à la fois territorial et professionnel (cf. schéma 2).

Qui plus est, la prégnance de ces micro-mentalités autorise à percevoir ces modes de régulation locale, phénoménologiquement parlant économiques, mais plus encore leurs fondements sociaux,

---

25. M. Marchesnay, *art. cit.*

à haute valeur structurante de l'activité en elle-même mais aussi de la nature des échanges. C'est ce dont témoigne la question de la gestion de la concurrence entre les différents types d'entreprises.

La concurrence n'existe pas

Les micro-firmes sportives des Indépendants passionnés ne s'inscrivant pas dans une démarche de croissance et d'augmentation des parts de marché, et celles des Conservateurs patrimoniaux

Schéma 2
Réseau de l'offre locale

Entreprises des Managers gestionnaires

Identification territoriale (-) et professionnelle (++)

Vercors : territoire marchand

Concurrence interne au groupe

Entreprises des Entrepreneurs indépendants

Identification territoriale (-) et professionnelle (++)

Vercors : territoire d'action

Concurrence interne au groupe

Entreprises hôtelières des Conservateurs patrimoniaux

Identification territoriale (++) et professionnelle (+)

Vallée : patrimoine familial

Faible concurrence entre vallées

Entreprises des Indépendants passionnés

Identification territoriale (+) et professionnelle (++)

Vercors : espace de pratiques

Pas de concurrence

Entreprises sportives des Conservateurs patrimoniaux

Identification territoriale (++) et professionnelle (+)

Vallée : patrimoine familial

Pas de concurrence

se contentant d'ententes territoriales leur garantissant des situations de rente, ces deux types d'entreprises ne perçoivent de concurrence ni au sein du groupe d'origine, ni en dehors. Leur comportement stratégique est fondé sur l'identification de soi en termes d'entreprises non concurrentes pour les autres, et non pas sur les signaux du marché[26].

Les Indépendants passionnés s'identifient d'abord par un rapport passionnel aux sports de nature et ensuite par le partage d'un même espace de pratique sportive représenté par le Vercors. L'identification des partenaires se fait selon le partage d'une même conception professionnelle de passionnés. La coopération, lorsqu'elle est recherchée, s'établit a priori au sein du même groupe quelle que soit la situation géographique des partenaires. Dans le cas où ces derniers ne seraient pas disponibles, les Indépendants passionnés se tournent vers les autres entreprises de la même vallée[27].

Les Conservateurs patrimoniaux, contrairement aux Indépendants passionnés, privilégient dans leurs relations de coopération la dimension territoriale, c'est-à-dire les TPE de la même vallée. Ils se fondent en première instance sur l'appartenance au même territoire au sens restreint de la vallée. La coopération se fait entre les entreprises familiales locales et ce n'est que dans un second temps (et ponctuellement) qu'elle s'élargit aux autres TPE sportives (dirigées par des néo-ruraux passionnés). Cette coopération extra-groupe conduit les Indépendants passionnés à respecter les accords locaux (en particulier les prix) des Conservateurs patrimoniaux, mais en contrepartie à imposer leur façon de faire.

Quant aux entreprises hôtelières des Conservateurs patrimoniaux, elles présentent une légère différence avec leurs homologues sportives. La concurrence existe à un faible degré entre les vallées. Bien que le dispositif de coopération entre ce type d'entreprises prenne en compte l'identité de «l'hôtellerie traditionnelle», ce dernier est davantage fondé sur l'identité locale limitée à la vallée d'origine. De ce fait, les ententes d'ordre général (prix minimums, respect du métier hôtelier, communication extra-Vercors, etc.) sont observées par l'ensemble de la profession sur le Vercors. Mais

---

26. M. Porter, *op. cit.*
27. Le Vercors se subdivise en six vallées différentes et distinctes géographiquement et socialement. Cf. F. Gerbaux et A. Paillet (2000), «Supracommunalité et intercommunalité de base: quelles articulations? L'exemple du parc naturel régional du Vercors», *Revue de géographie alpine*, N° 1, 2000, pp. 35-43.

les relations d'entraide (échanges de clients, d'information, organisation de manifestations locales, etc.) se limitent souvent aux entreprises familiales de la même vallée. Les ententes entre les anciennes familles locales priment même là où l'identité professionnelle n'est pas la moindre. Ceci est révélateur de la dimension patrimoniale et de l'ancrage territorial des entreprises des Conservateurs patrimoniaux.

D'autre part, au regard du volume de l'activité commerciale optimal des TPE sportives (Indépendant passionné et Conservateur patrimonial), du type de services proposés (rustique, artisanal, traditionnel), du refus de croissance des Indépendants passionnés et d'investissement des Conservateurs patrimoniaux, ces dernières ne présentent aucune pression concurrentielle pour les Entrepreneur indépendant et les Manager gestionnaire. Au contraire, les Indépendants passionnés et les Conservateurs patrimoniaux sont perçus par ces derniers comme respectivement des «doux rêveurs» ou des «bricoleurs-attentistes». De ce fait, la concurrence n'existe pas également entre les Entrepreneurs indépendants-Managers gestionnaires et les Indépendants passionnés-Conservateurs patrimoniaux. Les relations qui s'instaurent entre ces deux sous-groupes sont du type donneurs d'ordres à sous-traitants (cf. schéma 2).

En ce qui concerne les relations de coopération, elles sont donc d'abord internes et ensuite externes pour les entreprises des Indépendants passionnés et Conservateurs patrimoniaux. Alors qu'elles sont uniquement externes sous forme de sous-traitance pour les Entrepreneurs indépendants et les Managers gestionnaires.

La concurrence est relative

Contrairement au sous-groupe des Indépendants passionnés-Conservateurs patrimoniaux, pour les Entrepreneurs indépendants-Managers gestionnaires la concurrence existe au sein de chaque type. Elle est relative à l'identité professionnelle et donc interne au groupe d'appartenance. Dans les faits, la concurrence est d'une part atténuée par le caractère *«zappeur»* des clients et la nature même du séjour touristique (multi-loisirs), et d'autre part limitée à des segments de clientèle particuliers, certaines périodes de l'année (les inter-saisons) ou par des réseaux commerciaux personnalisés (extra-Vercors). Cependant, elle est amplifiée par les dirigeants. Ce paradoxe provient de l'identification de soi selon le modèle de la grande entreprise et l'idéologie de «l'entrepreneur» ou du «manager», dont la concurrence est un élément constitutif important.

En effet, par opposition à leur image, les TPE des autres groupes ne sont pas perçues comme concurrentes parce qu'elles sont identifiées comme «non-entreprenantes». D'autre part, par rapport à l'image professionnelle qu'elles se font d'elles-mêmes, elles identifient leurs semblables comme potentiellement dangereuses pour leur existence commerciale. En effet, ces dernières, recourent à des méthodes similaires (entrepreneuriale ou managériale) et visent les mêmes objectifs (croissance, rentabilité, part de marché, etc.). La détermination du seuil concurrentiel chez les Entrepreneurs indépendants et les Managers gestionnaires semble être davantage en rapport avec leur conception de l'action entrepreneuriale et de l'entrepreneur et moins liée à la lecture économique du marché. Les éléments objectifs de la concurrence : capacité productive, marchés ou segments visés, etc. ne sont pris en compte que secondairement.

Les relations de concurrence intra-groupes ou de coopération inter-groupes sont donc essentiellement fondées sur l'identité professionnelle et la micro-mentalité du dirigeant. Le territoire, s'élargissant à tout le Vercors et parfois même au-delà lorsque la croissance l'impose, est considéré comme un espace marchand exploitable dans son intégrité.

Pour conclure : nouveaux marchés, nouvelles pratiques et institutionnalisations renouvelées

La définition du marché en terme d'espace social a montré la pertinence d'une approche sociologique et d'une prise en compte de variables non-économiques dans l'analyse de la régulation de l'offre de loisir sportif de pleine nature. En effet, les dimensions identitaires des micro-mentalités des entrepreneurs ont permis, d'une part, de dépasser l'analyse en terme de concurrence pure et parfaite mettant l'accent sur des paramètres économiques classiques (la structure de l'offre, les caractéristiques de la demande, les prix, etc.), et, d'autre part, de dévoiler une forme d'organisation atypique – une institutionnalisation ouverte de l'offre de sports *outdoor* – au regard des offres sportives traditionnelles, habituellement de type codifié, hiérarchisé et bureaucratique.

La pluralité des choix organisationnels et des orientations stratégiques des PE-TPE montre que les objectifs des dirigeants et les conceptions que ces derniers ont du territoire naturel (Vercors), du sport, de la profession constituent des éléments structurants de leurs micro-mentalités et logiques d'action. D'autre part, la prise en compte de l'identification territoriale et professionnelle de soi et des autres dirigeants révèle la socialisation du marché dans un espace montagnard tel que le Vercors. Le primat de la dimension territoriale ou professionnelle dans la perception de la concurrence est caractéristique de cette lecture sociale du marché local dans le tourisme actif. Les dirigeants et leurs micro-mentalités semblent donc jouer un rôle non négligeable dans la structuration de la typologie des entreprises et dans la régulation[28] de l'offre locale sur la base de réseaux croisés, à la fois territoriaux et professionnels.

L'analyse compréhensive des comportements des entrepreneurs et du fonctionnement de leurs entreprises révèle donc les bases sociales des relations de concurrence et de coopération comme elle montre le rôle que peuvent jouer les logiques d'action des entrepreneurs dans la mise en place d'une forme «d'institutionnalisation atypique» de l'offre de loisir sportif dans les régions rurales et montagnardes. En effet, la question de l'organisation de cette dernière ne peut pas être envisagée au même titre que l'offre sportive traditionnelle davantage orientée vers des objectifs socio-éducatifs et purement sportifs fortement contrôlés par le mouvement fédéral (sportif) ou par les pouvoirs publics. Au contraire, l'offre des sports de pleine nature est le reflet d'une nouvelle demande de pratique de loisir sportif visant la liberté, la détente, l'aventure, etc. Cela constitue une nouvelle forme d'organisation dynamique et ouverte se distinguant de l'organisation sportive fédérale.

---

28. Une telle analyse, si elle montre que les logiques d'action des dirigeants jouent un rôle dans la régulation économique du marché du tourisme actif, doit également conduire à poser la question de leur rôle dans la régulation des risques d'accidents corporels dont les enjeux (économiques, sociaux et politiques) ne cessent de prendre de l'importance dans les pratiques de pleine nature. En effet, s'il y a une relation déterminante entre les conceptions de l'espace naturel, du sport, de l'activité professionnelle et le fonctionnement de l'entreprise, il serait justifié de tester une relation supplémentaire avec la conception qu'ont les dirigeants du risque d'accident encouru par leurs clientèles.

Table des auteurs

Malek Bouhaouala, docteur en STAPS, chercheur associé du Laboratoire EROS de l'Université de Grenoble-I, a publié de nombreux articles concernant les logiques professionnelles des moniteurs de sports de montagne, ainsi que la régulation des marchés locaux de services sportifs. Auteur récent d'une thè se intitulée *Micro-mentalités et logique d'actions des dirigeants des petites entreprises du tourisme sportif: contribution à une sociologie économique du sport* (Université Joseph-Fourier, Grenoble-I, 1999).

Jean-Claude Bussard, enseignant secondaire à Bulle, mène des travaux scientifiques sur les origines de la gymnastique en Suisse. Il rédige aujourd'hui une thèse sur l'histoire des manuels d'éducation physique, sous la direction du professeur Richard Holt, à De Montfort University, Leicester.

Thomas Busset, historien, a réalisé plusieurs études sur la sociabilité et l'associationnisme. Ses recherches actuelles portent sur l'institutionnalisation de la statistique aux XIXe et XXe siècles. Récent coéditeur d'un numéro de la revue *Traverse* consacré aux sociabilités sportives (Zurich: Chronos, 1998).

Lutz Eichenberger est historien du sport. Enseignant en histoire au Gymnase Leonhard de Bâle, il mène de longue date des travaux sur les sports d'hiver et les organisations sportives en Suisse. Il a notamment publié une monographie intitulée *Die Eidgenössische Sportkommission, 1874-1997* (Macolin: ESK, 1999).

Gianni Haver, docteur ès sciences politiques, est premier assistant à la Faculté des Sciences sociales et politiques de l'Université de Lausanne, où il dirige des séminaires sur les liens entre l'histoire et le cinéma. Il dispense en outre un cours sur «la représentation cinématographique du sport et du corps humain» au sein de l'Institut des sciences du sport et de l'éducation physique de la même université.

Pierre-Alain Hug, politologue, est chargé de cours à l'Institut des sciences du sport et de l'éducation physique de l'Université de Lausanne. Il collabore actuellement à l'Académie internationale des sciences et techniques du sport (AISTS), dans le cadre de recherches consacrées à l'évaluation de l'impact des Jeux Olympiques.

Christophe Jaccoud est chef de travaux au Centre international d'étude du sport de l'Université de Neuchâtel et chargé de recherches à l'Institut de recherche sur l'environnement construit (IREC) de l'École polytechnique fédérale de Lausanne. A récemment publié, avec L. Tissot et Y. Pedrazzini, *Sports en Suisse. Traditions, transitions et transformations* (Lausanne: Antipodes, 2000).

Benno Kocher, philosophe, linguiste et enseignant secondaire à Bâle, où il poursuit des recherches sur le sport. A publié des travaux mettant en relief diverses problématiques telles la narrativité sportive et la féminisation des sports masculins.

Markus Lamprecht enseigne la sociologie du sport à l'École polytechnique fédérale de Zurich. Il co-dirige également un bureau privé de recherches sociales spécialisé dans les domaines du sport et des loisirs. A récemment publié, avec Hanspeter Stamm, *Sport zwischen Kultur, Kult und Kommerz* (Zurich: Seismo, 2001).

Dominique Malatesta, anthropologue, est chargée de recherche à l'École polytechnique fédérale de Lausanne. Elle mène des travaux dans le domaine de la gouvernance urbaine et particulièrement sur le thème de l'évolution du rôle des services et des engagements collectifs. Publication récente: «Between Public Health and Public Order. Harm Reduction Facilities and Neighborhood Problems» in J.-P. Moatti et al., éds, *Aids in Europe: New Challenges for Social Sciences*, Londres: Routledge, 2000.

Marco Marcacci, historien et rédacteur, a enseigné l'histoire du sport à l'École d'éducation physique et de sport de l'Université de Genève. Il est l'auteur de nombreuses publications sur les thèmes du sport, de la gymnastique et de l'éducation physique.

Hanspeter Stamm, sociologue, travaille à Zurich dans les domaines de la sociologie du sport, du temps libre et de la stratification sociale. Il assure, avec Markus Lamprecht, la direction d'un bureau privé de recherches et d'investigations sociales. Il a récemment publié avec lui *Sport zwischen Kultur, Kult und Kommerz* (Zurich: Seismo, 2001).

Anne-Marie Waser, sociologue, est chargée de recherches au Centre de sociologie européenne (EHESS-CNRS) et maître de conférences à l'Université de Rouen. Ses recherches portent sur les conditions sociales favorisant le développement des sports alternatifs. Elle s'intéresse également au processus de création de valeurs dans les sociétés de services liées à Internet. Elle est l'auteur de *Sociologie du tennis. Genèse d'une crise, 1960-1990* (Paris: L'Harmattan, 1995).

Éditions Antipodes

www.antipodes.ch

«Histoire et société contemporaines»

Les Annuelles 7/96,
Littérature «bas de page» – Literatur «unter dem Strich», 1996.

Les Annuelles 8/97,
L'avènement des sciences sociales comme disciplines académiques, 1997.

Les Annuelles 9/98,
Bienvenue en Euroland! De l'Europe de Maastricht à l'Euro, 1998.

Les relations internationales et la Suisse, sous la direction de Jean-Claude Favez, Hans Ulrich Jost et Francis Python, 1998.

Bruno Corthésy, *La Tour Bel-Air*,
Pour ou contre le premier «gratte-ciel» à Lausanne, 1997.

Dominique Dirlewanger, *Les services industriels de Lausanne, La révolution industrielle d'une ville tertiaire,(1896-1901)*, 1998.

Matthieu Leimgruber, *Taylorisme et management en Suisse romande. (1917-1950)*, 2001.

Sophie Pavillon, *L'Ombre rouge. Suisse-URSS 1943-1944 – Le débat politique en Suisse*, 1999.

«Médias et histoire»

La Suisse, les Alliés et le cinéma. Propagande et représentation. 1939-1945, Sous la direction de Gianni Haver, 2001.

«Contre-pied»

Charles E. Racine, *L'imposture ou La fausse monnaie, Un essai de critique littéraire: les romans de Jacques Chessex*, 1997.

Histoire

Mauro Cerutti, Sébastien Guex et Peter Huber (éditeurs),
La Suisse et l'Espagne de la République à Franco (1936-1946).
Relations officielles, solidarités de gauche, rapports économiques, 2001.

Nic Ulmi, Peter Huber,
Les Combattants suisses en Espagne républicaine, 1936-1939, 2001.

«Existences et société»

Sports en formes. Acteurs, contextes et dynamiques d'institutionnalisation,
Sous la direction de Christophe Jaccoud et Thomas Busset, 2001

Sports en Suisse, Traditions, transitions et transformations,
Sous la direction de Christophe Jaccoud, Laurent Tissot et Yves
Pedrazzini, 2000.

Marilène Vuille,
Accouchement et douleur. Une étude sociologique, 1998.

«Antilogos – Écrits philosophiques»

Laurent Carraz, *Wittgenstein et la déconstruction,* 2001.

William James, *La signification de la vérité,* 1998.

Littérature

Jules Besançon, *Les mémoires de l'instituteur Grimpion,* illustrations
de Henry Meyer, 2000.

Maurice Maeterlinck, *Les Aveugles,* peintures de Serge Cantero,
2001.

Charles E. Racine, *Jean d'Enhaut, Mémoires d'un ouvrier graveur,*
membre de la Fédération jurassienne, 1998.

Cuisine

Jean-Pierre Tabin, *La cuisine distinguée,*
coédité avec La Distinction, 1996.

Table des matières

Impression
Marcel Bon Imprimeur – 7000 Vesoul
Octobre 2001